Hauswirtschaftliche Betreuungsleistungen

personenorientiert ausführen

von
Brigitte Lutz
Gabriele Sperrer

Dr. Felix Büchner · Handwerk und Technik · Hamburg

Bildquellenverzeichnis

123RF GmbH, Nidderau: S. 44/2 (rioblanco); 72/1 (dimaberkut); 109/2 (Kasia Bialasiewicz)
Aktion Mensch e.V., Bonn: S. 40/1
alsterdorf assistenz west gGmbH, Hamburg: S. 48/1,2
as-illustration, Rimpar: S. 66/5
Barrierefrei Leben e.V, Hamburg, www.online-wohn-beratung.de: S. 78/1
Beltz, Verlagsgruppe, Julius Beltz GmbH & Co. KG, Weinheim: S. 21/1
BEURER GmbH, Ulm: S. 66/3,4
Beyer foto.grafik, Berlin: S. 43/2
Bibliomed Verlag, Melsungen: S. 83/1
Colourbox EU GmbH, Berlin: S. 118/3 (AltoPress/Maxppp)
Corbis GmbH, Düsseldorf: S. 37/1 (Brian Mitchell); 38/1 (Mika); 80/2 (Masterfile)
DEULA Witzenhausen GmbH, (Seminarraum Kassel), Witzenhausen: S. 42/3
Deutsche Gesellschaft für HydroKultur e.V., Frankfurt am Main: S. 122/2
DIETZ GmbH, Hamburg: S. 60/2 (Adaptiv-Rollstuhl _ AS [01]); 60/1 (Leichtgewicht-Rollator _ TAIMA M-GT)
dpa-Picture-Alliance GmbH, Frankfurt a.M.: S. 9/1; 10/2 (dpa-Zentralbild); 39/1; 47/1 (Schellnegger, Alessandra/SZ Phot); 49/3 (dpa Themendienst); 55/2 (Horst Ossinger); 71/1; 82/1 (Henning Kaiser); 87/1 (Süddeutsche Zeitung Photo); 116/1 (Westend61)
Evangelische Heimstiftung GmbH, Stuttgart: S. 43/1
F1online digitale Bildagentur GmbH, Frankfurt a. M.: S. 80/1
Fotolia Deutschland, Berlin, © www.fotolia.de: S. 8/2 (mimagephotos); 10/3 (aerogondo); 10/4 (Robert Kneschke); 11/2 (Oscar Brunet); 12/2 (Ingo Bartussek); 13/1 (Oksana Kuzmina); 14/1 (Ingo Bartussek); 15/1 (Günter Menzl); 15/2 (Monkey Business); 16/1 (thingamajiggs); 16/2 (Aleksei Potov); 17/1 (Picture-Factory); 17/2 (doble.d); 18/2 (Klaus Eppele); 20/1 (highwaystarz); 20/2 (Xenia-Luise); 24/2 (mma23); 25/1 (Peter Maszlen); 26/1 (Monkey Business); 30/1 (CHW); 31/1 (deanm1974); 32/1 (Gabriele Rohde); 33/1 (kolotype); 33/2 (Osterland); 44/1 (dima_pics); 46/1 (Marco2811); 48/3 (Jenny Sturm); 50/1 (Halfpoint); 52/3 (kristall); 53/2 (Jandrie Lombard); 57/4 (shock); 58/1 (gradt); 58/4 (De Visu); 59/1 (Monkey Business); 60/3 (Ingo Bartussek); 61/6 (Кирилл Рыжов); 67/1 (Picture-Factory); 68/1 (PhotoSG); 68/2 (Adam Gregor); 74/1 (Andrea Arnold); 75/1 (Robert Kneschke); 79/1 (Gina Sanders); 86/1 (Peter Maszlen); 91/1 (Peter Maszlen); 94/1 (Gabriele Rohde); 97/1 (goodluz); 97/3 (Robert Kneschke); 98/1 (pressmaster); 100/1 (Peter Maszlen); 102/2 (Jeremias Muench); 103/1 (Monkey Business); 105/2 (Voyagerix); 106/1 (Adam Gregor); 111/2 (Rido); 115/1 (rcx)
Fracasso, Peggy Marlies, Hamburg: S. 7/2
Freiwillige Selbstkontrolle Unterhaltungssoftware GmbH, Berlin: S. 57/1–3
Galas, Elisabeth, Bad Breisig: S. 9/3; 22/1; 47/2; 88/2; 90/1; 97/2; 99/1; 104/1,2; 107/1; 108/1,2
Georg Thieme Verlag KG, https: S. w.thieme.de/de/pflegepaedagogik/21-prophylaxen-68661.htm, iCare: Abb. 21.17 (Spitzfuß), Stuttgart: S. 64/1
Getty Images Deutschland, München: S. 12/2 (yulkapopkova); 51/1 (Dorling Kindersley); 70/2 (age fotostock); 101/1 (Ezra Bailey)
Grafische Produktion Neumann, Rimpar: S. 77/1–3
Heinis, Monika, Herford: S. 52/2
Initiative Zukunft Heimtier, www.zukunft-heimtier.de, Bremen: S. 124/2
iStockphoto, Berlin: S. 13/2 (Marina Dyakonova); 14/2 (phaha_L); 52/1 (Elena_Shchipkova); 72/2 (Daush); 96/1 (linephoto)
Kallmünzer, Tanja, Eschenbach: S. 123/1–3
Krausen, Scott, Mönchengladbach: S. 61/1–5; 64/2–6; 83/2; 84/1
Krüper, Werner, Fotografie, Steinhagen: S. 75/2; 85/1; 115/2
Kühnau, Sascha, Berlin: S. 27/2; 33/3; 35/1
Lück/Rhombo-Medical, Bocholt: S. 63/1
Ludwig Bertram GmbH, Insernhagen: S. 81/1,2
Mauritius GmbH, Mittenwald: S. 40/2 (Science Source); 69/1 (Markus Mitterer)
Neese, Anika, Fotodesign, Berlin: S. 45/2; 65/2,3; 78/2; 89/1
PAUL HARTMANN AG, Heidenheim: S. 76/1
pürform, Formen für pürierte Kost GmbH, Korschenbroich: S. 29/1,2
REER GmbH, Leonberg: S. 46/2
Reichhardt, Maren, Tangstedt: S. 124/1
Schilderoth, Jörg, Willinghausen: S. 8/1
Shutterstock Images LLC, New York, USA: S. 11/3 (Oksana Kuzmina); 11/4 (Elena Schweitzer); 13/3 (Denis Kuvaev); 14/3 (szefei); 18/1 (SpeedKingz); 19/1 (michaeljung); 23/1 (SpeedKingz); 36/1 (Miriam Doerr); 41/1 (Goodluz); 45/1 (Jenny Sturm); 49/1 (Iakov Filimonov); 49/2 (Oleg Mikhaylov); 53/1 (Dziurek); 54/1 (Kekyalyaynen); 56/1 (Olesya Feketa); 59/5 (Goodluz); 62/1 (kedrov); 88/1 (SpeedKingz); 96/2 (Monika Wisniewska); 98/2 (Loran4a); 100/2 (Jeanette Dietl); 103/2 (Goodluz); 105/1 (SpeedKingz); 111/1 (Krasimira Nevenova); 113/1 (gpointstudio); 113/2 (Miniature world); 114/1 (alphaspirit); 117/1 (Kaesler Media); 118/1 (Carlos Die Banyuls); 118/2 (BlueSkyImage); 119/1; 119/2; 120/2,3 (Agnes Kantaruk); 120/5 (Eviled); 121/2 (demarcomedia)
spiel gut – Arbeitsausschuß Kinderspiel+Spielzeug e.V., Ulm: S. 59/2
Stankewitz, Jutta, Bergen: S. 7/1,3; 9/2; 10/1; 24/1; 28/1; 42/1,2; 55/1; 71/2; 73/1; 85/2; 89/2; 91/2; 92/1; 93/1,2; 94/2; 95/1; 105/3,4; 109/1; 110/1; 112/1
Stiftung OEKO-TEX® GmbH, Frankfurt am Main: S. 59/3
Stock e.K., Udo, www.stoptimal.de, Unterweikertshofen: S. 122/3
Strauß, Friedrich, Spezialarchiv für Pflanzenfotografie, Au/Hallertau: S. 122/1
Thomas Hilfen für Körperbehinderte GmbH & Co. Medico KG, Bremervoerde: S. 76/2,3; 80/3; 81/3
VDE Prüf- und Zertifizierungsinstitut GmbH, Offenbach am Main: S. 59/4
Verlag Handwerk und Technik GmbH, Hamburg: S. 11/1; 19/2; 28/2; 34/2; 58/2,3; 70/1; 95/2; 120/1,4
WGP-Produktdesign, Ellerau: S. 27/1; 30/2; 34/1
Wort&Bildverlag Baierbrunn/Martina Ibelherr und Ulrike Möhre: S. 66/1,2
www.pflegewiki.de: S. 65/1 (Mennfield)
www.seniola.de: S. 44/3
www.wikipedia.de, Zum Erntedankfest geschmückter Altar in der katholischen Kirche St. Antonius in Gescher (Nordrhein-Westfalen, Deutschland, Date 2010-10-04, Author=4028mdk09 |Permission= |other_version 4028mdk09 (Own work) [CC BY-SA 3.0 (http://creativecommons.org/licenses/by-sa/3.0)], via Wikimedia Commons: S. 121/1

978-3-582-0**4299**-6

Verlag Dr. Felix Büchner – Handwerk und Technik GmbH,
Lademannbogen 135, 22339 Hamburg; Postfach 63 05 00, 22331 Hamburg – 2016
E-Mail: info@handwerk-technik.de – Internet: www.handwerk-technik.de

Umschlagbilder: Shutterstock Images LLC, New York, USA: Bild 1 (Kristo Gothard)
Fotolia Deutschland, Berlin, © www.fotolia.de: Bild 2–4 (Николай Григорьев)
Satz und Layout: PER MEDIEN & MARKETING GmbH, Braunschweig
Druck: Brüder Glöckler GmbH, 2752 Wöllersdorf/Österreich

Inhaltsverzeichnis

Vorwort

Beispiele verdeutlichen einzelne Sachverhalte.

Besondere Arbeitshinweise führen zu eigenständigem Lernen.

Tipps und Maßnahmen zur Qualitätskontrolle erleichtern die Umsetzung des Gelernten.

Hauswirtschaftliche Dienstleistungen gehören zu den Kernleistungen sozialer Einrichtungen und Dienste. Ziel ist es, diese personenbezogen und bedarfsgerecht bereitzustellen. Eine Orientierung geben dabei die Bedürfnissen und Bedarfe des menschlichen Lebens. Diese personenorientierten Betreuungsleistungen werden dargestellt mit dem Ziel, die Lebensqualität für Menschen mit Hilfebedarf zu erhöhen.

Besonders bei der Betreuung von älteren Menschen bedeutet dies, eng verzahnt mit Pflegefachkräften zu arbeiten. Obwohl die Aufgaben strikt getrennt sind, kann es zu Situationen kommen, in denen eine Hand die andere unterstützt. Zudem ist es für hauswirtschaftliche Kräfte wichtig, zu wissen, was hinter den Handlungen der Pflegekräfte steht und welche Bedeutung diese haben. Die Kenntnis darüber kann mit über die hauswirtschaftlichen Betreuungsleistungen entscheiden.

Die Empfehlungen sind sorgfältig erwogen, dennoch kann keine Garantie übernommen werden. Eine Haftung ist ausgeschlossen.

Ein herzlicher Dank gilt Frau Ines Findel aus Leipzig für die vielfältige Unterstützung.

Anmerkung der Autorinnen:

Die Arbeit mit Menschen in den unterschiedlichen Lebensphasen und besonders die Arbeit mit betagten Personen oder mit demenziell erkrankten Menschen stellt eine große Herausforderung für alle am Prozess beteiligten dar. Einfühlungsvermögen, Aufmerksamkeit und fachliches Wissen sind erforderlich. Hauswirtschaftliche Tätigkeiten eignen sich sehr gut, um betreuungsbedürftigen Personen eine sinnvolle, tagesstrukturierende und angenehme Beschäftigung zu ermöglichen. Hierbei arbeiten die beteiligten Berufsgruppen im interdisziplinären Team eng zusammen. Dadurch ist es möglich, eine Atmosphäre der Sicherheit, der Geborgenheit und des Wohlgefühls für die Menschen, die betreut werden, entstehen zu lassen. Dies bezieht sich auf die Arbeit mit Kindern und Jugendlichen genauso, wie auch auf die Arbeit mit kranken, behinderten oder betagten Menschen.

Diese Arbeit ist nicht einfach und leicht, sondern oft, sowohl physisch als auch psychisch sehr anstrengend und manchmal auch belastend. Doch die Betreuung von Menschen bringt auch ein sehr hohes Maß an Freude, Spaß, Zufriedenheit und Erfüllung.

Wir wünschen allen, die mithilfe dieser Handlungsanweisungen hauswirtschaftliche Betreuungsleistungen durchführen, dass sie Spaß daran haben und uns kritische Anmerkungen und Hinweise zur Weiterentwicklung des Werkes mitteilen.

Autorinnen und Verlag
Dezember 2015

1 Lebensabschnitte und Lebenssituationen

Lebensabschnitte und unterschiedliche Lebenssituationen prägen unser Leben. In jeder Lebensphase spielt die hauswirtschaftliche Versorgung eine wichtige Rolle. Oft ist nicht offensichtlich, welche Kompetenzen sich hinter den hauswirtschaftlichen Dienstleistungen verbergen. In der Hauswirtschaft greifen fachliche Kompetenzen ineinander. Dies erklärt die große Bandbreite und die vielfältigen Möglichkeiten der hauswirtschaftlichen Betreuungs- und Versorgungsleistungen.

- *Versorgung und Betreuung ergänzen sich.*
- *Betreuungsleistungen sind immer personenorientiert.*

Besonders die personenorientierte und damit individuelle Durchführung hauswirtschaftlicher Betreuungsleistungen lässt drei Fragenstellungen zu:

- Welche Personen oder Personengruppen werden angesprochen und betreut?
- Was bedeutet individuell?
- Betreuung, Fürsorge, was steckt hinter diesen Begriffen?

Und welche Aufgaben kommen damit auf die Hauswirtschaft zu? Deutlich wird, dass Hauswirtschaft zur „Tankstelle" im Alltag wird, hier wird Energie und Zufriedenheit, aber auch Gesundheit, Wohlbefinden und Hilfe geschöpft. Hauswirtschaftliche Betreuung bedeutet aber auch, im Ansatz Menschen zu befähigen, die Aufgaben des Alltags so eigenständig wie möglich zu erledigen.

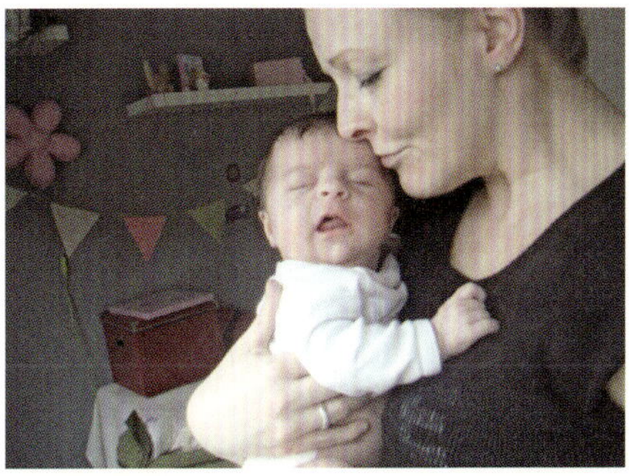

Personen und Personengruppen

Vertreten sind alle – vom Säugling über das Kleinkind zum Schulkind. Vom jungen Menschen zu Müttern, Vätern, Erwachsenen in allen Lebenslagen mit oder ohne Behinderungen genauso wie Seniorinnen und Senioren.

Individuell

Individuell bedeutet auf ein Individuum bezogen, also ganz speziell auf diese eine Person. Es bedeutet also einzigartig und persönlich.

Frau Müller, welche in ihrer Pflegebedürftigkeit in ihrem häuslichen Umfeld versorgt werden möchte.

Betreuung

Das Ziel der Betreuung ist, den Personen das Maß an Hilfe zu geben, welches erforderlich ist, damit der Alltag so eigenständig wie möglich gelebt werden kann.

Betreuung in Bezug auf Personen bedeutet:

- Schutz geben
- Sich um jemanden kümmern und ihn umsorgen
- Sicherheit bieten
- jemanden unterstützen
- beschützen
- Hilfe leisten

Herr Mayer, der sehr viel Wert auf Selbstständigkeit legt und keine Hilfe duldet.

Bedürfnis

Liegt ein tatsächlicher Mangel vor (Essen, Geborgenheit), so entsteht ein dringlicher Wunsch oder ein Verlangen danach, diesen Mangel zu befriedigen. Zu den Bedürfnissen gehört auch, ein passendes Lebensumfeld zu haben.

Der einzelne Mensch steht im Mittelpunkt der Handlung, so wird die Arbeit der Fachkraft abwechslungsreich, verantwortungsvoll und bietet täglich neue Herausforderungen.

Fürsorge

Für Kinder oder pflegebedürftige Familienmitglieder Sorge tragen, dabei auch pflegen und verwalten– all dies gehört zur Fürsorge für einen Menschen.

Versorgen

Versorgen bedeutet das bewirken, dass jemand etwas bekommt, was er braucht. Zum Beispiel Personen mit Essen und Trinken versorgen oder dass sie die nötige Pflege, Sicherheit, Sauberkeit und Zuwendung erhalten.

Alle Personen und Personengruppen in ihren jeweiligen Lebenssituationen sollen, wo es erforderlich ist, in ihren Alltagskompetenzen unterstützt werden.

Um Betreuungs- und Versorgungsleistungen individuell planen und ausführen zu können, ist es wichtig, Kenntnisse über Lebensabschnitte und Lebenssituationen der entsprechenden Personen zu erlangen. Dieses Wissen hilft dabei, die Bedürfnisse zu erkennen, um so die Leistungen an die Person in der jeweiligen Lebensphase anpassen zu können.

Zu den hauswirtschaftlichen Betreuungsleistungen gehören:
- Hilfe leisten bei Alltagsverrichtungen
- Motivation und Beschäftigung
- Personenorientierte Gesprächsführung

Lebensabschnitte	Lebenssituationen
• Säuglingsalter (bis 1 Jahr) • Kleinkind 1–5 Jahre (Kindergartenkind) • Schulkind (6–11 Jahre)	• Säugling muss umsorgt werden, ist auf die Hilfe anderer Menschen angewiesen. • Wichtige Grundlagen für die Entwicklung werden in dem Alter gelegt. • Kind lernt laufen, entdeckt die Umwelt. • In der Kindergartenzeit wird das soziale Umfeld immer wichtiger. • Kulturtechniken wie Lesen, Rechnen, Schreiben werden erlernt. • Auseinandersetzung mit Erwachsenen wird geübt.
Jugend (12–18 Jahre)	• Schule ist wichtiger Bestandteil in dieser Zeit. • Ausbildung und „das erste selbst verdiente Geld" folgen. • Ziele eines Jugendlichen sind das Selbstständigwerden, die Abgrenzung vom Elternhaus und die Entwicklung der eigenen Persönlichkeit. Berufsorientierung findet statt.
• Junge Erwachsene (18–25 Jahre)	• Berufseinstieg nach Ausbildung oder Studium, Mobilität ist gefordert. • Unabhängigkeit von den Eltern, „die erste eigene Wohnung".
• Erwachsene	• Familiengründung • Wahrnehmung von Interessen und sozialen Kontakten bei gleichzeitigem Zusammenspiel von Beruf und Familie • Fürsorge häufig für die Generationen vor und nach der eigenen
Senioren (ab 65 Jahre)	• Eintritt in den Ruhestand • Zeit, sich Wünsche zu erfüllen • Einschränkungen im Alltag und in der Mobilität • Gesundheitliche Beeinträchtigung (Umzug ins „Heim") • Trauer durch den Verlust von Angehörigen und Freunden

Krankheiten können in allen Lebensabschnitten auftreten und benötigen zusätzliche Aufmerksamkeit, sie können zeitlich befristet oder ein Leben lang (chronisch) den Betreuungsbedarf eines Menschen maßgeblich mit beeinflussen. Dieser muss also in jedem Alterungsprozess neu angepasst werden. Kinder werden mit zunehmendem Alter selbstständiger und benötigen weniger Unterstützung, bei Erwachsenen mit zunehmendem Alter und bei Krankheiten ist dies umgekehrt.

Tätigkeiten aus den Bereichen Betreuung und Versorgung ergänzen einander und sind nicht immer klar voneinander zu trennen.

Die individuellen Bedürfnisse und Fähigkeiten aller zu unterstützenden Menschen sind die Voraussetzung für die Planung und Durchführung der hauswirtschaftlichen und sozialpflegerischen Tätigkeiten, um diese zu versorgen, zu pflegen und zu betreuen.

Arbeitsaufträge

1. Nennen Sie mindestens fünf Beispiele für Situationen, in denen Sie als Fachpraktiker/-in Personen individuell betreuen. Schreiben Sie die Beispiele auf und präsentieren Sie Ihre Ergebnisse.
2. Zeichnen Sie anhand einer Ihrer Großeltern eine Lebenskurve auf.

In der Lebenskurve eines jeden Einzelnen haben Ereignisse wie Einschulung, Kommunion oder Konfirmation, Schulabschluss, Berufseinstieg, Hochzeit, Umzug usw. besondere Bedeutung. Neben diesen Höhepunkten können auch Niederlagen und Tiefpunkte in der Lebenskurve gekennzeichnet werden. Lebenskurven können eine gute Grundlage für die Biografiearbeit mit älteren Menschen sein, um diese näher kennenzulernen.

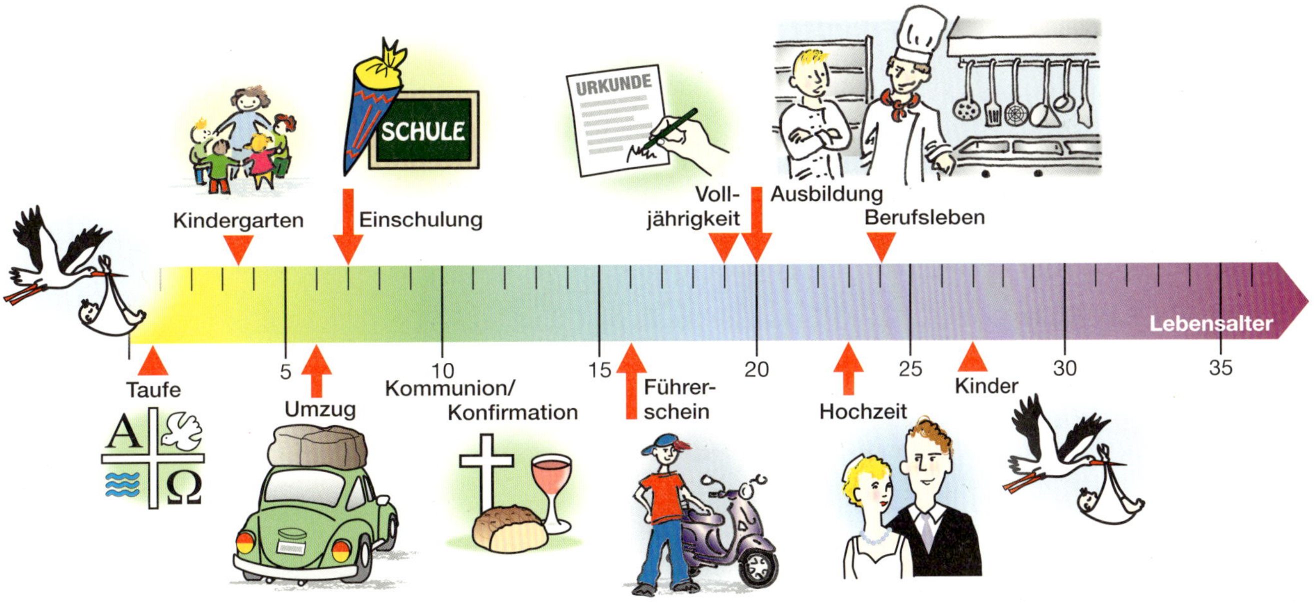

Lebenskurve

Hauswirtschaftliche Versorgung und Betreuung – Übersicht an Beispielen

Personengruppen z. B.	**Hauswirtschaftliche Versorgung z. B.**	**Hauswirtschaftliche Betreuung z. B.**
Personen in Alteneinrichtungen 	• Speisenzubereitung u. a. auch nach individuellen Bedürfnissen (Diäten, Schluck- und Kaubeschwerden) • Reinigen der Räume • Reinigen und Pflegen von Textilien • Gestaltung der Wohnumfelds • Kleidungsstücke ausbessern, Änderungen vornehmen • Einkäufe erledigen • Pflege der Zimmerpflanzen • Räume jahreszeitlich gestalten	• Bewohner beschäftigen mit gewohnten Tätigkeiten aus der Nahrungszubereitung, durch gewohnte Gerüche aktivieren, • Beispiel: Äpfel schälen • Unterstützung bei Alltagsverrichtungen wie Nahrung anreichen. • Mithilfe beim Legen persönlicher Wäsche.
Kinder in einer Kindertageseinrichtung 	• Speisenzubereitung • Reinigen der Räume • Gestaltung des Wohnumfelds	• Kinder einbeziehen bei z. B. Tischdekoration, Falten von Servietten • sowie in den Vorbereitungen zum Kochen und Backen, • Bsp.: Muffins backen
Teilnehmer in einer Tagungsstätte 	• Raum herrichten • Getränke nachfüllen • Reinigung der Räume und des Tagungsmaterials (Fernbedienungen, Whiteboard) • ggf. Speisenzubereitung	• Informationen über Ablauf im Haus geben • Wünsche im hauswirtschaftlichen Bereich entgegennehmen • Berücksichtigung und Betreuung bei Sonderwünschen gewähren, Bsp.: Diabetiker mit Zwischenmahlzeit versorgen
Patienten im häuslichen Bereich 	• Speisenzubereitung • Reinigen der Räume • Reinigen und Pflegen von Textilien	• Hilfe beim Essen, Bsp. Speisen auf Wunsch zerkleinern • Unterstützen bei Alltagsverrichtungen (z. B. Einnahme von Speisen, eincremen, Medikamenteneinnahme, vorlesen aus Tageszeitungen) ...

Arbeitsaufträge

Erarbeiten Sie weitere Beispiele für hauswirtschaftliche Versorgung und Betreuung.

2 Verschiedene Lebenssituationen und Zielgruppen für Betreuungsleistungen

2.1 Der Säugling

Der Säugling ist ein Kind im ersten Lebensjahr und wird auch als Baby bezeichnet. In dieser Zeit wird der Säugling meistens mit Muttermilch ernährt. Dieser Vorgang wird „Stillen" genannt. Vom damit verbundenen Saugreflex leitet sich die Bezeichnung „Säugling" ab. Dieser Begriff wird verwendet, unabhängig davon, ob das Kind mit Muttermilch ernährt wird oder Flaschennahrung erhält. Während der ersten vier Wochen im Leben eines Babys spricht man auch vom Neugeborenen. Nach Vollendung des ersten Lebensjahrs schließt sich das Kleinkindalter an.

2.1.1 Körperliche Entwicklung

Nach drei bis fünf Monaten hat ein Säugling sein Geburtsgewicht in etwa verdoppelt. Um Entwicklungsverzögerungen, Entwicklungsstörungen oder auch Erkrankungen frühzeitig zu erkennen, gibt es die Kindervorsorge-Untersuchungen. Diese Untersuchungen werden von Kinderärzten durchgeführt. Wachstum, Entwicklung, Gelenke und Knochen werden untersucht (Wachstumsfuge im Schädel, richtiger Sitz der Hüftgelenke). Die Reflexe des Babys werden überprüft, zum Beispiel der Schreit- und der Greifreflex. Der Kinderarzt macht bei den Vorsorgeuntersuchungen auch auf die wichtigen Schutzimpfungen in diesem Alter aufmerksam. Gegebenenfalls werden Schutzimpfungen durchgeführt und im Impfpass vermerkt.

Es wird anhand von Tests die körperliche und geistige Entwicklung des Kindes ermittelt. Auch diese Untersuchungsergebnisse werden mit den Eltern besprochen und in das Untersuchungsheft eingetragen.

Das Zahnen: Die Milchzähne sind schon vor der Geburt im Kieferknochen angelegt. Erst ab dem 6. bis 10. Lebensmonat brechen die Milchzähne schubweise durch. Meistens kommen die mittleren unteren Schneidezähne zuerst durch, danach die oberen vorderen Schneidezähne. Dann folgen die seitlichen Schneidezähne, gefolgt von den Backen- und den Eckzähnen. Das Milchzahngebiss ist meistens zwischen dem 20. und dem 30. Lebensmonat vollständig ausgebildet.

Es wird von Zahnärzten empfohlen, ab dem ersten Milchzahn mit der Zahnpflege zu beginnen. Hierfür gibt es spezielles Zahnpflegezubehör für die Kleinsten.

Beim Durchbruch der ersten Zähne kann dem Baby Folgendes helfen:

- *Massieren des Zahnfleisches*
- *Herumkauen auf harten, kühlen Gegenständen (z. B. eine Möhre aus dem Kühlschrank)*
- *geeignete Beißringe*
- *homöopathische Arzneimittel*

Beißring

Zahnpflege und Zubehör

Achtung! Das Baby darf nicht ohne Aufsicht auf dem Wickeltisch liegen. Es kann herunterfallen und sich verletzen.

2.1.2 Sprachentwicklung

In den ersten Lebensmonaten ist das Schreien des Säuglings Ausdruck von Hunger, Durst, Unbehagen, Schmerzen und noch viel mehr. Mit drei bis vier Monaten folgt das erste Brabbeln und Lallen, bald darauf schon gezielte Laute und später Doppelsilben wie PA-PA oder MA-MA. Die Wiederholung dieser Äußerungen und die Ermunterung zum Weitermachen sind sehr wichtig für eine positive Beeinflussung der Sprachentwicklung des Kindes. Sprechen wird durch Hören und Nachsprechen und durch das ständige Wiederholen erlernt.

2.1.3 Motorische Entwicklung

Während mit drei Monaten noch das Spielen mit den eigenen Fingern eine häufige Beschäftigung des Säuglings ist, kann das Baby schon bald seine Umgebung erkunden. Es kann sich drehen.

Holzspielzeuge, Stofftiere, Bücher werden von dem Baby auf den Fußboden geworfen und der „Mitspieler" reicht die Spielzeuge wieder dem Baby.

Der Säugling lernt sitzen, robben, krabbeln und startet erste Gehversuche. Das Kind erforscht Gegenstände, indem es diese betastet, greift, betrachtet, zum Mund führt, schüttelt, klopft oder damit wirft. Dieser Vorgang kann wiederholt werden, bis Geduld auf der einen Seite oder Interesse auf der anderen Seite aufhören.

2.1.4 Soziale Entwicklung

Nach etwa zwei Monaten kann ein Baby durch Lächeln bewusst Kontakt zu seinem Gegenüber aufnehmen. Mit etwa sieben Monaten beginnt das Kind zwischen bekannten und fremden Personen zu unterscheiden. Wir sprechen von „Fremdeln", wenn das Baby beim Anblick von Fremden weint und bei der Mutter, dem Vater oder Geschwistern, welche vertraut sind, Schutz sucht.

2.1.5 Ernährung

Muttermilch ist eine sehr gute Ernährung für den Säugling während der ersten sechs Lebensmonate. Gestillte Babys erhalten alle benötigten Nährstoffe in der richtigen Zusammensetzung und in der richtigen Abstimmung auf die momentane Entwicklungsphase. Die Muttermilch passt sich den wachsenden Bedürfnissen des Babys an. Durch eine vollwertige Ernährung der Mutter während der Stillzeit enthält die Muttermilch besondere Abwehr- und Schutzstoffe, welche das Baby vor Krankheiten und Umwelteinflüssen und damit auch vor Allergien schützen.

Die industriell hergestellte und an die Muttermilch angepasste (adaptierte) Flaschennahrung ist eine sehr gute Alternative. Besteht aus unterschiedlichen Gründen nicht die Möglichkeit des Stillens, hat dies keinen Nachteil bei der Entwicklung des Babys.

2.1.6 Möglicher Bedarf an Betreuungsleistungen

Ob in der Familie oder der Tageseinrichtung, ein Säugling ist vollends auf die Betreuungsperson angewiesen. Deshalb ist das Aufstellen und Einhalten von Anweisungen und Richtlinien wichtig. Meistens gibt es feste Zeiten und Abläufe, in welchen das Baby gefüttert wird, die Windeln gewechselt werden, das Bad stattfindet und Schlaf- und Ruhezeiten sind.

Besonders in Ausnahmesituationen, in welchen Betreuung durch andere Menschen nötig wird, ist es sinnvoll, die festen Rituale und Vorgehensweisen im Umgang mit dem Baby zu kennen. So können die spürbaren Veränderungen für den Säugling so gering wie möglich gehalten werden.

Das Füttern mit Flaschennahrung oder Brei, das Wechseln der Windeln, Baden und Körperpflege, aber auch Voraussetzungen für Ruhezeiten (Schlaf) und Spaziergänge zu schaffen, gehören neben der Aufsicht des Säuglings zu den Hauptaufgaben (s. S. 50).

Benötigt der Säugling physio- oder ergotherapeutische Maßnahmen oder soll er an Babymassagen oder Krabbelgruppen teilnehmen, so kann die entsprechende Begleitung auch eine Betreuungsaufgabe darstellen.

2.2 Das Klein- und Kindergartenkind

Der Begriff Kleinkind bezeichnet die Lebensphase des Menschen vom abgeschlossenen ersten Lebensjahr bis zum 6. Lebensjahr.

2.2.1 Körperliche Entwicklung

Das Kind lernt gegen Ende des zweiten Lebensjahrs, seine Ausscheidungen zu kontrollieren und auf die Toilette zu gehen. Dieses Lernen wird als Erziehung zur Sauberkeit beschrieben. Meistens ist es für die Kinder ein großes Erfolgserlebnis, wenn es gelingt, dass die Windel trocken und sauber bleibt. Von gelegentlichen Misserfolgen dürfen sich weder die Eltern noch die Kinder entmutigen lassen. Es ist wichtig, dass jedes Kind seinen eigenen Entwicklungsrhythmus hat und dieser respektiert wird.

Im Kleinkindalter finden verschiedene Schutzimpfungen durch den Kinderarzt statt. Im Impfbuch werden die Termine und die Durchführung dokumentiert. Um Entwicklungsverzögerungen und Krankheiten frühzeitig zu erkennen, ist es wichtig, weiterhin die Vorsorgeuntersuchungen beim Kinderarzt wahrzunehmen. Sämtliche Untersuchungsergebnisse werden im Untersuchungsheft festgehalten und mit den Eltern besprochen. Notwendige Maßnahmen, wie z. B. Krankengymnastik, Logopädie oder Ergotherapie, werden begründet und Empfehlungen für die Spezialisten werden vom Kinderarzt ausgesprochen.

2.2.2 Sprachentwicklung

Der Wortschatz des Kindes wird größer, die Sprachfähigkeit nimmt zu. Zwei- bis Dreijährige haben oft schon einen Wortschatz von 200 bis 300 Wörtern. Es fällt den meisten Kindern dieses Alters sehr leicht Neues zu lernen. Deshalb wird in vielen Kindergärten und Kindertagesstätten diese Gelegenheit wahrgenommen und die Kinder werden auf spielerische Weise an Fremdsprachen herangeführt. Kinder lernen in diesem Alter sehr leicht auswendig und besonders Reime sind hierfür gut geeignet. Auch die musikalische Früherziehung kann in diesem Alter beginnen. Kinder experimentieren sehr gerne mit verschiedenen Rhythmusinstrumenten wie Trommeln, Rasseln, Triangeln, Tamburin und Kastagnetten. Durch das Singen von Liedern erweitert sich der Wortschatz der Kinder und auch die Stimme wird geschult.

Beispiele für gemeinsame Spiele:
- Rollenspiele, auch mit Puppen und Stofftieren
- Memory, Brettspiele und Legespiele
- Kreisspiele
- Bewegungsspiele
- Kartenspiele

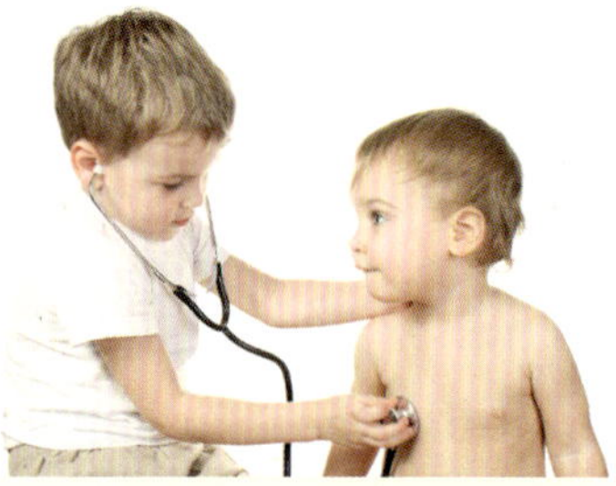

Sowohl mit Gleichaltrigen wie auch mit größeren Kindern und mit Erwachsenen zu spielen, ist wichtig für die soziale und auch die geistige Entwicklung des Kleinkinds.

- Geburtstag, Namenstag, Tauftag
- Einschulung
- Jahreszeitliche Feste wie Fasching, Kirmes, Neujahr, Sonnenwendfeier
- Kulturelle und religiöse Feste wie Weihnachten, Zuckerfest, Ostern, Ende des Ramadan usw.

2.2.3 Motorische Entwicklung

Die Kinder erlernen komplexe motorische Fähigkeiten wie zum Beispiel:

- Sicher gehen
- Laufen und Hüpfen
- Balance halten, auf einer Linie gehen
- Treppen hinauf- und hinuntergehen
- Werkzeuge benützen, z. B. mit dem Löffel essen, malen mit Stiften und Kreide
- Perlen auffädeln
- Einen Ball mit beiden Händen auffangen

Die Bewegung für Kinder in diesem Alter einzuschränken bedeutet, dass ihre Entwicklung gefährdet werden kann.

2.2.4 Soziale Entwicklung

Das Kind lernt in der Kleinkindphase soziales Rollenverhalten. Die Entwicklung von Fantasie und der eigenen Willensbildung findet statt. Die Kinder spielen manches nach, was sie im vertrauten Umfeld erleben. Daneben entsteht der Wunsch nach Selbstständigkeit. Die Orientierung hin zu Gleichaltrigen nimmt zu. In diesem Zusammenhang ist das Angebot von Kindertagesstätte, Kindergarten und Ähnlichem sehr wichtig.

2.2.5 Ernährung

Im Kleinkindalter wird ein wichtiges Fundament für eine gesunde und abwechslungsreiche Ernährung gelegt. Essen soll den Kindern Spaß machen und wichtig ist, dass die Kleinkinder mit allen Nährstoffen, mit Vitaminen, Mineralstoffen und auch mit Flüssigkeit in ausreichender Menge versorgt werden. Kleinkinder spielen und bewegen sich viel, deshalb benötigen sie viel Energie in Form von Brennstoff; dies sind Fette und Kohlehydrate. Und Kleinkinder sind im Wachstum, hierzu braucht ihr Organismus Wasser, Eiweiß und Mineralstoffe. Damit die Kinder widerstandsfähig gegen Umwelteinflüsse sein können, benötigen sie genügend Regel- und Schutzstoffe; dies sind Vitamine, Mineral- und Ballaststoffe. Hieraus ergibt sich die Wichtigkeit einer ausgewogenen Ernährung, einer abwechslungsreichen Mischkost mit frischem Obst und Gemüse.
Es ist darauf zu achten, dass die Kinder in diesem Alter fünf Mahlzeiten und ausreichend Flüssigkeit (ca. 1 Liter) über den Tag verteilt zu sich nehmen, weil sie durch Wachstum und Bewegung einen hohen Energiebedarf haben und dadurch Müdigkeit und Konzentrationsabfall vermieden wird.

2.2.6 Möglicher Bedarf an Betreuungsleistungen

Neben der Aufsichtspflicht und Beschäftigung kann sich der Betreuungsbedarf durch Feste (s. nebenstehend) oder folgende Gegebenheiten ausweiten:

- bei schwerer Erkrankung eines Elternteils oder wenn Geschwister schwerwiegend erkranken und die Eltern hierdurch die Betreuung nicht selbst wahrnehmen können
- bei Wiedereinstieg beider Eltern in den Beruf
- einschneidende Partnerschaftsprobleme der Eltern (Trennung/Scheidung)

Kinder in diesem Alter müssen zu allen Aktivitäten, die außer Haus stattfinden, begleitet werden (z B. Kinderturnen, musikalische Früherziehung).

2.3 Das Schulkind

Ab ca. sechs Jahren ist das Kind schulfähig. Für die Schulfähigkeit spielt die körperliche, motorische, geistige und soziale Entwicklung eine wesentliche Rolle.

Der Schuleintritt bringt für das Kind eine weitgehende Erweiterung seiner Lebenswelt mit sich. Der Tagesablauf wird nun von vielen Regeln bestimmt. Das beginnt mit einer festen Zeitstruktur von Aufstehen und Zubettgehen, Mahlzeiten einnehmen, Schulwege zurücklegen, mit körperlicher Bewegung und Stillsitzen. Der Freiraum zum Spielen wird geringer.

Kinder zwischen sechs und zwölf Jahren wollen ihre Umwelt erobern und verstehen. Mit zunehmendem Alter wollen sie ihre Beziehung zu den aufregenden Dingen, die sie umgeben, selbst erfahren.

2.3.1 Körperliche Entwicklung

Während Kinder im Kleinkindalter rasante Wachstumsphasen durchlaufen, ist das Grundschulalter durch eine relativ konstante und eher langsame Zunahme von Größe und Gewicht gekennzeichnet. Erst in der Pubertät (ab ca. 12 Jahren) gibt es wieder große Wachstumssprünge.

2.3.2 Motorische Entwicklung

Das Erlangen motorischer Fertigkeiten wie Radfahren, Schwimmen, Fußballspielen usw. steht im Vordergrund. Schulkinder haben einen ausgeprägten Bewegungsdrang, der mit der weiteren Entwicklung – mit Eintritt der Pubertät – wieder etwas nachlässt.

2.3.3 Geistige Entwicklung

In der Grundschule werden Lesen, Schreiben und Rechnen vermittelt.

Um Lesen zu lernen, müssen ausreichende deutsche Sprachkenntnisse vorhanden sein. Gespräche führen, erzählen lassen, z. B. Erlebnisse aus der Schule, vom Ausflug, aus dem Urlaub, hilft bei der Sprachentwicklung.

Das Denken des Kindes wird sachorientierter, deshalb wird z. B. ein Besuch im Zoo oder Museum interessanter.

Das Gedächtnis entwickelt sich weiter. Es kann Ereignisse, die in der Zukunft liegen, abwarten und sich darauf einstellen.

2.3.4 Soziale Entwicklung

Schulkinder nehmen sich als Mädchen oder Jungen wahr. Kleider und Frisur sind geschlechtsspezifisch und die Eigenwahrnehmung und das Selbstverständnis festigen sich.

Im Grundschulalter spielen Jungs gerne mit Jungs in größeren Gruppen, während Mädchen Zweierbeziehungen (z. B. die beste Freundin) bevorzugen.

Soziale Netzwerke sollten in diesem Alter noch keine Rolle spielen.
Beispiele für soziale Netzwerke: Facebook, WhatsApp ...

2.3.5 Ernährung

Empfohlene Eiweißzufuhr

Alter	g/kg KG/Tag	g/Tag
Säuglinge	1,1–2,7	10–12
1–4 Jahre	1,0	13–14
Erwachsene	0,8	44–59

Kinder benötigen für das Wachstum eine abwechslungsreiche Mischkost. Sie sollte überwiegend bestehen aus Getreide, Gemüse, Kartoffeln, Obst und Milch, Fleisch und Fisch in Maßen. Fertigprodukte sollen nur in Ausnahmefällen Verwendung finden.

In diesem Alter gelten die Regeln für eine ausreichende Nährstoffversorgung. Im Verhältnis zur Körpergröße benötigen Kinder mehr Flüssigkeit als Erwachsene. Eine gute Versorgung mit Calcium und Vitamin D ist sehr wichtig für die Entwicklung der Knochen sowie eine ausreichende Eiweißversorgung.

Für Kinder ist es wichtig, bei der Gestaltung des Speiseplans mitzuwirken. Dadurch wird das Gefühl gefördert, dass auch diese Speisen gekocht werden, die selbst ausgesucht wurden. Auch beim Einkauf und bei der Speisenzubereitung sind Kinder gerne mitbeteiligt und helfen oft sehr bereitwillig. Den meisten Kindern macht es großen Spaß, im Supermarkt die Äpfel, Tomaten und die Kartoffeln in die Tüten zu packen und abzuwiegen.

Ein schönes Erfolgserlebnis ist es für die Kinder, einen Pfannkuchen auf dem Tisch zu haben, der von den Kindern selbst in der Pfanne gewendet wurde oder für den die Kinder die Eier selbst aufgeschlagen und den Teig gerührt haben.

Hier können Kinder je nach Alter mitwirken:

- Speiseplan erstellen
- Einkaufen gehen
- Lebensmittel in die Vorratsräume sortieren
- Kuchen und Kekse backen
- Obst, Gemüse und Salat waschen
- Kräuter ernten
- Pizza und Aufläufe belegen
- Tisch decken und dekorieren
- Getränke bereitstellen

Hamburger sind bei Kindern sehr beliebt. Sie stellen gemeinsam mit Schulkindern der 2. Grundschulklasse zum Mittagessen bei einer Aktion im Rahmen des Ferienprogramms Hamburger selbst her. Gemeinsam werden Hackfleisch und Brötchen beim Fleischer und in der Bäckerei eingekauft. Im Supermarkt kommen Tomaten, Salat, Frischkäse, saure Gurken, Eier und Zwiebeln hinzu. Die Aufgaben werden nach Absprache eingeteilt, jetzt weiß jeder, was er wie zu erledigen hat. Wichtig ist, dass auch Hygienerichtlinien Beachtung finden. Ebenso wie der vorsichtige Umgang mit scharfen Messern und heißem Fett. Sicher ist auf alle Fälle, dass diese Hamburger viel besser schmecken als jedes Fastfood und dazu viel gesünder sind. Den Spaß gibt es gratis dazu.

Im oben genannten Beispiel geht es darum, dass die Kinder einen Bezug herstellen können zu dem, was auf dem Teller liegt. Wichtig ist es, dass die Kinder wissen, dass Lebensmittel Naturprodukte sind.

Während des Einkaufens können die Kinder erfahren, woher die Lebensmittel kommen. Durch die gemeinsame Verarbeitung lernen sie schnell, dass Lebensmittel nicht selbstverständlich in zubereiteter Form, z. B. als Schnitzel mit Pommes frites und Salat, auf dem Tisch stehen, sondern aufwendig zubereitet wurden. Diese Erkenntnis kann den respektvollen Umgang mit Lebensmitteln fördern.

Die Speisen sollten nicht überwürzt werden, damit der natürliche Geschmack der Lebensmittel nicht überdeckt wird.

Ein geplanter Tagesablauf ist für Kinder sehr wichtig, damit Freizeitaktivitäten, Hausaufgabenzeiten, Essenszeiten und Ruhezeiten eindeutig terminiert sind und so auch klar eingehalten werden können.

Durch ein pausenloses Zurverfügungstellen von Snacks oder Zwischenmahlzeiten entwickelt sich kein Hunger- oder Sättigungsgefühl, woraus sich u. a. auch Essstörungen entwickeln können. Feste Essenszeiten in ruhiger Atmosphäre sind Bestandteile einer guten Ernährungserziehung.

2.3.6 Möglicher Bedarf an Betreuungsleistungen

Fachpraktiker können unter anderem in sozialen und medizinischen Einrichtungen für Kinder wie Tagesstätten, Kinderheimen, Erholungseinrichtungen und Rehakliniken, aber auch in privaten Familien eingesetzt werden. Daraus ergeben sich beispielsweise folgende Tätigkeitsbereiche und Aufgabenfelder:

- Auf körperliche Grundhygiene achten, wie z. B. Hände waschen vor dem Essen
- Frühstück herrichten
- Pausenbrote richten, die ansprechend aussehen und viele wichtige Nährstoffe enthalten(z. B. Karottenstifte, Apfelstücke)
- Unter Anleitung Mittagessen zubereiten
- Hausaufgaben beaufsichtigen
- Unter Anleitung gemeinsames Kochen und Backen mit Kindern (z. B. Muffins)
- Einfache Bewegungsspiele durchführen, wobei bei der Auswahl folgende Kriterien bedacht werden sollen: Größe und Ausstattung der Räume (Vorsicht vor Verletzungen), Wetterlage, Alter der Kinder
- Bewegungsspiele im Freien, z. B. Ballspiele, Verstecken spielen, Hüpfspiele, Bewegung zu Musik ...
- Mithilfe bei der Planung eines Festes, z. B. bei einem Kindergeburtstag
- Spiele auswählen, benötigtes Material vorbereiten oder einfache Gestaltungsaufgabe für das Schulkind selbstständig auswählen lassen, Material zusammenstellen und mit den Kindern durchführen. Einfache Gestaltungsaufgabe durchführen, z. B. Schneid- und Faltarbeiten mit Papier wie Flieger, Tiere, usw. Das fördert die Feinmotorik und gibt Erfolgserlebnisse
- Vermitteln von Regeln wie Pünktlichkeit, Höflichkeit usw.

Arbeitsaufträge

Wählen Sie eine Papierfaltarbeit aus, die Sie mit ca. 6-jährigen Kindern herstellen können. Die Faltarbeit soll als Tischkarte zum Kindergeburtstag verwendet werden.

2.4 Der Jugendliche

Unter Jugend versteht man die Zeit zwischen Kindheit und Erwachsensein, also den Zeitabschnitt zwischen dem 14. und 18. Lebensjahr.

Lisa (14 Jahre) „Meine Eltern quatschen mir ständig in alles rein. Ich find's total nervig, dass ich nichts allein entscheiden darf!"

In diese Zeit fällt die Pubertät, der Schulabschluss, Beginn der Berufstätigkeit oder Studium, Abnabelung vom Elternhaus. Für die Jugendlichen und ihre Wegbegleiter ist diese Zeit nicht ganz einfach.

Häufig berichten Jugendliche über die Auseinandersetzung mit Eltern und Lehrern, über Schul- und Ausbildungsprobleme und über Liebeskummer. Die Gefühlslage in der Pubertät ist sehr wechselhaft. Zeiten des „Hochgefühls", emotionale Tiefs, „Herumhängen", sich zurückziehen und langweilen und Zeiten voller Energie und Lebensfreude wechseln sich nahtlos ab. Jugendliche reizt das Risiko, sie experimentieren, um ihre Grenzen zu erfahren.

2.4.1 Körperliche Entwicklung

Im Jugendalter verändert sich der Körper wesentlich. Die Bewegungen werden schlaksig und ungelenkig, weil Arme und Beine rascher wachsen als der Rumpf. Es kommt zur Gewichtszunahme. Bei Jungen wird der Unterschied zwischen Hüfte und Schulter größer. Bei Mädchen ist das erste sichtbare Zeichen die Brust, bei Jungen der Bartwuchs. Die Mädchen entwickeln sich etwas früher als Jungen.

2.4.2 Motorische Entwicklung

Ausdauer, Kraft und Schnelligkeit werden erhöht. Das Interesse, Sport aktiv zu betreiben, hängt häufig stark von anderen Faktoren ab wie eingebunden sein in den Schulalltag, Beruf usw.

2.4.3 Geistige Entwicklung

Der Jugendliche kann Denkprozesse selber kritisch reflektieren. Er setzt sich kritisch mit sich und seiner Umwelt auseinander. Der Jugendliche ist fähig, z. B. Behauptungen zu überprüfen und evtl. mögliche Lösungen zu finden.

2.4.4 Soziale Entwicklung

Im Vordergrund steht die Abnabelung vom Elternhaus. Freundschaften sind unentbehrlich für eine gesunde Entwicklung im Jugendalter.

Der Jugendliche formt in dieser Stufe mithilfe seines Wissens über sich und die Welt ein für ihn positives Selbstbild und bemüht sich, seine soziale Rolle zu finden. Gelingt ihm dies nicht, so zieht er sich von der Gesellschaft zurück und schließt sich anderen Gruppen an, die ihm eine gemeinsame Identität bieten.

2.4.5 Ernährung

Der Energiebedarf ist abhängig von Alter, Körpergröße, Gewicht und Bewegung.

Während der Pubertät kommt es zu unterschiedlichem Energiebedarf. Jungen entwickeln mehr Muskelmasse und haben deshalb einen höheren Energiebedarf als Mädchen.

Jugendliche haben einen durch das Wachstum höheren Nährstoffbedarf. Deshalb ist in diesem Lebensabschnitt das Risiko eines Mangels an bestimmten Nährstoffen wie z. B. Eisen u. Calcium größer.

Eisen ist enthalten in Fleisch, Vollkornprodukten, Karotten, Pilzen, Zucchini, Himbeeren, Nüssen u. a.

Auch die Thiaminzufuhr spielt hier eine wichtige Rolle. Jungen zwischen 15 und 25 Jahren benötigen 1,3 mg, Mädchen in dem gleichen Alter 1,0 mg, um Trägheit und Müdigkeit vorzubeugen.

Enthalten ist Thiamin in Vollkornprodukten und Hülsenfrüchten.

Arbeitsauftrag

Gelbe- Linsen-Suppe mit Möhren und Kartoffeln, aber auch Getreide-Gemüsebratlinge vereinen Thiamin sowie die Kombination von Vollkornprodukten und Vitamin C (für eine gute Eisenversorgung). Stellen Sie eine Rezeptsammlung zusammen für heranwachsende Jugendliche.

Zu beobachten sind immer wieder Phasen einseitiger Ernährung. Sicher ist, dass auch auf natürlichem Weg nach kurzer Zeit wieder die Gelegenheit, etwas anderes auszuprobieren wahrgenommen wird. Durch permanente Appelle an eine „gesunde" Ernährungsweise wird hier oft das Gegenteil erreicht. Das Vorleben kann dabei zu einem erstrebenswerten Slogan werden. Neben der Kenntnis über „gesunde Ernährungsformen" sollte die Betreuungskraft auch Geduld und Gesprächsbereitschaft zeigen. Bei der Speisenplanung von Kindern und Jugendlichen helfen diese drei Grundsätze:

Jugendliche sollen beim Kochen nicht nur „helfen", sondern selbstständig arbeiten dürfen. Das stärkt das Selbstbewusstsein und beeinflusst das eigene Essverhalten.

Speisenplanung von Kindern und Jugendlichen

Grundsatz	Lebensmittel	Erläuterung
reichlich	energiefreie und -arme Getränke, Obst, Gemüse, Brot, Kartoffeln, Reis, Nudeln	Diese Lebensmittel bilden die Basis einer ausgewogenen Ernährung und liefern reichlich Vitamine, Mineralstoffe und Ballaststoffe, aber wenig Fett und Energie.
mäßig, aber regelmäßig	Milch/-produkte, Fleisch, Fisch, Wurst, Eier	Diese Lebensmittel liefern hochwertiges Eiweiß und Mineralstoffe wie Calcium, Jod, Eisen und Zink.
sparsam genießen	Fette und Öle, fettreiche Snacks, Süßigkeiten, süße Speisen und Getränke	Diese Lebensmittel sollten sparsam verwendet und die Fette und Öle zudem gut ausgewählt werden.

Tabelle 1: Grundsätze einer ausgewogenen Speisenplanung für Kinder und Jugendliche

Quelle: aid und DGE e.V. (Hrsg.)

Food-to-go

Food to go ist eine Form des schnellen Essens oder für den Hunger zwischendurch, eine Mahlzeit, die außer Haus stattfindet. Diese kann alternativ zu gewerblichen Anbietern zu Hause hergestellt werden. So ist ein Überblick über die Nährstoffe möglich und der Geldbeutel wird geschont. Ein gutes Verhältnis zwischen der Nährstoffversorgung und dem finanziellen Aufwand zu finden, gehört mit zu dem Betreuungsauftrag im Zusammenhang mit Jugendlichen.

Als Ersatz für das Mittagessen (Schüler, vor allem ältere, können z. B. einen Besuch in der Schülermensa „uncool" finden) ist Food-to-go eine Alternative. Bedacht werden sollte jedoch, dass durch Food-to-go die Vermittlung von Tisch- und Esskultur sowie sozialem Miteinander während des gemeinsamen Essens verloren gehen kann. Ebenso kann das bewusste Essen und das Gefühl für „Sattsein" darunter leiden.

Der Snack für unterwegs muss nicht aus einem Schokoriegel oder Keksen bestehen. Gut ist es auch, eine Flasche Wasser dabeizuhaben. Häufig wird Hunger mit Durst verwechselt, das verleitet zum Essen. Die Verpackung sollte hygienisch einwandfrei und wiederverwendbar sein.

Eine kleine Auswahl für Food-to-go-Speisen:

- Wrap oder dünne Pfannkuchen, kalt oder warm, die sich in vielen Varianten füllen lassen. Mit der Zugabe von Rohkost wie Salat, Tomaten, Gurke, Paprika kann das ein gesundes „Mitnehm Essen" sein.
- Pumpernickel gefüllt: z. B. drei Lagen Pumpernickel, dazwischen jeweils bestrichen mit einer Frischkäsemasse. Die Frischkäsemasse kann mit Kräutern gewürzt und mit klein gewürfeltem Paprika u. a. gemischt werden.

- Naturjoghurt, gemischt mit zerkleinertem Obst und mit Haferflocken vermengt, verpackt in einem Schraubglas.
- Obst – in mundgerechte Stücke geschnitten – in einer Lunchbox.

Aufgabe ist es, dem Jugendlichen das Gefühl zu geben, dass er Betreuungspersonen hat, denen er sich anvertrauen kann. Damit hat er den besten Schutz.

Beeinflussende Faktoren können sein:
- Drogen
- Alkohol
- „falsche Freunde“

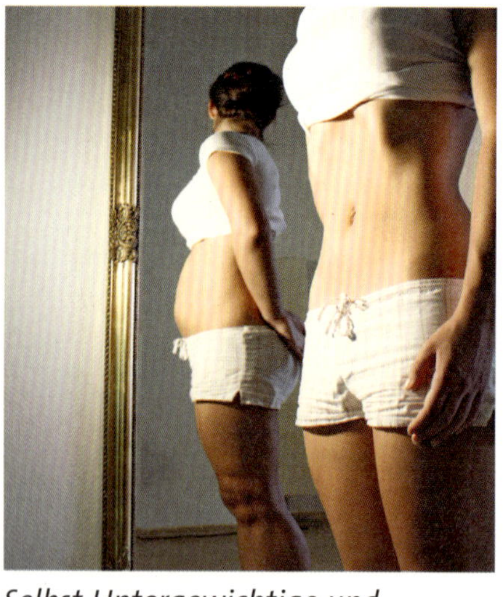

Selbst Untergewichtige und Normalgewichtige bezeichnen sich als „dick“ und „fett“

Typisches bei gestörtem Essverhalten:
- *Einsatz von Appetitzüglern*
- *Ausschließliche Verwendung von Lightprodukten*
- *Ständiger Einsatz von Abführmitteln*
- *Wechsel zwischen übermäßigem Essen und Diäthalten*
- *Übertriebenes Kalorienzählen*

2.4.6 Einflüsse im Jugendalter

Im Jugendalter stehen oft nicht mehr die Eltern im Mittelpunkt des Lebens, sondern die Freunde. Die Beeinflussung im Verhalten und in den Gewohnheiten kann groß sein. Eine ablehnende Haltung der Betreuungsperson gegenüber Drogen und Alkohol kann zu notwendigen Gesprächen führen. Geraten junge Menschen dabei an „Freunde“, die ihnen nicht guttun und sie verstärkt negativ beeinflussen, so gilt es, auch hier im Gespräch zu bleiben, Äußerlichkeiten und Gerüchte dabei außen vor zu lassen. Kommen Kiffen, Prügeln, Extremismus hinzu, werden Hausarrest und angedrohte Sanktionen oft sinnlos. Da der Jugendliche eine eigene Identität herausbilden will, wird erst recht Kontakt zu diesem Freund oder dieser Clique gesucht. Hier hilft eher Gespräch, Aufklärung und bei starker Bedrohung der gemeinsame Besuch einer Erziehungsberatungsstelle, um beim Jugendlichen selber die Einsicht zu erzeugen, was wirklich gut für ihn ist, um ihm zu helfen, sein Selbstbewusstsein zu stärken. „Falsche Freunde“ tauchen heutzutage auch verstärkt im Netz auf, was zu einer massiven Überforderung von Jugendlichen führen kann.

Wichtig ist, den Kontakt zum Jugendlichen nicht zu verlieren und ihm Halt zu geben. Hilfe bieten auch Erziehungsberatungsstellen oder Lehrkräfte, die diese speziellen Themen im Unterricht diskutieren.

Essstörungen

Zunehmend kommt es unter Jugendlichen zu Krankheitsbildern, die durch Essstörungen wie Magersucht, Bulimie- und Binge-Eating-Störung entstehen.

Essstörungen sind psychosomatische Störungen, bei denen es aufgrund von „krank machenden“, seelischen Belastungen zu körperlichen Schäden kommen kann.

Im Jugendalter, insbesondere während der Pubertät, ist die Gefahr, eine Essstörung zu entwickeln, besonders groß. Unbewusst wird versucht, innere Konflikte, hoffnungslos erscheinende Schwierigkeiten und Stress zu bewältigen. Oft nehmen Essstörungen suchtartigen Charakter an. Kontrollverlust, Wiederholungszwang und soziale Isolation bestimmen nicht selten den gesamten Alltag der Betroffenen.

Häufig treten Essstörungen gleichzeitig mit anderen körperlichen Folgeerkrankungen oder psychischen Begleiterscheinungen und Abhängigkeiten auf, wie z. B. Depressionen, Ängste, Medikamentenmissbrauch, Drogenmissbrauch.

Insbesondere bei Jugendlichen können sie auch in Kombination mit Selbstverletzungen, wie z. B. Schneiden mit Messern, Klingen oder Scherben, Zufügen von Brandwunden, Beißen, Haare ausreißen usw., auftreten.

Viele junge Frauen, aber auch Männer leben ständig mit dem Gefühl, fehlerhaft und „mit Macken“ behaftet zu sein. Die Propagierung von Schlankheit als gesellschaftlichem Schönheitsideal und die Gleichsetzung mit Leistung, Erfolg, Anerkennung und Attraktivität spielt dabei eine große Rolle. Das zermürbt und lässt das Selbstvertrauen schwinden.

Erste Schritte hinaus können sein:
- Regelmäßiges, langsames und genussvolles Essen
- Regelmäßig Möglichkeiten zur Bewegung nutzen
- Lernen, Körpergewicht richtig zu deuten
- Hände weg von Abführmitteln und Appetitzüglern

Magersucht

Eine allgemeingültige Erklärung, wodurch Magersucht entsteht, gibt es nicht. Immer kommen mehrere Bedingungen und Faktoren zusammen.

Magersucht zeigt sich am deutlichsten durch ein sehr geringes Körpergewicht. Magersüchtige Jugendliche und Erwachsene haben einen extremen Schlankheitsdrang. Selbst dann, wenn sie nur noch wenig wiegen, besteht der Drang, weiter abzunehmen. Die Angst, dick zu sein, ist groß.

Die Kontrolle über ihren eigenen Körper gibt Magersüchtigen das Gefühl, eigenständig und unabhängig zu sein, vermittelt ihnen Selbstdisziplin und Kontrolle des eigenen Lebens.

Nebenwirkungen und Folgen von Magersucht können sein:
- Kreislaufbeschwerden, Kreislaufkollaps, Absinken der Körpertemperatur (das führt zu Müdigkeit, Frieren)
- Depressive Verstimmungen, starke Ängste, Gefühl der Hoffnungslosigkeit, niedriges Selbstwertgefühl
- Verdauungsprobleme, auch weil aus Angst vor Gewichtzunahme zu wenig getrunken wird
- Kontaktstörungen bis zur sozialen Isolation, vor allem wegen der Angst, von anderen bewertet und abgewertet zu werden
- Ausbleiben der Menstruation

Bulimie

Bulimie wird auch als Ess-/Brechsucht bezeichnet, da die Erkrankten in Essanfällen innerhalb kurzer Zeit große Mengen essen, um diese anschließend durch Erbrechen wieder auszuscheiden.
Da bei Menschen mit Bulimie das Selbstwertgefühl nur schwach ausgeprägt ist, bauen sie eine Fassade auf, hinter die niemand blicken darf. Selbstzweifel plagt die Betroffenen sowohl im Hinblick auf Figur und Aussehen, als auch darauf, gut genug zu sein in Schule, Ausbildung, Beruf, als Kind, Freund/in. Innere Konflikte, „ wie sie sein wollen“ und „wie sie sind“, führen zu Gefühlsausbrüchen und Heißhungeranfällen. Menschen mit einer Bulimie haben eine krankhafte Angst, dick zu werden. Deshalb versuchen sie, den Heißhungeranfall ungeschehen zu machen. Sie erbrechen, hungern, nehmen Abführmittel oder treiben extrem viel Sport.

Nebenwirkungen und Folgeschäden können sein:
- Schäden an Zähnen und Schwellung der Speicheldrüsen. Der saure Mageninhalt schädigt beim Erbrechen den Zahnschmelz und die Schleimhaut der Speiseröhre und des Rachens.
- Störungen in Magen und Darm durch die großen Mengen, die bei einem Essanfall verschlungen werden. Der Magen wird stark belastet. Dies kann zu Verstopfungen führen. Bei Einnahme von Abführmitteln kann der Darm träge werden.
- Störungen des Mineralhaushaltes. Verliert der Körper viel Flüssigkeit, geht auch viel Kalium und Natrium verloren. Das beeinträchtigt die Nierenfunktion und das Herz.
- Gestörtes Hunger- und Sättigungsempfinden. Je länger die Essstörung besteht, desto mehr wird die Wahrnehmung für Hunger und Sättigung gestört.
- Mangel an Energie und Nährstoffen. Es können Herz- und Kreislaufstörungen entstehen und Konzentration und Leistungsfähigkeit lassen nach.
- Depression durch Selbstzweifel und mangelndes Selbstvertrauen.
- Angststörungen, Angst von der Clique, Angst, von Mitmenschen abgewertet oder verachtet zu werden. Angst, unbeliebt zu sein.

Typische Anzeichen und Hinweise auf Magersucht können sein:
- *Störung der Körperwahrnehmung: Der eigene Körper wird immer als viel zu dick wahrgenommen, auch wenn schon deutliches Untergewicht besteht*
- *Ständiges Wiegen und Sich-zu-dick-Fühlen*
- *Rückzugsverhalten*
- *Sehr weite Kleidung, die überdeckt*
- *Extrem langsames Essen: Die Nahrungsaufnahme wird streng kontrolliert und eingeschränkt*
- *Bevorzugung von kalorienarmen Lebensmitteln und Getränken*
- *Essen wird vorgetäuscht (kauen und ausspucken)*
- *Exzessives Sporttreiben*
- *Ständiges Kreisen der Gedanken um Nahrung und Figur*
- *Der Gewichtsverlust ist selbst herbeigeführt*

Mögliche Anzeichen und Hinweise für Bulimie können sein:
- *Das Essverhalten in der Öffentlichkeit ist kontrolliert, nach außen hin funktioniert alles perfekt, die Essanfälle passieren heimlich.*
- *Bei Essanfällen wird die Nahrung hinuntergeschlungen. Es werden in kurzer Zeit große Mengen gegessen. Es entstehen Scham- und Schuldgefühle nach den Essanfällen.*
- *Die Gedanken kreisen übertrieben um Figur und Gewicht.*

Typische Anzeichen und Hinweise auf eine Binge-Eating-Störung können sein:
- *Häufige Heißhungeranfälle: Dabei werden große Mengen von Lebensmitteln auffallend schnell verzehrt (verschlungen).*
- *Gestörtes Essverhalten: Es wird abwechselnd sehr kontrolliert, dann wieder unkontrolliert gegessen.*
- *Das Essen dient als Belohnung oder dazu, Gefühle zu unterdrücken. Gefühle wie Wut, Ärger, Traurigkeit oder Langeweile werden „weggegessen".*
- *Nach dem Essen wird nicht versucht (wie bei Bulimie), die Kalorienzufuhr rückgängig zu machen.*

Binge-Eating-Störung

Der englische Begriff Binge bedeutet soviel wie „ sich mit etwas vollstopfen" oder „hineinschlingen". Essen steht für Menschen mit einer Binge-Eating-Störung im Mittelpunkt. Das Essverhalten kann selbst nicht mehr kontrolliert werden.
Nebenwirkungen und Folgen können sein:
- Durch die hohe Aufnahme von Kalorien ist das Risiko groß, übergewichtig zu werden.
- Starkes Übergewicht kann eine ganze Reihe von Erkrankungen fördern: Herz-Kreislauf-Erkrankungen, Gelenkschädigungen, Schäden an Wirbelsäule, Knie- und Hüftgelenken.
- Nach den Essanfällen kann der Betroffene den Hass auf den eigenen Körper und damit auf sich selbst verstärken. Dies kann zu Depressionen führen.
- Angststörungen und Zwangsstörungen können auftreten, z. B. übertriebenes Putzen und Waschen.
- Jugendliche mit Essstörungen haben häufig vielfältige psychische Probleme, die dadurch erst ersichtlich werden.

Orthorexia nervosa

Orthorexia nervosa ist eine neue „Essstörung", bei der sich die Erkrankten durch ein ausgeprägtes Verlangen nach gesundem Essen selbst sehr strenge Regeln auferlegen und sich nur „gesunde" Lebensmittel gestatten. Orientiert wird sich dabei an dem Veganismus und der Aufnahme von sogenannten „Superfoods".

Mobbing

Unter Mobbing ist zu verstehen, dass jemand (von einer oder mehreren Personen) in der Schule, im Sportverein, in der Clique oder am Arbeitsplatz systematisch, sehr oft (mindestens einmal pro Woche) über einen längeren Zeitraum (mindestens ein halbes Jahr) schikaniert, drangsaliert oder benachteiligt und ausgegrenzt wird.

Gelegentliche Konflikte, Streitereien oder Unstimmigkeiten unter Schülern oder Kollegen, wie sie immer wieder vorkommen können, bedeuten deshalb noch kein Mobbing.

Die häufigsten Mobbinghandlungen sind:
- Hinter dem Rücken ständig negativ über jemanden sprechen
- Gerüchte und Lügen verbreiten
- Schimpfworte und Spitznamen geben
- Jemand lächerlich machen
- Jemand einfach übersehen
- Abwertende Gesten und Blicke verteilen
- Jemand für dumm erklären
- Jemand nachahmen
- Jemand nicht zu Wort kommen lassen
- Jemand ständig kritisieren
- Anschreien

Die Folgen von Mobbing können kurz- und mittelfristig enormer psychischer Stress, soziale Ängste und das Gefühl der Ausweglosigkeit sein. Der Verlust von Selbstvertrauen beeinflusst das Leben von Betroffenen langfristig. Es können Magen-Darm-Erkrankungen, Schlafstörungen, Depressionen, Herzklopfen, Atemnot, Rücken- und Nackenschmerzen u. a. auftreten.

Gemobbte Kinder und Jugendliche brauchen Stärkung und Unterstützung. Aber auch Kinder, die mobben, brauchen Hilfe, damit sie es nicht mehr nötig haben, zu mobben.

Was unterscheidet Cybermobbing von klassischem Mobbing?

- Cybermobbing findet im Internet (in sozialen Netzwerken, in Video-Portalen etc.) statt und ist nicht auf bestimmte Zeiten begrenzt. PC und Smartphones sind für Kinder und Jugendliche überall einsetzbar. Angriffe enden daher oft nicht mit dem Verlassen des Schulgebäudes.
- Cybermobbing erreicht ein großes Publikum. Mit einem einzigen Mausklick können beleidigende Botschaften über andere an eine Vielzahl von Personen geschickt werden.
- Cybermobber agieren meist anonym: Online-Mobber sind nicht direkt mit den Reaktionen der Opfer konfrontiert und müssen auch nicht ihre Identität preisgeben. Das führt dazu, dass Angriffe im Internet besonders brutal sein können.
- Cybermobbing geht oft mit dem Mobbing in der realen Welt einher.

Gegenüber Mobbing sind die Folgen des Cybermobbings deutlich stärker, da die psychischen Belastungen nicht mehr auf den Schul- oder Arbeitsbereich beschränkt sind, sondern „rund um die Uhr" auch in den privaten Bereich eingreifen.

Medien sind aus dem Leben Jugendlicher nicht mehr wegzudenken und können viele Vorteile beinhalten. Als Betreuungskraft sollte der Umgang damit im Auge gehalten werden und auch ein möglicher negativer Einfluss.

Klare Regeln zur Nutzung von Medien erleichtern vieles.

Arbeitsaufträge

1. Sechs Stunden ohne Handy – ist das zum Aushalten?
2. Diskutieren Sie in der Klasse, welches Suchtpotenzial in Smartphones oder Tablets oder sozialen Netzwerken steckt.
3. Beschreiben Sie Ihre Empfindungen, wenn Sie über einen Zeitraum von vier Stunden keinen Zugang zu Ihrem Handy haben.

Mobbing am Arbeitsplatz gehört auch zum Thema Teamarbeit (s. S. 111).

2.4.7 Möglicher Bedarf an Betreuungsleistungen

Die Grundbedürfnisse nach Nahrung und Sauberkeit (Textilien und Wohnräume) werden im Bedarfsfall von Betreuungspersonen in Familien oder Einrichtungen befriedigt. Diese sollten besonders aufmerksam sein, um ggf. für Hilfe bei psychischen oder psychosomatischen Erkrankungen oder Benachteiligungen zu sorgen.

Nicht persönlich nehmen, wenn ein Jugendlicher ein Gespräch verweigert, gehört auch zu den Aufgaben einer Betreuungsperson. Wichtig ist die Hilfestellung, um andere geeignete Gesprächspartner zu finden.

Für Jugendliche ist es besonders wichtig zu wissen, wenn es verlässliche Ansprechpersonen gibt. Auch wenn es lange Zeiten des Schweigens gegenüber Erwachsenen gibt, so gibt ihnen allein das Gefühl, nicht allein zu sein, Sicherheit. Ob Magersucht oder Mobbing, Jugendliche und junge Erwachsene wählen selbst die Person aus, der sie sich anvertrauen.

Betreuungspersonen sollten als Ansprechpartner zur Verfügung stehen! Gibt es Hinweise auf psychische Erkrankungen, sollten unbedingt Ärzte und Therapeuten einbezogen werden. Dabei können Essstörungen schon die Botschaft sein, dass Nöte, Ängste oder Befürchtungen vorliegen. Den Jugendlichen gilt besondere Aufmerksamkeit.

Für schulische Probleme gemeinsam nach Lösungen suchen.

2.5 Der ältere Mensch

Einteilungsmöglichkeiten:
- 65- bis 74-Jährige – junges oder aktives Alter
- 75- bis 89-Jährige – Hochbetagte
- 90- bis 99-Jährige – Höchstbetagte
- 100 Jahre und älter – Langlebig

Wer ist alt?
Neben der Einteilung nach Jahren lässt sich Alter unterscheiden nach:
- biologischem Alter
  aufgrund körperlicher Merkmale und Organfunktion
- kalendarischem Alter
  Richtet sich nach dem Geburtsdatum und zählt die Anzahl der Lebensjahre
- psychologischem Alter
  in Bezug auf das eigene Gefühl, Leidenschaft, Toleranz und Interesse

2.5.1 Entwicklungen im Alter

Beim Eintritt in das Rentenalter, in der Regel zwischen dem 63. und dem 65. Lebensjahr, sind die meisten Menschen noch sehr aktiv und vital. Der Beginn des Ruhestands wird meistens als sehr positiv erlebt.

Allerdings gibt es auch depressive Erkrankungen, welche genau zu dem Zeitpunkt des Renteneintritts beginnen (Sinnkrise, Fehlen einer Tagesstruktur). Nicht immer sind Menschen auf diese arbeitsfreie Zeit und auf das Leben ohne fest vorgegebene Arbeitszeiten vorbereitet. Sie brauchen Hilfe, um die Zeit mit neuen Inhalten zu füllen und aktiv zu gestalten. Ziel ist es, die Veränderungen als verbesserte Lebensqualität wahrzunehmen.

Wenn nur wenig psychische und physische Veränderungen aufgetreten sind, lassen sich Hobbys intensiver erleben sowie der Freundes- und Familienkreis stärker pflegen.

Jetzt ist Zeit für:
- *den Freundeskreis*
- *den Partner, die Partnerin*
- *die Hobbys*
- *die Enkel- und Patenkinder*
- *die Kultur und das Reisen*

Arbeitsauftrag

Was ist mit dieser Aussage gemeint: „Die Früchte der Arbeit ernten"

Rätsel: Jeder will es werden, aber niemand will es sein. Die Antwort auf dieses Rätsel lautet: ALT.

Die Wahrscheinlichkeit, dass physische (körperliche) und psychische (geistige) Einschränkungen auftreten, steigt mit zunehmendem Alter.

Arbeitsauftrag

Nehmen Sie Stellung zu dem Ausspruch. „Man ist so alt, wie man sich fühlt".

Oft ist es allerdings auch so, dass sich in diesem Alter Krankheiten und körperliche Gebrechen bemerkbar machen. Erkrankungen in Form von Bewegungseinschränkungen, Unverträglichkeiten von bestimmten Lebensmitteln, Schlafstörungen und oft auch Schmerzen. Auch das Auftreten von Tumorerkrankungen nimmt mit dem Alter zu.

Diese Ereignisse können zur Folge haben:
- einen Wohnortwechsel
- veränderte Mobilität
- einen Umzug (ggf. in eine Einrichtung „Betreutes Wohnen")

„Betreutes Wohnen" kommt infrage, wenn sich der Senior oder die Seniorin noch weitgehend selbst versorgen kann und selbst bestimmt leben möchte, aber den Rückhalt eines Notrufs und bestimmter Dienstleistungen haben möchte. Je nach körperlicher und geistiger Verfassung kann dies in Anspruch genommen werden.

Diese altersbedingten sozialen Veränderungen und Entwicklungen sollte die Betreuungsperson neben den physischen und psychischen Veränderungen berücksichtigen:
- Berufsrolle entfällt und damit fehlt eine Aufgabe
- Statusverlust
- Verlust des Partners und damit Beziehungsverlust
- Verlust des sozialen Umfelds und Wegbrechen der sozialen Kontakte durch Sterbefälle und Wohnungswechsel
- Verlust an äußerer Selbstständigkeit

In der Phase ab dem 75. Lebensjahr (Hochbetagte) steigt die Wahrscheinlichkeit für Todesfälle. Hierbei handelt es sich um sehr einschneidende Erlebnisse und Lebenssituationen. Wenn der Partner oder die Partnerin stirbt, dann muss das ganze Leben neu geordnet und eingerichtet werden. Diese Veränderungen treten nicht immer alle auf und können zu verschiedenen Zeitpunkten erfolgen.

2.5.2 Physische und psychische Veränderungen

Im zunehmenden Alter kommt es zu physischen Veränderungen: Das äußere Erscheinungsbild ändert sich an den Haaren, der Haut, den Muskeln und der gesamten Haltung. Das gesamte Skelett erfährt Veränderungen, da die Bewegungsorgane in ihrer Funktion nachlassen. Durch die Veränderungen der Wirbelsäule kommt es zu einer Verminderung der Körpergröße von einigen Zentimetern, die Haltung wird gebeugt. Die Herz- und Kreislauftätigkeiten sind eingeschränkt, die Kondition ist stark reduziert. Die Sinnesorgane wie Augen und Ohren vermindern ihre Fähigkeit, auch das Geruchsempfinden kann sich ändern. Es kann zu einer Schwächung des Immunsystems kommen, dadurch wird der ältere Mensch Krankheiten gegenüber anfälliger. Insgesamt ist der Körper immer weniger in der Lage, Veränderungen im Organsystem auszugleichen.

Typische Erkrankungen im Alter

Erkrankungen an Knochen, Gelenken und am Bewegungsapparat:
- Osteoporose, Arthrose/Arthritis, Gicht und Rheuma,
  Erkrankungen am Herz-Kreislauf-System
- Bluthochdruck, Schlaganfall, Herzschwäche und Herzinfarkt,
  Einschränkungen an Lunge, Bauchspeicheldrüse, Gehirn und Nerven
- Chronische Bronchitis, Altersdiabetes mellitus, Demenz,
  Parkinsonerkrankung und Altersdepression
  Erkrankungen an Augen und Ohren
- Sehschwäche, Erblindung, Schwerhörigkeit
- Tumorerkrankungen (Krebs), Inkontinenz

Die wesentlichen Auswirkungen dieser Erkrankungen sind in Kap. 4.4 beschrieben.

Physische und psychische Veränderungen im Alter müssen von der Betreuungsperson immer berücksichtigt werden. Sie treffen jedoch nicht auf alle Menschen in gleichem Maß zu und können zu unterschiedlichen Zeiten auftreten.

Auch psychische Veränderungen gehen mit höherem Alter einher:
- Depression
- Angst
- Wahnvorstellungen
- Schlafstörungen
- Schizophrenie
- Suchterkrankungen
- chronische Schmerzen
- Suizidgefährdung
- Anpassungsstörungen

Das Denken und Begreifen wird langsamer. Selbst Wiederholungen helfen hier nicht immer, denn die Gedächtnisleistung verändert sich. Motivation und Leidenschaft für früher geliebte Dinge und Tätigkeiten werden weniger, der Blick ist eher rückwärts gerichtet. Auch die Erlebnisintensität wird dadurch verringert.
Nikotin, Beruhigungsmittel und Alkohol sind die häufigsten Suchtpotenziale im Alter.
Medikamente können Appetitlosigkeit hervorrufen.

Als Betreuungskraft ist es wichtig, diese Veränderungen zu kennen und entsprechend zu reagieren, z. B.:
- *an Hobbys und Interessen anknüpfen*
- *genügend Zeit einplanen*
- *geduldig sein*
- *Neuerungen nur sehr langsam einführen und immer wieder Hilfe anbieten*
- *Pausen ermöglichen*

Eine Antriebshemmung ist zu erkennen und auch eine Veränderung im Leistungsverhalten. Leistungen unter Zeitdruck zu erbringen, fällt alten Menschen sehr schwer.

Ältere Menschen können sich nur schwer an Neuerungen anpassen, verharren in gewohnten Verhaltensweisen (Altersstarrsinn). Einige Charakterzüge (wie z. B. Sparsamkeit) werden noch ausgeprägter.
Die seelische Belastbarkeit wird geringer, genau wie die Konzentrationsfähigkeit und auch psychisch bedingt das Gedächtnis. Die Folge ist oft, dass ältere Menschen sich immer mehr zurückziehen.

2.5.3 Ernährung im Alter

Der Gesamtbedarf an Energie ist geringer, der Calciumbedarf jedoch bleibt gleich.

Es empfiehlt sich eine eiweißreiche, fettarme Mischkost, die reich an Ballaststoffen ist und viel Milch und Milchprodukte enthält.

Die Lebensqualität wird durch eine Ernährung, die den besonderen Bedürfnissen älterer Menschen gerecht wird, verbessert.

Wer „richtig" isst, hat auch im Alter mehr Spaß am Leben, weil er gesund, leistungsfähig und damit fröhlicher bleibt.

Jedoch stellen sich durch das Altern des Organismus einige Veränderungen ein, wodurch es zu einer eingeschränkten Leistungsfähigkeit kommen kann. Krankheiten müssen aber nicht zwangsläufig die Folge davon sein. Der Körper braucht mit zunehmenden Lebensjahren und möglicher eingeschränkter Beweglichkeit weniger Energie als in jungen Jahren. Dennoch benötigt der Körper die gleiche Menge an Eiweiß, Vitaminen Mineralstoffen, Ballaststoffen und Flüssigkeit (1,5–2 Liter pro Tag). Der Gesamtnährstoffgehalt durch die zugeführten Speisen ist häufig nur gering, dadurch, dass die alten Menschen einfach wenig zu sich nehmen. Gleichzeitig muss die Zufuhr bestimmter Nährstoffe gewährleistet sein, in manchen Fällen auch erhöht werden.

So kann eine Unterversorgung des Körpers mit notwendigen Nährstoffen die Folge sein. Hinzu kommt, dass durch die reduzierte Nahrungsaufnahme auch weniger Flüssigkeit durch Lebensmittel aufgenommen wird. Der Bedarf an Getränken und das Risiko für Mangel- und Unterernährung steigen also.

Ist ein Mensch nicht mehr in der Lage, sich selbst ausreichend mit Lebensmitteln zu versorgen, ist er darauf angewiesen, dass andere Personen die Verantwortung für seine gesunde Ernährung übernehmen.

Arbeitsauftrag

Frau Kronhof hat festgestellt, dass die Kleidung ihres Mannes immer lockerer sitzt. Sie möchte wissen, ob sein Gewicht im Verhältnis zur Körpergröße zu gering ist. Sie möchte den Body Mass- Index ihres Mannes ermitteln. Welche Werte benötigt sie und wie ist der BMI zu errechnen?

Ältere Menschen, besonders pflegebedürftige, sind nicht selten eingeschränkt in ihrer Fähigkeit, Wünsche und Bedürfnisse zu äußern. Deshalb werden Veränderungen häufig erst spät erkannt.

Eine Betreuungsperson sollte auf die Nahrungsaufnahme und das Ernährungsverhalten von älteren Menschen sorgfältig achten:
- Muss ein Bestandteil geschnitten oder püriert werden?
- Wird die Portion aufgegessen?
- Was bleibt übrig?
- Welche Medikamente werden parallel aufgenommen und könnten die Nährstoffverwertung beeinflussen?

Der Bedarf an Nährstoffen für einen älteren Menschen beträgt:
0,8–1,0 g/kg kg Eiweiß/Tag, unter 80 g Fett/Tag und 200–250 g Kohlenhydrate/Tag.

Gesamtenergiebedarf bei einem PAL-Wert von 1,2 (alte, gebrechliche Menschen): 9,5 MJ/Tag für Männer und 7,5 MJ für Frauen, d. h.:
Im Durchschnitt entspricht dies einer Energiemenge von ca. 700 kcal (entsprechend ca. 2930 kJ), die ein 80-jähriger Mensch weniger benötigt als ein 30-Jähriger.

Beispiele für veränderten Bedarf im Alter:
- Erhöhter Bedarf an Vitamin C und Zink zur Steigerung der körpereigenen Abwehr gegen Infektionserkrankungen.
- Erhöhter Bedarf an Eiweiß (Protein), Zink und Omega-3-Fettsäuren bei Wunden und Geschwüren.
- Erhöhter Bedarf an Kalium und Magnesium bei Einnahme von bestimmten Medikamenten, wie Laxanzien (Abführmittel) und Diuretika (harntreibende Mittel).
- Erhöhter Bedarf an Vitamin D, da die Fähigkeit des Körpers, dies ausreichend aus Sonnenlicht selbst herzustellen, mit zunehmendem Alter abnimmt.
- Erhöhter Bedarf an Calcium (besonders Frauen), um die Knochendichte zu erhalten.
- Erhöhter Bedarf an Folsäure und Jod.
- Erhöhter Energiebedarf bei dauerhafter Unruhe und Bewegungsdrang, besonders bei demenziell erkrankten Menschen. Hier ist das dauerhafte Angebot, auch von energiereichen Nahrungsmitteln als „Fingerfood“, sehr wichtig.

Der Gesamtenergiebedarf eines Menschen liegt im Alter von 30 Jahren bei 100 % und sinkt dann wie folgt:
- 33–55 Jahre – 10 %
- 56–75 Jahre – 15 % (oder 100 % – 25)
- über 75 Jahre – 10 % (oder 100 % – 35)

Vitamine und Mineralstoffe sind lebensnotwendig, obwohl sie keine Energie liefern.

Unterernährung
Eine Unterernährung durch Mangelernährung im Alter kann vielfältige Ursachen haben:
- Einsamkeit (Gesellschaft beim Essen fehlt)
- Depression (z. B. Verlust des Partners, Wechsel ins Heim)
- verändertes Geruchs- und Geschmackempfinden
- Kau- und Schluckbeschwerden (z. B. durch schlecht sitzende Prothese)
- Sehprobleme („das Auge isst mit“)
- manuelle Einschränkungen, z. B. Athritis
- geringes Einkommen
- mangelnde Kompetenz bei der Speisenzubereitung (z. B. verwitwerte Männer)
- Appetitlosigkeit
- ständiger Bewegungsdrang, dadurch erhöhter Energiebedarf
- Übelkeit, Erbrechen
- Krankheiten, körperliche Gebrechen

Unterernährter alter Mensch

Eine Nahrungszufuhr (Nahrungszunahme), deren Energiegehalt unter dem täglichen Energiebedarf liegt, führt dazu, dass der Körper zur Deckung des Energiebedarfs körpereigenes Gewebe, insbesondere Fett und Muskeleiweiß abbaut. Hierzu kommt eine Drosselung verschiedener Körperfunktionen wie Herzfrequenz, Blutdruck, Immunsystem, Verdauungsfunktionen und Gehirnleistung.

Typische Folgen einer länger andauernden Mangelernährung sind Schwächezustände mit Müdigkeit, Apathie und Immobilität, Infektanfälligkeit, nachlassende Leistungsfähigkeit und Antriebsschwäche sowie kognitive und neurologische Störungen.

Eine Unterernährung hat Auswirkungen auf Gesundheit und Wohlbefinden. Die Folgen können sein:
- Abnahme der Muskelkraft
- erhöhtes Sturzrisiko
- Infektanfälligkeit
- verschlechterte Wundheilung
- Längere Genesungszeiten bei Krankheiten
- Beeinträchtigung von Herzleistung und Atemfunktion
- erhöhtes Dikubitusrisiko (s. S. 64)

Bei Menschen, denen man fast täglich begegnet, wird oft eine Veränderung nicht so schnell erkannt. Einige Warnzeichen sind:
- auffällig geringe Essmengen, z. B. wenn bei den meisten Mahlzeiten mehr als ¼ der Portion auf dem Teller übrig bleibt,
- wenn Hosen und Röcke im Bund auffällig zu weit werden.

Bei einer vorhandenen Unterernährung sollte darauf geachtet werden, kalorienreiche Varianten der Lebensmittel zu verwenden, z. B. Vollmilch, fette Fischarten (wie Lachs, Aal), Suppen und Soßen mit Sahne oder Crème fraîche verfeinert, fetthaltige Gebäckarten. Möglichkeiten, energiereiche Lebensmittel anzubieten, gibt es genügend. Schwieriger ist es, die Person dazu anzuhalten, die Lebensmittel zu sich zu nehmen.

Möglichkeiten, das Essen attraktiv zu machen:
- Vorlieben und Wünsche der Personen erfragen und darauf eingehen.
- Gemeinsam mit den Bewohnern die Mahlzeiten einnehmen und Hilfestellung geben, wo sie benötigt wird.
- Tischgemeinschaften sollten den Bewohnern angepasst sein.
- Bewohner sollten über die Portionierung des Essens selbst bestimmen können.
- Ein schön eingedeckter Tisch.

Die Folge kann sein:
- bessere Gewichtszunahme,
- Aktivierung der Bewohner am Tisch, Hilfestellung untereinander,
- verbessertes Gemeinschaftsgefühl am Tisch,
- mehr Selbstwertgefühl für Bewohner durch Entscheidungsmithilfe.

Beispiele für Fingerfood:
- kleine Fleischbällchen
- Würstchen
- klein geschnittenes Frischgemüse
- frisches Obst
- Muffins (süß und salzig)
- Kekse oder Kleingebäck

Fingerfood

Für Bewohner, die nicht mehr mit Besteck alleine essen können, ist Fingerfood eine gute Möglichkeit, noch selbstständig zu essen. Bei Fingerfood können kleinere Portionen mit den Fingern gegriffen und mit einem Bissen verzehrt werden. Ebenso gilt dies für Menschen mit einem starken Bewegungsdrang, die also sehr viel umherlaufen. Hier können Bereiche mit Fingerfood und Getränken geschaffen werden, an denen sie „beim Umhergehen" zugreifen können.

Der Vorteil solcher Bereiche ist, dass Personen mit Untergewicht sich „zwischendrin" Energie zuführen können. Der Nachteil ist, dass Personen zugreifen, für die diese Nahrung nicht bestimmt ist, z. B. Personen mit Übergewicht. Auch können Lebensmittel nur angefasst, aber nicht gegessen werden. Oder es können Lebensmittel fallen gelassen werden, sodass für alle Bewohner und Mitarbeiter Rutschgefahr besteht. Abhilfe kann hier ein Anbieten der Fingerfood-Speisen auf dem Tablett oder Rollwagen durch eine hauswirtschaftliche Kraft schaffen.

Störungen bei der Nahrungsaufnahme

Die Nahrungsaufnahme wird sehr häufig von Störungen begleitet, die Energiedefizite hervorrufen können. Kau- und Schluckbeschwerden gehören dabei zu den häufigsten Ursachen.

Kaustörungen

Beschwerden beim Kauen können den Appetit massiv mindern. Auch ein Zahnersatz (Vollprothese) mindert die Geschmacksqualität, denn ein großer Teil der Mundschleimhaut ist abgedeckt. Eine schlecht sitzende Zahnprothese oder mangelhafte Mundhygiene können schmerzhafte Entzündungen hervorrufen. Ein Zahnarzt kann helfen.

Die Konsistenz der Nahrung kann entsprechend angepasst werden, beispielsweise wird Fleisch klein geschnitten. Die Lebensmittelvielfalt und Auswahl sollte keinesfalls durch Kaustörungen eingeschränkt werden, sondern die Lebensmittel müssen entsprechend dem Zahnstatus vorbereitet werden. Mundtrockenheit stellt oft ein weiteres Problem dar. Die häufigste Ursache hierfür ist eine zu geringe Trinkmenge. Auch die Einnahme bestimmter Medikamente kann die Speichelbildung vermindern.

Eine ausreichende Speichelbildung ist für den Kauprozess, die Freisetzung von Geschmacks- und Geruchsstoffen aus der Nahrung und für den Schluckvorgang erforderlich. Viele ältere Menschen klagen über mangelnde Speichelbildung und Mundtrockenheit. Weiche und wasserhaltige Lebensmittel werden bevorzugt.

Schluckstörungen

Das Schlucken dient dem Transport von Nahrung und Speichel in den Magen und ebenso der Reinigung der oberen Atemwege von angesammeltem Sekret und Speichel.

Aus verschiedenen Gründen, z. B. nach einem Schlaganfall, bei Morbus Parkinson, Multipler Sklerose, Demenz oder Hirntumoren, kann es zu Schluckbeschwerden kommen. Die betroffenen Menschen können breiige Speisen und Getränke besser schlucken als feste Speisen und als Flüssigkeiten. Deshalb werden Getränke mit kaltquellenden Mitteln angedickt. Dadurch wird der Schluckreflex nicht ausgelöst und die Menschen verschlucken sich nicht ständig. Die Gefahr einer Lungenentzündung durch kleine Mengen von Speisen und Getränken, die in die Luftröhre, in die Bronchien und die Lunge gelangen und hier eine Entzündung hervorrufen können, wird gemindert. Auch das Pürieren oder Passieren der Kost kann bei Kau- und Schluckbeschwerden hilfreich sein.

Der Schluckvorgang ist ein hochkomplexer Vorgang, bei dem Kiefer, Zunge, Rachen und Kehlkopf mit insgesamt 50 Muskelpaaren eng zusammenarbeiten. Er wird über das zentrale Nervensystem gesteuert.

Um Schluckbeschwerden nachvollziehen zu können, bietet sich folgender Selbstversuch an:

Arbeitsaufträge

Bringen Sie ein mundgerechtes Stückchen Weißbrot zum Abschlucken
- ohne Hilfe der Zähne,
- wenn der Kopf im Nacken liegt,
- wenn das Kinn auf der Brust liegt,
- mit geöffnetem Mund.

Symptome bei Schluckstörungen können sein:
- Speichel/Nahrung läuft aus dem Mund
- eingeschränktes oder verlängertes Kauen
- Mundtrockenheit
- Reste von Nahrung verbleiben im Mund
- Ausspucken der Nahrung
- schlechte Aussprache
- Schluckreflexauslösung wird erschwert
- Husten/Räuspern beim Schlucken
- häufiges Nachschlucken
- Verschleimung im Rachen
- Lungenentzündung

Nahrungsaufnahme durch Magensonde

Aus verschiedenen und unterschiedlichen medizinischen Gründen kann die Ernährung mithilfe einer Magensonde erfolgen. Diese Überlegungen ist in guter Absprache mit dem behandelnden Arzt und den Angehörigen zu treffen. Wichtig ist in solchen Entscheidungsprozessen der Wille des Betroffenen. Diese Entscheidung wird oft in einer Patientenverfügung (s. S. 116) festgehalten. Menschen, die ausschließlich über Sonden ernährt werden, bedürfen einer besonderen Aufmerksamkeit und Beobachtung durch ausgebildete Pflegekräfte.

Eine Magen- oder PEG-Sonde (perkutane endoskopische Gastrostomie = durch die Haut, in den Magen hinein) wird eingesetzt bei:

- Erkrankungen der Speiseröhre, des Mundes und des Rachens
- Schluckstörungen
- starker Unterernährung
- Austrocknung
- Bewusstseinsstörungen (Wachkoma, Koma)
- neurologische Erkrankungen im fortgeschrittenen Stadium, Parkinson oder Demenz

Ob eine solche Maßnahme wie die PEG-Sonde für den jeweiligen alten Menschen infrage kommt, ist in enger Absprache mit dem Hausarzt, dem Betroffenen selbst und auch den Angehörigen abzuwägen.

Trinken ist wichtig

Geeignete Getränke sind:
- Mineralwasser mit wenig Kohlensäure
- Saftschorlen
- Früchte- und Kräutertee
- Molke

Das Trinken ist im Alter ein wichtiges Thema. Es ist darauf zu achten, dass ausreichend getrunken wird und dass alte Menschen durch ein vielfältiges und abwechslungsreiches Angebot dazu ermuntert werden, ausreichend Flüssigkeit zu sich zu nehmen. Das Durstempfinden selbst ist eingeschränkt und oft wird das Trinken einfach „vergessen". Deshalb ist es wichtig, Senioren immer wieder nach der Trinkmenge zu fragen oder ein Trinkprotokoll anzufertigen, in dem die aufgenommenen Mengen schriftlich festgehalten werden. Bei der Auswahl der Getränke ist auf persönliche Vorlieben und Abneigungen zu achten.

Außerdem ist es wichtig, dass die geeigneten Hilfsmittel, wie z. B. Nasenbecher, Becher mit Henkel auf beiden Seiten, knickbare Trinkhalme und eventuell ein Aufsatz mit Schnaube für Gläser oder Becher, zur Verfügung stehen.

Das Durstgefühl kann ein wenig trainiert werden.

Viele Senioren leiden unter Mundtrockenheit. Hier ist es besonders wichtig, zum Essen immer wieder einen Schluck zu trinken.

Herr Mühsam trinkt seinen Kaffee nur, wenn er selbst die für ihn richtige Menge an Milch zufügen kann. Deshalb servieren Sie ihm immer ein Kännchen mit Milch zu seinem Kaffee, welcher selbstverständlich aus der Kanne am Platz in die Tasse eingegossen wird.

Im Angebot sollten Obst, weiche Gemüse oder Suppen stehen, weniger trockene und klebrige Lebensmittel.
Joghurt, Quark oder auch Drops regen neben Getränken die Speichelproduktion zusätzlich an.

Zu allen Mahlzeiten Getränke anbieten und ggf. anreichen.
An mehreren Stellen der Wohnung bzw. des Zimmers die Getränke in Sicht- oder Reichweite bereitstellen, die im Laufe des Tages zwischendurch getrunken werden sollen.
In Senioreneinrichtungen Selbstbedienungsmöglichkeiten für Getränke (Getränkestationen) einrichten.
Leere Gläser und Becher immer wieder auffüllen bzw. gegen gefüllte austauschen.

Trinkrituale helfen, regelmäßig zu trinken. Dazu gehört z. B. der tägliche Nachmittagskaffee.

Getränke lassen sich schmackhaft anreichern, hier ist auf besondere Vorlieben und Abneigungen zu achten.
Ein farbiges oder süßes Getränk ist bei älteren Menschen oft beliebter.
Selbst weniger geeignete Getränke sind immer noch besser als gar kein Getränk! In solchen Fällen ist dem älteren Menschen das anzubieten, was er akzeptiert.
Heben sich die Gläser farblich von dem Untergrund und der Tischdecke ab, so sind sie besser zu erkennen.

Zuprosten ermuntert zum Trinken.

Die Tagestrinkmenge eines Senioren sollte nicht unter 1,5 l liegen, die sich wie folgt zusammensetzen können:

Beispiel:

Frühstück	1 kleines Glas Tafelwasser 2 Tassen Kaffee oder Tee	100 ml 300 ml
Zwischenmahlzeit	1 Glas Saftschorle	200 ml
Mittagessen	1 Glas Mineralwasser	200 ml
Zwischenmahlzeit	1 große Tasse Tee oder Kaffee	200 ml
Abendessen	2 Tassen Früchte- oder Kräutertee	300 ml
später Abend	1 Glas Saftschorle, Mineralwasser oder (gelegentlich) 1 Glas Bier bzw. Weinschorle	200 ml

Im Winter:
Holundersaft mit Wasser verdünnen, Orangensaft hinzufügen und mit Honig gesüßt warm servieren.

Im Sommer:
Gesüßten Früchtetee nach dem Abkühlen mit passierten Erdbeeren und einem Schuss Sahne kalt servieren.

Frau Jobst trank in ihrem Leben noch niemals gerne Tee, deshalb bekommt sie auch jetzt, wo sie im Seniorenstift wohnt, zum Abendessen immer Saftschorle, abwechselnd mit verschiedenen Säften und Mineralwasser. Im Sommer mag sie sehr gerne auch verschiedene Fruchtkaltschalen. So kann sie mit Genuss genügend Flüssigkeit zu sich nehmen.

Arbeitsauftrag

Welche Vorteile haben Getränke beim Essen?

Anzeichen von Austrocknung:
- trockene Zunge und Mundschleimhaut
- geringe Urinmenge
- stark gefärbter Urin
- Gewichtsverlust (plötzlich)
- niedriger Blutdruck, erhöhter Puls
- Sprachstörungen und Verwirrtheit
- trockene Achselhöhlen
- eingefallene Augen

Gründe für geringe Trinkmengen im Alter:
- reduziertes Durstgefühl
- Angst vor nächtlichen Toilettengängen
- Angst vor dem Trinken aufgrund von Inkontinenz bzw. Prostatabeschwerden
- Schluckstörungen
- Erziehung: „Beim Essen wird nicht getrunken!“

2.5.4 Möglicher Bedarf an Betreuungsleistungen

Ältere Menschen haben einen erhöhten und besonderen Betreuungsbedarf, der die Bereiche Haushaltsführung, Nahrungszubereitung, Raumpflege, Organisation und Beschäftigung mit allen Alltagsverrichtungen enthält. Dazu gehört auch eine verlässliche und vertrauenswürdige Hilfe bei Bankgeschäften und beim Umgang mit den eigenen Finanzen.

Die Betreuung von älteren Menschen und die Ausführung der Alltagsverrichtungen ist in Kapitel 4 dargestellt.

2.6 Der demenziell erkrankte Mensch

2.6.1 Das Krankheitsbild bei Demenz

Die wörtliche Übersetzung aus dem Lateinischen für Demenz lautet: „weg vom Geist“ bzw. „ohne Geist“.

Definition Demenz
- Hirnorganische Erkrankung mit vielfältigen Kennzeichen (Symptomen), die erhebliche Einschränkungen und schließlich den Verlust der geistigen Leistungsfähigkeit und auch der Selbstständigkeit zur Folge haben.
- Krankhafte Symptome der Demenz, die das bewusste Denken und die Lernfähigkeit betreffen: Störungen des Gedächtnisses, der Sprache und der Orientierung.
- Krankhafte Störungen, welche das unbewusste Denken betreffen, wie zum Beispiel Persönlichkeitsstörungen, Wahnvorstellungen und Verhaltensauffälligkeiten. Manchmal verbunden mit aggressivem Verhalten, Unruhe und Rastlosigkeit. Gerade diese Störungen können erhebliche Auswirkungen auf die sozialen Kontakte der Betroffenen darstellen.

Eine Demenz hat Einfluss auf die Wahrnehmung, das Verhalten und das Erleben eines Menschen.

Verschiedene Ursachen sind für einen krankheitsbedingten geistigen Verfall verantwortlich, der unter Demenz verstanden wird. Sie beginnt mit Vergesslichkeit sowie zeitlicher und räumlicher Desorientierung. Den erkrankten Menschen fällt es zunehmend schwer, gewohnte tägliche Verrichtungen zu absolvieren. Es besteht auch das Risiko, dass sie sich selbst und andere in Gefahr bringen.

Eine gewohnte Umgebung und Ordnung stellt eine gewisse Orientierungshilfe dar, durch Neuerungen und Veränderungen geht das Gefühl von Sicherheit verloren. Besonders ein Wohnungswechsel kann weitreichende Folgen haben, die Erkrankten sind hier besonders zu beobachten und zu beschützen. Ein starker Bewegungsdrang führt sie häufig zu Ausgängen oder Orten, an denen sie sich nicht zurechtfinden.

Am Anfang einer Demenzerkrankung stehen Störungen der Merkfähigkeit und des Kurzzeitgedächtnisses, später verschwindet auch zunehmend das Langzeitgedächtnis. Die Erkrankten verlieren zunehmend die erworbenen Fähigkeiten und Fertigkeiten.

Anteil der an Demenz erkrankten Personen nach Alter:
- *60 – 65 Jahre = 0,5 %*
- *66 – 69 Jahre = 5 %*
- *70 – 79 Jahre = 10 %*
- *80 – 90 Jahre = 20 %*
- *95 Jahre plus = 40 %*

Die häufigste Form der Demenz (60 – 65 %) ist die Alzheimerkrankheit, in deren Verlauf die Nervenzellen nach und nach absterben und ihre Verbindung untereinander verlieren. Im Allgemeinen läuft die Erkrankung in drei Stadien ab.

Anfangsstadium:
- Schleichender Beginn, für Außenstehende oft unmerkliche Verschlechterung der Denkleistungen.
- Defizite können relativ lange überspielt werden. Oft entwickeln die Erkrankten hierfür gute Methoden und Möglichkeiten, z. B. Standardsätze, welche immer passen usw.
- Umgang mit den eigenen Unzulänglichkeiten: Verharmlosung, mangelnde Einsicht.
- Häufig gedrückte, furchtsame und ratlose Stimmung.

Mittleres Stadium:
- Hochgradige Vergesslichkeit, nicht nur auf neue Gedächtnisinhalte beschränkt.
- Analytisches Denken mit Erkennen von Zusammenhängen und Planen von Handlungsabläufen ist erheblich eingeschränkt und zunehmend aufgehoben.
- Bewegungsabläufe und Handlungsfolgen können zunehmend nicht mehr ausgeführt werden, betrifft auch alltägliche Verrichtungen, wie zum Beispiel: Ankleiden, Zähneputzen, Gebrauch von Besteck und vieles mehr.
- Wahnvorstellungen, Halluzinationen, Angst, bestohlen oder bedroht zu werden, liegen vermehrt vor.
- Auffälligkeiten des Antriebs = Wechsel zwischen ruhelosem Umherwandern und resignierter Teilnahmslosigkeit sind in diesem Stadium zu erkennen.

Spätstadium:
- Selbst die Orientierung zur eigenen Person ist nicht mehr vorhanden (kennt sich selbst nicht mehr).
- Sprachverständnis ist erheblich eingeschränkt oder vollständig aufgehoben (kann weder sprechen noch verstehen, was gesprochen wird).
- In der Endphase meist Bettlägerigkeit, verbunden mit den hierfür typischen Schwierigkeiten und Erschwernissen (Komplikationen) medizinischer und pflegerischer Art.

Es ist oft ein langer und auch schwerer Weg, den Betroffene und ihre Angehörigen durchlaufen, bis die Diagnosestellung durch einen Facharzt erfolgt.

Häufig ist es jedoch schwierig, Wünsche und Bedürfnisse von Menschen mit Demenz zu erkennen und, soweit diese erkannt werden, auch umzusetzen.

Bei einer Demenzerkrankung werden immer weniger Worte verstanden. Aufgrund von anderen Reizen wie Gerüchen und Geräuschen kann auf Situationen hingewiesen werden. Das Signal, sich an den Essenstisch zu setzen, kann durch das Klappern von Tischgeschirr und durch den Geruch von bestimmten beliebten Speisen hervorgerufen werden. Eine Hinführung zu bestimmten Situationen kann auch durch die Körperhaltung, Mimik und Gestik erfolgen (einladende Handbewegung, Verbeugung).

2.6.2 Ernährung für Menschen mit Demenz

Für Menschen mit Demenz treten die Aspekte einer ausgewogenen Ernährung etwas in den Hintergrund. Wichtig ist, dass mit der Nährstoffversorgung ein seelisches Wohlbefinden und eine hohe Zufriedenheit erreicht wird.

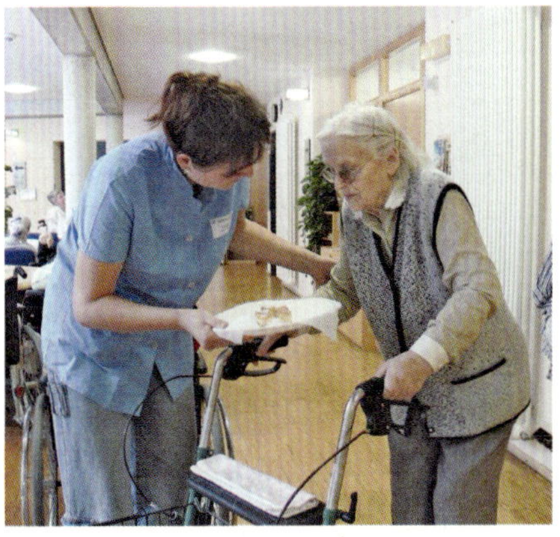

Spezielle Punkte sind zu beachten:
- „Lieblingsplätze" berücksichtigen.
- Demenziell Erkrankte können ab einer bestimmten Krankheitsphase nicht mehr mit Besteck essen. Deshalb das Essen so gestalten, dass es im Bedarfsfall auch mit den Fingern gegessen werden kann. Das Angebot an Fingerfood sollte erweitert und wenn nötig rund um die Uhr angeboten werden (s. S. 28).
- Bei Erkrankten, die andauernd in Bewegung sind, auf ausreichende Energiezufuhr achten. Erhöhter Energiebedarf und erhöhter Flüssigkeitsbedarf.

- Den Esstisch kontrastreich gestalten, z. B. Teller mit breitem farbigem Rand. Bunte Tischwäsche verwenden.
- Im normalen Ton und mit normaler Stimme zum Essen auffordern, ermuntern und dabei viel Geduld aufbringen.
- Vertraute Speisen und bekannte Höhepunkte anbieten, z. B. am Sonntag gibt es Schwarzwälder Kirschtorte.
- Erkrankte nur mit sauberem Mund und sauberen Händen vom Tisch aufstehen lassen. Die Würde sollte immer gewahrt werden.
- Verschiedene Trinkstationen einrichten – in der Wohnung und auch in der Einrichtung – um an das Trinken zu erinnern.

Bei Essensverweigerung auch hier die Angehörigen informieren. Vorlieben und Abneigungen mit ihnen besprechen (aber auch Geschmacksänderungen wahrnehmen) und berücksichtigen.

Bei den täglichen Arbeiten rund um das Essen den Erkrankten immer mit einbeziehen und möglichst so gestalten, wie er es gewohnt ist, z. B. Geschirr spülen im Spülbecken, nicht in der Spülmaschine.

Die Atmosphäre, in der die Mahlzeiten eingenommen werden, beeinflusst stark das Empfinden während des Essens. Erfolgt dies in Gesellschaft, mit Einbezug und Kontakt zu anderen, fördert dies den Genuss und ggf. auch die aufgenommene Menge. Noch vorhandene Fähigkeiten sind zu unterstützten.

Menschen mit Demenz sind häufig von Austrocknung und Mangelernährung bedroht.

Das Wohlbefinden während des Essens wird positiv beeinflusst durch:
- bunte Geschirrteile, die die Wahrnehmung, besonders auf weißem Untergrund (Tischwäsche oder Tischfläche), erleichtern
- Schüsseln und Platten, auf denen Speisen angerichtet werden
- Betreuungspersonen, die mit am Tisch sitzen und am Essen teilnehmen
- eine feste Sitzordnung „hier ist mein Platz"

Essen soll in einer Form erfolgen, die dem Menschen bekannt und vertraut ist. Dadurch verlieren gegenwärtige Orientierungslosigkeit und Unsicherheit ihre Schrecken.

So kann es Personen mit Demenz gelingen, vorhandene Fähigkeiten einzusetzen und positive Gefühle zu erleben wie
- Eigenständigkeit
- Autonomie
- Sicherheit
- die Möglichkeit, eigene Entscheidungen treffen zu können

Bei Personen mit starkem Bewegungsdrang (Bewegungsfreudigkeit) besteht häufig das Bedürfnis, Nahrung „auf dem Weg" (im Gehen) zu sich zu nehmen und nur kurz innezuhalten, um etwas zu essen. Bei diesen Personen muss das Essen „zur Person" kommen und nicht die Person zum Essen hin gezwungen werden. Auch hier hilft das Angebot von kleinen Zwischendurchmahlzeiten auf Tabletts oder Rollwagen.

Ein Aquarium am Ende des Speiseraums lässt die Menschen verharren, etwas zur Ruhe kommen und verringert ggf. den Drang, weiter eventuell zum Ausgang zu gehen.

Apfelmus zu:
Kartoffeln, Quark, süßen und salzigen Pfannkuchen, Nudeln, Klößen, Brot kann Frühstück, Mittagessen und Abendbrot versüßen.

Häufig werden von dementen Personen aufgrund der veränderten Geschmacksempfindungen süße Speisen bevorzugt. Bis ins hohe Alter bleibt oft die Wahrnehmung von „süß" erhalten, weshalb bei Menschen mit Demenz dafür eine besondere Vorliebe besteht. Ein bitterer Geschmack wird oft verstärkt wahrgenommen (dies kann auch durch die parallele Aufnahme von Medikamenten geschehen), die Zugabe von Zucker oder süßen Komponenten kann dies ausgleichen.

2.6.3 Möglicher Bedarf an Betreuungsleistungen

Der Betreuungsbedarf ist abhängig von
- der Lebenssituation des erkrankten Menschen.
- dem Stadium der Erkrankung.

Es ist besser, in Gesellschaft wie früher in einem vertrauten Umfeld, an einem gedeckten Tisch, begleitet von bekannten Ritualen mit einem gemeinsamen Beginn (z. B. einen guten Appetit wünschen) die Mahlzeit einzunehmen.

Oft werden erkrankte Personen lange Zeit von ihren Partnern aufs Liebevollste versorgt und betreut. Für viele der betroffenen Angehörigen ist es der letzte Ausweg, die Erkrankten in eine Pflegeeinrichtung zu geben. Dieser Weg wird oft nur gewählt, weil die Kraft der Pflegenden wirklich aufgebraucht ist. In manchen Situationen ist es so, dass der Erkrankte zur Kurzzeitpflege in ein Seniorenheim gebracht wird, damit sich der pflegende Partner erholen kann. Durch diesen Leidensdruck wird an dieser Stelle über Hilfen und Unterstützungsmöglichkeiten nachgedacht, welche benötigt und in Anspruch genommen werden, wenn der Erkrankte wieder zu Hause ist. Hier kann es möglich sein, dass zukünftig Hilfen bei
- der Hausreinigung,
- der Speisenzubereitung oder auch
- der Betreuung in Zeiten der Abwesenheit der Pflegeperson in Anspruch genommen werden.

Bei diesen Unterstützungsangeboten ist es wichtig, genaue Absprachen zu treffen, sowohl über die Aufgabenstellung wie auch über den zeitlichen Rahmen. Bei Betreuungsleistungen sind die Anweisungen des Pflegenden unbedingt zu beachten, damit es nicht zu unliebsamen Überraschungen kommt.

Arbeitsauftrag

Frau Schäfer lebt mit ihrer an Demenz erkrankten Partnerin Frau Arndt zusammen in einer Wohnung im siebten Stock. Weil Frau Schäfer Finanzgeschäfte zu erledigen hat, werden Sie gebeten, die Betreuung von Frau Arndt für drei Stunden zu übernehmen. Frau Schäfer bittet Sie eindringlich, mit Frau Arndt das Haus nicht zu verlassen, da diese sehr oft zur Toilette muss. Kaum ist Frau Schäfer aus dem Haus, bittet Frau Arndt Sie, mit ihr einen Spaziergang zu unternehmen.
Wie verhalten Sie sich in dieser Situation?

Für die pflegenden Angehörigen kann die Möglichkeit einer Tagespflege eine Hilfe sein. Die Angebote sind auch in diesem Sektor örtlich sehr unterschiedlich. Die Betreuungs- und Beschäftigungsangebote in den Tageseinrichtungen sind vielfältig und abwechslungsreich und auf die Bedürfnisse der Besucher ausgerichtet. Durch diese Angebote können Angehörige Entlastung erfahren. Oft ist es durch diese Angebote möglich, dass die Erkrankten in ihrem trauten Wohnumfeld bleiben können.

Menschen mit Demenz ist das Gefühl zu vermitteln, dass sie bei Bedarf individuelle Hilfen und Unterstützung erhalten.

Der Umgang mit Demenzkranken wird in Kap. 4.4 beschrieben.

2.7 Menschen mit Behinderungen – Menschen mit Beeinträchtigungen

2.7.1 Behinderung als Begriff

Behinderungen sind immer langfristig (länger als 6 Monate), umfänglich und beeinträchtigen die tägliche Lebensführung.

„Man spricht von einer Behinderung, wenn erhebliche Beeinträchtigungen vorliegen, die länger als 6 Monate anhalten, und daher die Teilhabe (Beteiligung) am Leben in der Gemeinschaft beeinträchtigt ist." (inhaltliche Wiedergabe §2 SGB)
Gemeint sind langfristige körperliche, geistige oder seelische Behinderungen sowie Sinnesbeeinträchtigungen.

Beträgt der Grad der Behinderung mindestens 50 Prozent, so spricht man von Schwerbehinderten. Die Leistungen für Behinderte sind v. a. im Sozialgesetzbuch Nr. 9 (SGB IX) „Rehabilitation und Teilhabe behinderter Menschen" geregelt, die Gesetze zur Gleichstellung von Menschen mit Behinderung im §3 BGG.

Die Begriffe „Behinderung" und „behindert" können als beleidigend empfunden werden. Deshalb werden diese Bezeichnungen häufig durch „Beeinträchtigung" ersetzt.

2.7.2 Formen von Behinderungen

Die Beeinträchtigungen können
- vor der Geburt (pränatal)
- während der Geburt (perinatal) oder
- nach der Geburt (postnatal) entstanden oder
- durch Krankheiten und Unfälle verursacht sein.

Bei den nebenstehenden Behinderungsformen handelt es sich um Primärbehinderungen, die weitere Sekundär- oder Folgebehinderungen nach sich ziehen können.

Zu den Menschen mit Behinderungen gehören:
- Menschen mit Sinnesbehinderungen (Sehbehinderung, Schwerhörigkeit)
- Menschen mit Sprachbehinderungen
- Menschen mit Körperbehinderungen
- Menschen mit einer Intelligenzminderung (Lernbehinderung, geistige Behinderung)
- Menschen mit Mehrfachbehinderungen

Menschen mit Sinnesbehinderungen

Für Menschen mit einer **Sehbehinderung** ist es oft schwierig, sich in einem Raum zurechtzufinden, wodurch die Bewegungsabläufe beeinträchtigt werden. Gut eingeübte Arbeitsabläufe verhelfen Betroffenen zu mehr Sicherheit und Selbstvertrauen. Möbel sollten immer am vertrauten Platz stehen bleiben. Oft wird das mangelnde Sehen durch eine hervorragende Ausbildung des Hörsinns, des Tastsinns und/oder des Geruchssinns ausgeglichen.

Filme, Vorträge und Fernsehsendungen in Gebärdensprache, Hör- oder Großdruckbücher, Bücher und Zeitschriften in Blindenschrift, Lesecomputer mit Lupen sowie der weiße Langstock (Blindenstock) sind die klassischen Hilfsmittel.

Sehbehinderungen führen zu:
- *Orientierungsschwierigkeiten*
- *Mobilitätsverlust*
- *Isolation*
- *Kommunikationsproblemen*
- *Unfallgefährdung ((Ende Arbeitshinweise))*

Allgemein sind Krankheiten chronisch, wenn sie andauern und es zwar Linderung, aber keine Heilung gibt. Damit ist der Übergang zu einer Beeinträchtigung fließend. Chronische Krankheiten und dauerhafte Beeinträchtigungen wie zum Beispiel Multiple Sklerose (MS) oder Herzerkrankungen können zu Behinderungen werden.

Behinderungsformen und ihre Auswirkungen:

Zeitpunkt	Ursachen	Mögliche Auswirkungen
Vor der Geburt	genetisch bedingt	
	• Chromosomenkrankheiten • Genkrankheiten	Geistige Behinderung, körperliche Fehlbildungen, z. B. Trisomie 21, Stoffwechselerkrankungen, z. B. Mukoviszidose
	erworben durch	
	• Medikamente, Alkohol, Rauchen, Drogen, radioaktive Strahlen • Infektionskrankheiten der Schwangeren, z. B. Röteln, Toxoplasmose • Mangelernährung der Mutter in der Schwangerschaft, z. B. Vitaminmangel	Beeinträchtigungen des Hörens, Beeinträchtigungen der Intelligenz, Beeinträchtigungen des Sehens, Fehlbildungen
Während der Geburt	• Sauerstoffmangel, z. B. durch Nabelschnurvorfall • Hirnverletzungen durch Druck auf den Schädel • Frühgeburt • komplizierte Geburt	Beeinträchtigungen des Hörens, Beeinträchtigungen der Intelligenz, spastische Lähmungen. Beeinträchtigungen des Sehens
Nach der Geburt	• Infektionskrankheiten, z. B. Masern, Scharlach, Kinderlähmung • Mangelernährung (Vitamine oder Mineralstoffe) • Hirnhautentzündungen • Impfschädigungen • Vernachlässigung in früher Kindheit	Beeinträchtigungen des Hörens, Beeinträchtigungen der Intelligenz, Lernschwierigkeiten, geistige Behinderung, Beeinträchtigungen des Sehens, Sprachbehinderung
Zu einem späteren Zeitpunkt	• Erkrankungen des Nervensystems, z. B. Multiple Sklerose (MS) • Erkrankungen der Muskeln, z. B. progressiver Muskelschwund • Erkrankungen der inneren Organe, z. B. Nierenversagen, Herzinfarkt, Schlaganfall • Unfälle, z. B. Verletzung der Wirbelsäule, Verlust von Gliedmaßen oder Augenlicht	geistige Behinderungen, Körperbehinderungen, Beeinträchtigungen des Sehens, Beeinträchtigungen des Hörens, körperliche Beeinträchtigungen, Körperbehinderungen, z. B. Querschnittslähmung

Bei einer **Schwerhörigkeit** ist die Hörfähigkeit vermindert, Menschen mit einer Gehörlosigkeit können nahezu nichts hören und so auch selbst keine Laute entwickeln, wenn die Krankheit angeboren ist. Die Sprachentwicklung ist verzögert und eingeschränkt. Der Zeitpunkt des Beginns der Schwerhörigkeit ist schwer auszumachen, Kinder sollten früh und regelmäßig daraufhin untersucht werden. Bei älteren Menschen nimmt die Fähigkeit des Hörens mit zunehmendem Alter ab.

Ein Gespräch in einer großen Menschengruppe ist oft nicht möglich. Es entstehen Sprach- und Kommunikationsprobleme und die Gefahr von Isolation. Langsames, deutliches Sprechen ohne Geräusche im Hintergrund erleichtert die Kommunikation. Durch eine Hörbehinderung kann es leicht zu Missverständnissen kommen, die Fachkraft hat hier behutsam und geduldig vorzugehen. Ein hörbehinderter Mensch liest viel von den Lippen ab, sollte also immer von vorn angesprochen werden.

Die Kommunikation mit einem seh- oder hörbehinderten Menschen ist immer direkt zu führen, nicht mit der Begleitperson.

Schwerhörige Menschen sollten mit langsamen Mundbewegungen immer frontal angesprochen werden, da sie von den Lippen ablesen. Andere störende Geräuschquellen dabei ausschalten. Hörgeräte regelmäßig auf Funktionalität testen.

Gehörlose Menschen sind nicht stumm oder taubstumm, sie können wie normal Hörende sprechen. Das Sprechen geschieht entweder in der Lautsprache oder der Gebärdensprache.

Die soziale Teilhabe kann durch Hilfsmittel wie z. B. Hörgeräte erleichtert werden. Kinder mit einer Hörbehinderung erhalten eine spezielle Frühförderung.

Menschen mit Sprachbehinderungen

Geduldig sein und den Menschen genügend Zeit lassen, ihre Sätze selbst zu beenden und Wörter und Sätze zu bilden. Selbst immer deutlich sprechen!

Ist die sprachliche Ausdrucksfähigkeit (und Mitteilungsfähigkeit) oder das Sprachverständnis beeinträchtigt, wird von einer **Sprachbehinderung** gesprochen. Des Weiteren kann es als Folge von Hör- oder Intelligenzbeeinträchtigungen zu Sprachbeeinträchtigungen kommen. Sprachbeeinträchtigungen im jungen Alter können zu unschönen Reaktionen aus der Umwelt führen, es folgt Vereinsamung und Isolation. Frühzeitig erkannte Sprachentwicklungsstörungen und auch Beeinträchtigungen als Folge von Schlaganfällen können durch gezielte Übungen trainiert werden.

Menschen mit Körperbehinderungen

Beispiele für Körperbehinderungen:
- Verletzung der Wirbelsäule
- spastische Lähmung
- Kinderlähmung
- Multiple Sklerose
- Fehlen von Gliedmaßen
- Mukoviszidose
- Glasknochenkrankheit
- Arthrose

Zu den unterschiedlichen Erscheinungsformen einer **Körperbehinderung** gehören Unfallschädigungen, Lähmungen, Fehlbildungen, Stoffwechselstörungen sowie Erkrankungen der inneren Organe und andere chronische Erkrankungen.

Ein gezieltes Bewegungstraining kann die Bewegungsfähigkeit unterstützen und damit die Selbstständigkeit fördern. Durch medizinische Hilfsmittel wie Prothesen, Gehhilfen, Rollstuhl können Bewegungseinschränkungen ausgeglichen werden. Voraussetzung ist ein barrierefreies Wohnumfeld.

Der Umgang mit dem Rollstuhl erfordert Übung, die Betreuungsperson braucht Kenntnisse über die Handhabung und sichere Bedienung.

Menschen mit Intelligenzminderung

Menschen mit einer Lernbehinderung können sich einmal Gehörtes oder Gesehenes gut merken, obwohl sie Schwierigkeiten beim Lesen oder Schreiben haben.

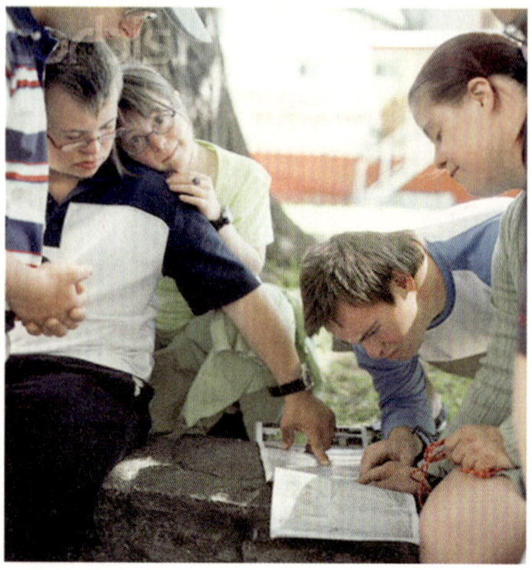

Menschen mit einer **Lernbehinderung** weisen häufig gleichzeitig eine verzögerte Entwicklung auf, die sich auf die schulischen Leistungen und die Sprache auswirken kann. Hinzu kommen oftmals Bewegungsauffälligkeiten wie ein übermäßiger Bewegungsdrang (u. a. auch Hyperaktivität) und gegebenenfalls auch ein auffälliges Sozialverhalten.

In Kindheit, Schulzeit und Berufsausbildung werden Menschen mit einer Lernbehinderung durch diese Auffälligkeiten oft verspottet, wodurch sich nur ein geringes Selbstwertgefühl entwickelt. Es kann auch zu aggressivem Verhalten kommen, wenn sie sich angegriffen fühlen. Wird immer wieder versucht, auf sich aufmerksam zu machen, so werden diese jungen Menschen einerseits daran gehindert, Lerninhalte aufzunehmen, andererseits aber auch, sich auf andere Menschen einzustellen. Gezielte Hilfen können dies ausgleichen und eine Eingliederung in die Gesellschaft im Arbeitsleben gewährleisten.

Eine **geistige Behinderung** liegt vor, wenn das Lernverhalten stark beeinträchtigt ist. Die Intelligenz ist deutlich verringert (IQ unter 70), dadurch können in vielen Bereichen Schwierigkeiten auftreten:

Selbstversorgung, Wohnen, Sozialverhalten, Kommunikation,
Nutzung von Verkehrswegen, Gesundheit
Sicherheit, Schul- und Berufsbildung, Freizeit.

Menschen mit dieser Einschränkung haben vor allen Dingen Angst vor bestimmten Situationen und/oder ihrer Zukunft und sind oft zurückgezogen und traurig. Ihr Alltag ist sehr eingeschränkt, viele Verrichtungen können nicht mehr allein geregelt werden.

Hilfen im Alltag zur unmittelbaren Lebensbewältigung sind dringend notwendig, denn diese Behinderung hat Auswirkungen auf die Bewegungen und die Sprache sowie auf das Emotionale. Der Hilfebedarf richtet sich nach dem Grad der Beeinträchtigung.

Menschen mit Lernschwierigkeiten brauchen eine leichte Sprache, d. h. kurze Sätze, klare Sprache, leicht verständliche Wortwahl. Das ist wichtig, damit sie Informationen verstehen können.

Die wichtigste Aufgabe bei Menschen mit einer geistigen Behinderung ist, die Entwicklung von Intelligenz, Sprache und Wahrnehmung mit geeigneter Unterstützung so früh wie möglich zu fördern und so mehr Selbstständigkeit zu erlangen.

Menschen mit Mehrfachbehinderungen

Bei vielen Menschen mit einer geistigen Behinderung liegt eine **Mehrfachbehinderung** vor, sie kann also mit einer Körper- oder Sinnesbehinderung gekoppelt sein.

Auch hier unterscheidet man zwischen einer primären Behinderung, z. B. einer Verhaltensstörung, die sich zuerst geäußert hat, und sekundären Behinderungen, z. B. einer Lernbeeinträchtigung, die daraus entstanden ist.

Gedanken, die beim Umgang mit Menschen mit Behinderungen immer im Hinterkopf stehen sollten:

- Menschen mit Behinderungen sind wie du und ich.
- Menschen mit Behinderungen sind ernst zu nehmen und gleich zu behandeln mit anderen.
- Sie wollen genauso angesprochen werden wie alle anderen Menschen auch.
- Menschen mit Behinderungen sind nicht dumm, in manchen Fällen nur anders.
- Menschen mit Behinderungen brauchen oft die Geduld des anderen, da manche Abläufe etwas länger dauern können.
- Der Wunsch von Menschen mit Behinderungen ist, ein normales Leben zu führen, d. h., sie müssen in die Gesellschaft mit einbezogen werden.
- Unsicherheit ist im Umgang mit Menschen mit Behinderungen fehl am Platz, genauso wie Mitleid, Spott, Hänseleien oder Anstarren. Ein „normaler" Umgang ist anzustreben.
- Jeder Mensch kann ohne eigenes Verschulden von einem Moment zum nächsten zu einem Menschen mit Behinderung werden.

Fachpraktiker, deren Einsatz die Betreuung und Versorgung von Menschen mit Behinderungen einschließt, sollten sich über die Beeinträchtigung und das Krankheitsbild der zu versorgenden Person genau informieren. So kann ein besseres Verständnis und Empathie entwickelt werden, der Umgang mit vielen (nicht immer angenehmen) Situationen wird erleichtert. Viele Beschäftigte empfinden in der Arbeit in Behinderteneinrichtungen eine große Zufriedenheit und Bereicherung, wenn sie viel über einzelne Menschen und ihre Krankheit wissen und damit umzugehen gelernt haben.

Die Teilnahme am gesellschaftlichen Leben ist allen Menschen zu ermöglichen – ob mit oder ohne Behinderung.

Familien mit einem oder mehreren Kindern mit einer Behinderung durchleben häufig Zeiten der Hilflosigkeit, der Verzweiflung, der Trauer, aber auch der Angst vor der Umwelt. Die Zeit für gesunde Geschwisterkinder ist sehr begrenzt und darf nicht zu sehr in den Hintergrund treten. Fachpraktiker können in diesen Familien große Unterstützung leisten.

In allen Bereichen steht die **Inklusion** und **Integration** von Menschen mit Behinderungen auf der Agenda. Inklusion steht für Zugehörigkeit, für ein Nichtausgrenzen aus einer Gruppe. Menschen ohne Behinderungen hilft hier, sich über Krankheitsbilder zu informieren, um Unverständnis und Unsicherheiten auszuschließen. Den Menschen mit seiner Behinderung zu akzeptieren, steht an erster Stelle, dann erst kann Kritik an dem auffälligen Verhalten geübt werden. Hilfreich ist es, den Menschen mit seinen Stärken und Hobbys kennenzulernen und ihn so zu integrieren und ihn überall dabei sein lassen – in der Schule, am Arbeitsplatz, im Wohnviertel und in der Freizeit. In einem individuellen Förderplan (in Schulen) kann festgelegt werden, wie die Lernplanungen und die Lernentwicklungen für den Einzelnen aussehen sollen. Förderschwerpunkt und Förderziele werden gemeinsam festgelegt.

Inklusion sieht alle Menschen als gleichberechtigt an. Niemand wird ausgegrenzt oder stigmatisiert.

Integration nimmt alle Menschen in ein System hinein, an das sich jeder einzelne Mensch anpassen und damit verändern muss.

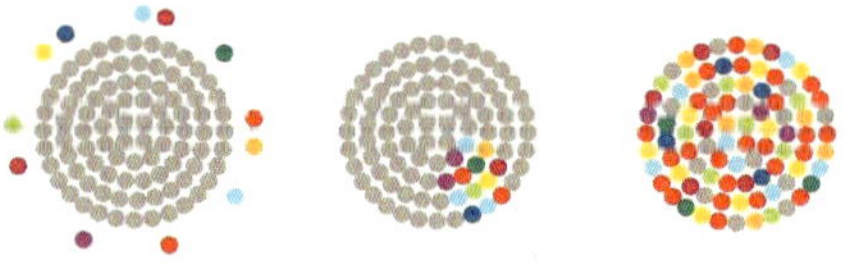

Ablehnende Reaktionen wie Ignorieren oder Anstarren, aber auch das Spotten und Hänseln sowie Mitleid oder stark übertriebene Hilfsbereitschaft sollte Menschen mit Behinderungen gegenüber vermieden werden. Einige Behinderungen werden dadurch noch verstärkt, das Gefühlsleben stark beeinträchtigt.

Arbeitsauftrag

Diskutieren Sie in Ihrer Klasse die Devise in finnischen Schulen: „Wir wollen keinen verlieren."

Integration bedeutet dabei, dass in einem langen Prozess alle Menschen zusammengefügt werden und zusammenwachsen.

Sehbehinderungen bis hin zur Blindheit schränken u. U. die Mobilität und Teilhabe stark ein.

Bei der Unterstützung bei Alltagsverrichtungen mit und für Sehbehinderte helfen folgende Tipps:

- Hilfe anbieten, Antwort abwarten und respektieren, nicht ungefragt alles allein erledigen.
- Wird ein sehbehinderter Mensch auf einem Weg begleitet oder geführt, so ist dieser zu beschreiben und das Tempo des Betreuten anzunehmen.
- Die Einrichtung und das Mobiliar sollten nicht unangekündigt umgestellt werden.
- Kommt eine weitere Person hinzu oder geht weg, so ist dies dem Betreuten mitzuteilen.
- Speisen sollten beschrieben und die Anordnung auf dem Teller erläutert werden (s. S. 70)
- Eine verlässliche Anordnung der Gegenstände und Möbel, im Badezimmer und am Essplatz sollte gewährleistet sein.

2.7.3 Leistungen und Rechte für Menschen mit Behinderungen

Es gibt eine Vielzahl unterschiedlicher Leistungen für Menschen mit Behinderungen.

Zunächst die Grundsicherung aufgrund des Sozialgesetzbuchs, z. B.

- Hilfen zum Lebensunterhalt, wenn dieser nicht aus eigenen Mitteln bestritten werden kann
- Hilfen zur medizinischen Rehabilitation
- Hilfen zur Teilhabe am Arbeitsleben und am Leben in der Gemeinschaft
- Leistungen der Pflegekasse

Weitere Leistungen können z. B. sein
- Unterstützung bei der barrierefreien Ausstattung der Wohnung
- Unterstützung von Beschäftigten mit Behinderungen im Arbeitsbereich von Werkstätten für Menschen mit Behinderung
- Überbrückungsgeld zur Aufnahme einer selbstständigen Tätigkeit, wenn dadurch Arbeitslosigkeit beendet oder vermieden werden kann

Das Ziel der Leistung ist, dass Menschen mit Behinderungen einen nach ihren Neigungen und Fähigkeiten entsprechenden Platz in der Gesellschaft und besonders im Arbeitsleben finden.

In der UN-Behindertenrechtskonvention (Vertrag über die Rechte von Menschen mit Behinderungen) steht als Menschenrecht beschrieben, dass jeder selbst über das eigene Leben bestimmen darf.

Nach dem Vertrag gilt: Menschen müssen selbst bestimmen können, wie sie leben wollen. Menschen müssen gleichberechtigt überall mitmachen können.

2.7.4 Ernährung

Die allgemeinen Ernährungsempfehlungen unterscheiden sich meist nur unwesentlich von den Empfehlungen für Nichtbehinderte. Unterschiede können sich aus der benötigten Energiemenge infolge eingeschränkter Bewegungsmöglichkeiten, der Medikamenteneinnahme und ihren Wechselwirkungen mit Nahrungsmitteln oder Nahrungsallergien ergeben.

Bei Menschen mit schwerwiegenden Behinderungen mit Kau- und Schluckstörungen sind besondere Kost- und Zubereitungsformen unumgänglich. Die Unterschiedlichkeit der einzelnen Behinderungen und chronischen Erkrankungen erfordert in jedem Fall eine individuelle Vorgehensweise bei der Ernährung. Die Bewegung von Menschen, die im Rollstuhl sitzen, ist anders als die von Fußgängern. Dadurch ändert sich der Energiebedarf und sollte in der Ernährung berücksichtigt werden. Die richtige oder falsche Ernährung hat einen starken Einfluss auf Über- oder Untergewicht, Herz-Kreislauf-Probleme, Bluthochdruck, Diabetes, Wundheilung, Infektanfälligkeit u. a.

Menschen mit körperlichen Behinderungen und Einschränkungen der Beweglichkeit wird eine nährstoffreiche und energiearme Kost empfohlen.

Als Ernährungsrisiko gelten:
- zu viel Fett insgesamt, besonders zu viel tierische Fette
- zu geringe Aufnahme von Ballaststoffen
- zu wenig Gemüse und Obst
- zu wenig Calcium (z. B. Milchprodukte und calciumreiche Mineralwasser)
- zu wenig Flüssigkeit führt zu:
  - verminderter Konzentration
  - verminderter geistiger Leistungsfähigkeit

2.7.5 Möglicher Bedarf an Betreuungsleistungen

Der individuelle Bedarf des Menschen mit Behinderungen ist sehr stark abhängig von der Art der Behinderung und der damit verbundenen Lebenssituation. Beispielsweise hat ein sehbehinderter Mensch einen anderen Betreuungsbedarf als ein Mensch mit einer körperlichen Behinderung. Voraussetzung ist aber immer, dass mit dem Betroffenen gesprochen wird, welche Hilfeleistung ihm Unterstützung und Stärkung ist.

Arbeitsaufträge

1. Erstellen Sie Ihr Lieblingsgericht, ohne Ihre gängige Arbeitshand zu benutzen (Linkshänder mit der rechten Hand und umgekehrt).
2. Zusammen mit einer Begleitperson machen Sie im Rollstuhl sitzend einen Stadtgang mit einem Besuch in einem gastronomischen Betrieb. Erstellen Sie daraufhin einen Kriterienkatalog für die Auswahl eines geeigneten Cafés.

2.8 Besucher und Gäste

Besucher und Gäste richtig zu empfangen und zu betreuen, ist für das Image eines Hauses sehr wichtig. Oft sind es die Feinheiten, die den Besuchern und Gästen im Gedächtnis bleiben und die damit den Besuch und den Aufenthalt in angenehmer Erinnerung bleiben lassen.

Anlässe für Besucher oder Gäste können sein:

- Kindergeburtstage oder runde Geburtstage von Bewohnern in Wohngruppen oder im Altenheim, zu denen Gäste eingeladen werden
- Fachtagungen oder Vortragsveranstaltungen in einer Tagungsstätte
- Kulturelle Veranstaltungen und Feste in Einrichtungen

Bestimmte Vorbereitungen sind unabhängig von der Art der Veranstaltung zu treffen; so sind bei Geburtstagsfeiern andere Voraussetzungen zu schaffen als beispielsweise bei Tagungen.
Hilfreich kann die Aufstellung einer Checkliste und eines Zeitplans sein. Einmal erstellt und abgespeichert sind diese Vorlagen immer wieder – auch in abgewandelter, angepasster Form einsetzbar.

Es ist sinnvoll, ein Budget vorzugeben, damit die Kosten in einem angemessenen Rahmen bleiben. Eventuell können Sponsoren motiviert werden, um gewisse „Extras" zu finanzieren.

Sommerfeste, Hausfeste, Geburtstagsfeiern

Zu den Aufgaben gehörten hier:

- Entwurf von Plakat und Einladung
- Informationen an die örtliche Presse, wenn die Veranstaltung auch für die Öffentlichkeit gedacht ist (z. B. bei einem Haus- oder Sommerfest)
- Sponsoren suchen und aktivieren
- Sanitärräume gut lesbar (evtl. mit Bild) ausschildern
- Begrüßung geladener Gäste organisieren
- Für Garderobenmöglichkeiten sorgen
- Betreuende Personen mit Namensschildern ausstatten
- Fragen nach besonderen Wünschen im Kundengespräch herausfinden.
- Räumlichkeiten dekorativ gestalten, das heißt Dekoration herstellen, besorgen und anbringen
- Absprache über Begleitung und Betreuung von Personen während eines Festes

Bei internationalen Gästen auf Besonderheiten achten. Moslems essen kein Schweinefleisch, Hindus essen weder Rind- noch Schweinefleisch, Japaner und Chinesen vertragen keine Milchprodukte.
Für alle zusätzlich vegetarische Kost anbieten.

Fachtagungen, Fortbildungsmaßnahmen

Personelle Organisation der Mitarbeiter und Aufgabenverteilung sollte gut vorbereitet und in einem Plan schriftlich festgehalten werden.
Wer ist wann wofür zuständig?

Das Getränke- und Speiseangebot ist im Vorfeld zu klären und zu organisieren. Ggf. sind hier auch Kundenwünsche abzufragen und zu berücksichtigen. Gibt es Butterbrezeln oder eine Spezialität der Region?

- Räumlichkeiten vorbereiten (z. B. eindecken)
- Bei Fachtagung evtl. Schreibmaterial bereitlegen
- Für frisch gelüftete Räume sorgen
- Evtl. Begrüßungsschilder im Eingangsbereich mit Angabe der Raumnummer, in der die Veranstaltung stattfindet
- Zu Beginn einer Tagung immer einen Ansprechpartner vorstellen
- Hinweis auf übliche Gegebenheiten z. B. Essenszeiten
- Soweit möglich Schaffung von behindertengerechten Bedingungen.
- Internetnutzung ermöglichen und evtl. Tageszeitung zur Verfügung stellen
- Namensschilder bereithalten
- Garderobe und Gepäckaufbewahrung organisieren

3 Hauswirtschaftliche Betreuungsleistungen in Familien und Einrichtungen personenorientiert durchführen

3.1 Wohnen und Wohnumfeld

Wohnen, Wohnumfeld und Alltagsgestaltung: Diese Bereiche liegen nahe beieinander und haben in allen Lebenssituationen eine große Bedeutung. Bedürfnisse wie Wärme, Behaglichkeit, Sauberkeit, aber auch Selbstständigkeit wollen befriedigt werden. Das Wohnumfeld stellt hier die Voraussetzung für eine professionelle Begleitung von Menschen im Alltag dar. Sobald ein Betreuungsbedarf eintritt, verändern sich die Anforderungen an das Wohnen und das Wohnumfeld.

Wohnformen

Sowohl in stationären Wohngruppen, Hausgemeinschaften wie auch in den teilstationären Wohngruppen gibt es vielfältige Einsatzmöglichkeiten zur Durchführung hauswirtschaftlicher Betreuungsaufgaben in allen vorher genannten Bereichen.

Stationäre Wohngruppen

- Hausgemeinschaft
- Wohngruppe
- Wohngemeinschaft von Menschen mit und ohne Behinderung

Eine Personengruppe von nicht mehr als 15 Personen, welche in der Regel nicht miteinander verwandt sind, wohnt und lebt in einer Gemeinschaft zusammen. Diese Personengruppe hat einen gemeinsamen Haushalt. Oft sind diese Wohngemeinschaften auch an andere Wohnformen, Altenhilfe- oder Behinderteneinrichtungen angeschlossen und haben so die Möglichkeit, Leistungen eines Großhaushalts in Anspruch zu nehmen.

Wäschepflege oder Wohnungsreinigung

Wohngemeinschaft mit behinderten Jugendlichen

Manche Wohngruppen werden in Eigenregie geführt, andere ambulant oder stationär betreut. Die Betreuungsform ist abhängig vom Gesundheitszustand und der körperlichen und geistigen Verfassung der einzelnen Bewohner und den Bezugssystemen zueinander. Auch die Ausstattung der Wohnung mit technischen Hilfsmitteln wie Aufzug, Rufanlage, verstellbaren Betten, barrierefreien Zugängen und behindertengerechten Bädern ist ein wichtiger Punkt. Nur, wenn die entsprechenden Hilfsmittel und baulichen Gegebenheiten vorhanden sind, ist eine selbstbestimmte und weitgehend selbstständige Lebensführung möglich.

Teilstationäre Wohngruppen

In teilstationären Wohngruppen ist die Aufnahme von Patienten als Versorgungseinrichtung für einen begrenzten Zeitraum – oft weniger als 24 Stunden – möglich.
Zu den betreuten Menschen gehören Kinder oder alte Menschen, die zeitlich befristet eine Betreuung benötigen.

3.1.1 Barrierefreies Wohnen

Treppengitter bieten Schutz

In vielen Bereichen bieten Barrieren Schutz und tragen zur Sicherheit und zum Wohlergehen bei. Balkongeländer und Treppengitter erfüllen diese Funktion.

Um jedoch Wege für Menschen mit Gehbehinderungen, Rollatoren und Kinderwagen zu erleichtern, ist barrierefreies Wohnen oberstes Ziel. Barrieren dürfen die Selbstständigkeit, die Beweglichkeit und die Freiheit der genannten Personengruppen im Alltag nicht einschränken.

> Treppenstufen, Türschwellen und zu schmale Türen, schwergängige Fenstergriffe, schlecht erreichbare Schrankfächer oder nur beidhändig bedienbare Geräte können den Alltag erschweren.

Barrierefreiheit bedeutet eine Gestaltung der baulichen Umwelt derart, dass Menschen mit und ohne Behinderung genauso wie ältere Menschen in ihrem (Wohn-)Umfeld eigenständig zurechtkommen. In bestehenden Wohnungen lässt sich dies in der Regel nicht vollständig schaffen. Ziel ist, dass Menschen jeder Altersstufe und in unterschiedlichen Lebenssituationen so leben konnen, dass sie sich so weit wie möglich selbst versorgen können und so lange wie möglich im eigenen Umfeld bleiben können.

3.1.2 Anforderungen an barrierefreie Wohnbereiche

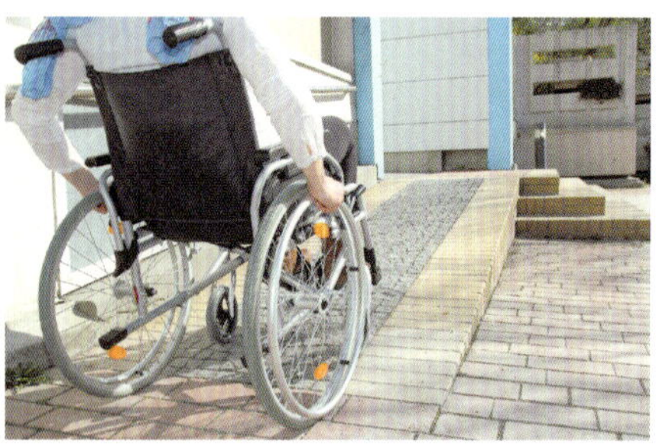

Rampen erleichtern Zugänge

Zugang zur Wohnung

Diese baulichen Gegebenheiten führen zu Bewegungseinschränkungen:
- Viele Stufen können das Verlassen der Wohnung behindern und dadurch den Kontakt zu den Mitmenschen unterbinden oder die tägliche Versorgung beeinträchtigen.
- Schwellen und enge Flure behindern das Bewegen in der Wohnung.

Maßnahmen, die Wohnbereiche zugänglich machen:
- Bewegungsflächen freihalten und nicht mit Mobiliar bedecken.
- Treppenstufen frei und sauber halten, schon nasse Blätter können Stürze hervorrufen.
- Die Möglichkeit recherchieren, mobile Rampen zu installieren.

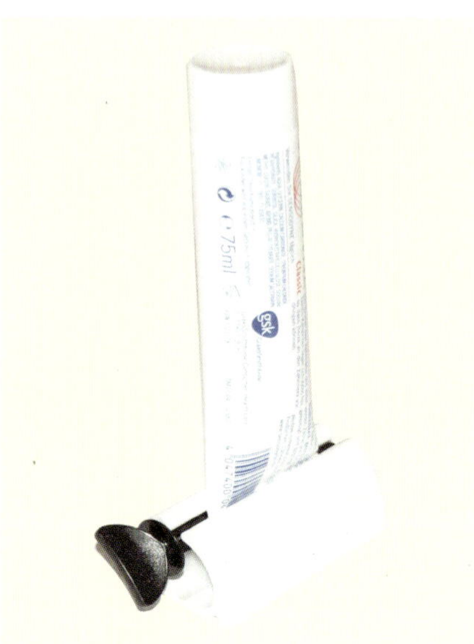

Alltagshelfer

Badezimmer

Entscheidend für Selbstständigkeit ist, dass WC und Bad ohne fremde Hilfe benutzt werden können. Optimal ist eine bodengleiche Dusche, die leicht begehbar ist. Eine Bodenmatte vermindert die Rutschgefahr. Haltegriffe an Badewannen sind unerlässlich. Diese stets auf Sauberkeit überprüfen, um einen sicheren Griff zu gewährleisten.

Vor dem Waschbecken ist eine bequeme und sichere Sitzgelegenheit (Klappsitz oder Hocker) sinnvoll, der Blick in den Spiegel sollte trotzdem gewährleistet sein. Ein kippbarer Spiegel kann hier helfen. Auf gute Standfestigkeit ist zu achten.

Küche

Gegenstände, die häufig benötigt werden, werden sinnvollerweise im Griffbereich aufbewahrt. Dinge, die selten gebraucht werden, können in den oberen Bereichen der Schränke untergebracht werden. Wichtige Geräte und Materialien sollten in Küchenschränken gut greifbar sein.

Damit im Sitzen gearbeitet werden kann, ist eine Sitzgelegenheit sinnvoll. Elektrische Geräte (Wasserkocher, Kaffeemaschine) sollten leicht durch Ziehen des Netzsteckers vom Stromnetz zu trennen sein.

Küchengeräte sollten sicher erreichbar und möglichst auch einhändig bedienbar sein.

Für Rollstuhlfahrer ist es notwendig, dass elektrische Geräte wie Geschirrspüler und Backofen höher gestellt werden. Idealerweise sind diese genauso wie eine Arbeitsfläche unterfahrbar.

Unterfahrbare Arbeitsfläche

Wohn- und Schlafbereich

Teppiche und Läufer müssen rutschfest liegen. Sollte Stolpergefahr bestehen (hochstehende Kanten), wären diese Bodenbeläge besser zu entfernen. Rutschende Läufer beseitigen.

Laufzonen müssen so breit freigehalten werden, dass sie mit Gehhilfen oder einem Rollator passierbar sind.

Dem schnurlosen Telefonapparat einen festen Platz zuordnen, damit im Notfall nicht gesucht werden muss.

Allgemein

Anschlusskabel sicher verlegen, um Stolperfallen zu vermeiden, am besten in einem Kabelkanal.

Auf gute Beleuchtung achten, besonders im Laufbereich. Dunkle Flure stellen eine Sturzgefahr dar. Auch für gute Beleuchtung der Arbeitsbereiche sorgen.

Lichtschalter sollten auch vom Rollstuhl aus erreichbar sein.

Defekte Glühlampen und Leuchtmittel sofort austauschen. Achtung, nicht mit nassen Händen arbeiten! Lichtschalter auf „Aus“ stellen.

Haltegriffe, Aufstehhilfe und Handläufe sind für die Sicherheit sehr wichtig. Diese müssen so angebracht sein, dass man sich nicht daran stoßen kann und sie müssen immer sauber gehalten werden. So wird ein sicherer Griff ermöglicht.

Beschädigungen an Hilfsmitteln sofort reparieren lassen.

Gegenstände (Schuhe, Körbe, Staubsauger usw.) nicht in den Laufzonen und Bewegungsflächen aufbewahren. Sie stellen eine Sturzgefahr dar.

Klingelton und -lautstärke der Wohnungstür und des Telefons sind auf die Hörfähigkeit der zu betreuenden Person abzustimmen.

Barrierefreies Wohnen ist nicht nur eine Frage des Lebensalters. Jede Stolperfalle erschwert z. B. Kindern das Laufenlernen und jede Stufe weniger macht das Kinderwagenschieben leichter.

Arbeitsaufträge

1. Was für Sie Komfort und Wohnqualität bedeutet, kann für eine gehbehinderte Mutter einer Familie mit Kleinkindern anders sein. Führen Sie die Unterschiede auf!
2. Begehen Sie Ihre Wohnung mit den Augen eines Menschen mit Gehbehinderung und finden Sie heraus, welche Gefahrenquellen oder Barrieren für diese Personengruppe bestehen.
3. Erstellen Sie einen Maßnahmenkatalog, um Ihre eigene Wohnung barrierearm zu gestalten.

3.1.3 Wohnen bedeutet Sicherheit

Ein sicheres Umfeld für Kinder

Im Umgang mit Kindern hat die Sicherheit einen besonderen Stellenwert in Bezug auf:
- Kinderzimmer,
- gesamtes Zuhause,
- Garten,
- Straßenverkehr.

Arbeitsauftrag

1. Die Seite „Das kindersichere Zuhause" informiert über Unfallgefahren in den eigenen vier Wänden. Der Kindersicherheitsexperte will dazu beitragen, die hohe Unfallgefahr zu senken: Jährlich verunglücken in Deutschland mehr als 500.000 Kinder im häuslichen Bereich. Das Tragische daran ist, dass ca. 60 % dieser Unfälle hätten verhindert werden können. Das kindersichere Zuhause weist auf Gefahrenquellen hin und gibt zudem allgemeine Tipps zum Thema Kindersicherheit. Informieren Sie sich im Internet unter: www.das-kindersichere-zuhause.de über entsprechende Gefahren und Sicherheitstipps.
2. Welche Voraussetzungen müssen in einem Haus oder einer Wohnung mit einem halbjährigen Kind (mit Kinderwagen) erfüllt sein?

Integrationstagesstätten stellen besondere Anforderungen an die Sicherheit von behinderten und nicht behinderten Kindern.

Bei allen Rollstühlen sind regelmäßig Bremsen, Arretierungsmöglichkeiten und der Luftdruck zu überprüfen.

Ein Rollstuhl bietet eine Transfer- und Sitzmöglichkeit. Durch unterschiedliche Ausstattungsvarianten können verschiedene Aktivitäten des täglichen Lebens befriedigt werden. So gibt es klappbare, gut zu transportierende Rollstühle, aber auch wendige für sportliche Aktivitäten.

Der Umgang mit dem Rollstuhl erfordert Übung, die Betreuungsperson braucht Kenntnisse über die Handhabung und sichere Bedienung (s. S. 60)

Ein sicheres Umfeld für Demenzkranke

Aufmerksamkeit und Kenntnis über besondere Verhaltensweisen von Demenzkranken erleichtern es, spezielle Sicherheitsvorkehrungen zu beachten.

Demenzkranke neigen zu nächtlichem Wandern. Eine sichere Umgebung ist geschaffen, wenn die Türen nach außen verschlossen sind und ggf. Bewegungsmelder anzeigen, wenn die kranke Person das Zimmer verlässt.

Der Bewegungsdrang kann nachts verringert werden durch:
- genügend Bewegung am Tag,
- angenehme Raumtemperatur,
- ein bequemes Bett,
- ein warmes Milchgetränk vor dem Einschlafen.

Der Lebensraum und die Wohnung eines Demenzkranken ist auf Gefahrenquellen abzuklopfen, um die Unfallgefahr zu reduzieren.

Wichtig ist dabei:
- Die Wohnung von Demenzkranken von Bildern, Teppichen und Tapeten mit irritierenden Mustern und Motiven befreien. Der Kranke selbst fühlt sich dann sicherer.

- Dunkle Ecken in den Räumlichkeiten ausleuchten (möglichst schattenfrei).
- Zur Orientierung können Bilder (Kochtopf, Toilette) an den Zimmertüren darauf hinweisen, in welchen Raum diese Tür führt.
- Geländer, Türen und Schalter in kontrastreichen Farben können Sicherheit geben, sich richtig zu orientieren.
- Küchenherde werden sicherer durch automatische Absperrventile, Zeitschaltuhren oder Temperaturmelder.
- Bügeleisen wegräumen.
- Heißwasserboiler auf sehr niedrige Temperatur einstellen.
- Gittertüren am oberen Ende von Treppen installieren lassen.
- Medikamente und Haushaltsreiniger unter Verschluss halten.

Wohnzimmer eines demenzkranken Menschen

Bei Demenzkranken ist die Wahl der richtigen Maßnahme zur Unfallvermeidung oft schwierig. Einerseits besteht durch Vergesslichkeit und Wahrnehmungsstörungen das Risiko von Selbst- und Fremdgefährdung. Andererseits darf kein Überwachen und Überbehüten daraus werden, um der erkrankten Person nicht die Eigenständigkeit zu nehmen.

Demenzkranke können ungewollt aggressives Verhalten aufweisen. Dann ist es gut, auf seine eigene Sicherheit zu achten und zu lernen, wie man sich selbst aus einem festen Griff befreit.

Straßenschuhe, Hut oder Spazierstock nicht in unmittelbarer Sicht liegen lassen, da dies den Erkrankten auffordert, das Haus zu verlassen. Es kann helfen, die Haustür mit einem Vorhang zu verstecken.

3.2 Hilfe leisten bei Alltagsverrichtungen

3.2.1 Eigenaktivität fördern

Die Förderung hauswirtschaftlicher Tätigkeiten ist eine Kernaufgabe bei der Betreuung. Deshalb muss die notwendige zeitliche und fachliche Unterstützung nach Bedarf bereitgestellt werden. Zu den damit verbundenen Aufgaben gehören Motivation, Anleitung, praktische Hilfe und Schaffung geeigneter Rahmenbedingungen. Eigenaktivität fördert das Interesse am Leben, die Beweglichkeit, die Freude und die Eigenständigkeit. Je nach Personengruppe kann die Tätigkeit, zu der motiviert werden soll, sehr unterschiedlich sein.

Die Betreuungsaufgabe kann nur erfolgreich verlaufen, wenn man sich in die Rolle des Gegenübers hineinversetzen kann. Dabei soll die eigene Begeisterung spürbar sein. Die Eigenmotivation des zu Betreuenden soll gefördert werden, ohne dass Druck ausgeübt wird. Gut ist es, eine Begründung für Arbeitsaufträge zu haben, was zugleich motiviert. Die Argumentation muss logisch und dem Gesprächspartner angepasst sein.

Grundvoraussetzung für diese Aufgabe ist die Förderung und der Erhalt der Alltagskompetenzen.

Arbeitsauftrag

Was kann die zu betreuende Person selbst dazu beitragen?

So werden Erfolgserlebnisse ermöglicht, auf die besonderer Wert zu legen ist. Orientierungshilfen sollen gegeben und die persönlichen Vorlieben in den Vordergrund gestellt werden. Durch persönliche Zuwendung und die Schaffung eines anregenden Umfelds wird das Wohlbefinden des Betreuten und damit das Ziel erreicht.

Hilfe bei Alltagsverrichtungen

Bereiche für Alltagsverrichtungen in allen Altersgruppen:
- Mahlzeiten bereiten
- Mobilität erleben
- Körperpflege durchführen
- einen Haushalt führen (Wäschepflege und Hausreinigung)

Menschen mit Behinderung: Bügeln im Beisein der unterstützten Person und in Kontakt mit Ihnen ausführen; dies betrifft insbesondere Personen, die aufgrund ihrer Einschränkung auf besondere Ansprache und permanenten Kontakt angewiesen sind und wenig Anreize aus der Umgebung aufnehmen können.

Jugendliche: Zimmer aufräumen lassen, beim Zubereiten der Mahlzeiten mithelfen lassen.

Kleinkinder: lernen, Schuhe zu binden; Jacke selber anziehen lassen, Spielsachen aufräumen lassen …

Im Mittelpunkt der hauswirtschaftlichen Versorgung und Betreuung steht der Kunde, der Gast, der Bewohner oder der Patient. Dessen Selbstbestimmung und Selbststandigkeit zu erhalten und zu verbessern, ist das Ziel der Hilfe bei Alltagsverrichtungen: so viel Eigenverantwortung und Normalität wie möglich und genau das Maß an Unterstützung und Betreuung wie nötig. Die Unterstützungsmaßnahmen dienen dazu, die Eigenständigkeit der Menschen zu stärken. Um eine angemessene Unterstützung anbieten und leisten zu können, ist es wichtig, die Lebenssituation der zu betreuenden Person und ihre geistige und körperliche Verfassung zu kennen und diese in alle Hilfsangebote einzubeziehen.

Möglichkeiten für Betreuungsleistungen

- Unterstützung beim An- und Auskleiden und auch bei der Auswahl der Kleidung, wobei der persönliche Geschmack der unterstützten Person, ihre/seine Vorlieben und auch das ganz persönliche Wärmebedürfnis zu berücksichtigen sind.
- Unterstützung bei den Mahlzeiten beginnt mit der Hilfestellung beim Einkaufen, geht weiter bei der Speisenplanung, der Durchführung der Speisenzubereitung, beim Anrichten der Speisen und eventuell auch mit Hilfeleistungen beim Eingeben der Speisen bis hin zu Hilfeleistungen bei Spül- und Aufräumarbeiten.
- Unterstützung bei technischen Hilfen, in vielen Fällen hilft auch schon ein unterstützender Arm.
- Unterstützung bei der Körperpflege vom Windelwechsel in der Kita bis zum Zähneputzen. Sollten diese Aufgaben zu dem erforderlichen Tätigkeitsbereich in Senioren- oder Behinderteneinrichtungen gehören, so muss eine gründliche Einarbeitung und eine enge Verzahnung mit dem Pflegepersonal erfolgen.

3.2.2 Hilfe bei der Betreuung von Einzelpersonen und Familien

Viele Personen nehmen Hilfe bei den Alltagsverrichtungen in ihrem vertrauten Wohnumfeld in Anspruch, leben selbstständig und selbstbestimmt. Die Mithilfe beschränkt sich auf einzelne Tätigkeitsbereiche und soll die Selbstständigkeit der zu betreuenden Person erhalten und fördern. In allen Formen des Zusammenlebens kann es zu Betreuungs- und Unterstützungssituationen für Einzelpersonen und Familien kommen.

Hilfebedarfe liegen bei folgenden Personengruppen vor:

- Menschen mit Behinderungen in deren eigenem Haushalt oder in Wohngruppen
- ältere, sich selbst versorgende Menschen im eigenen Haus mit Unterstützungsbedarf
- schwerwiegende, längere Krankheit einer Mutter von Kindern unter zwölf Jahren
- Schwangerschaft einer Mutter mit weiteren kleinen Kindern, wenn vom Arzt Bettruhe verordnet wurde
- Familien mit behinderten Kindern
- Familien nach dem Tod von Mutter oder Vater mit Kindern unter zwölf Jahren

- Eine Mutter mit 6-jährigen Zwillingen ist risikoschwanger und benötigt Unterstützung im Haushalt. Die Zwillinge erhalten nachmittags Instrumentalunterricht und sind im Sportverein aktiv. Aus Sicherheitsgründen müssen sie auf diesen Wegen begleitet werden.
- Eine 82-jährige gehbehinderte Seniorin lebt in einer Kleinstadt in einem Mehrfamilienhaus im fünften Stockwerk mit Aufzug. Ihr Sohn erledigt mit ihr regelmäßig die Einkäufe. Frau Sommer wendet sich an den Sozialdienst der Gemeinde, da sie neben Behördengängen auch eine kleine Geburtstagsfeier plant und nicht selbstständig ausführen kann.
- In beiden Fällen wird eine Fachpraktikerin unterstützend tätig.

Arbeitsauftrag

Überlegen Sie in einer Kleingruppe, wie die Mithilfe bei der Fensterreinigung im o. g. Beispiel aussehen kann. Erklären Sie an dem o. g. Beispiel die Begriffe Mithilfe, Unterstützung und Erhalt sowie Förderung der Selbstständigkeit.

Unterstützung beim Einkauf

In den unterschiedlichen Familienphasen und den verschiedenen Familienzusammensetzungen gibt es viele Situationen, in welchen einzelne Mitglieder oder Personengruppen aus einer Familie Hilfe bei Alltagsverrichtungen benötigen. Auch hier ist es von übergeordneter Bedeutung, dass die Lebenssituation der Personen genau betrachtet und eingeschätzt wird, um eine angemessene Hilfe anbieten und leisten zu können.

Arbeitsauftrag

Ermitteln Sie den individuellen Betreuungsbedarf anhand eines der o. g. Beispiele und erstellen Sie einen konkreten Zeitplan über die anfallenden Tätigkeiten und Betreuungsaufgaben.

Informieren Sie sich über die tariflich geregelten Arbeitszeiten.

Familienpflegerin unterstützt

Schwangerschaft und Stillzeit sind besondere Situationen bei zu betreuenden Personen.

Bei Schwangeren ist darauf zu achten, dass Ruhe und eine gesunde Ernährungsweise mit allen notwendigen Nährstoffen beachtet werden. Kein Alkohol und keine Drogen, dafür jedoch ausreichende Bewegung. Auf regelmäßige Wahrnehmung der vorgesehenen Vorsorgeuntersuchungen achten.

Die eigene Arbeitszeit ist zu beachten!

Aufgrund der Umstellung des Körpers in der Schwangerschaft, kann es anfangs vermehrt zu Übelkeit und Erbrechen, später zu vermehrtem Harndrang und Wassereinlagerungen kommen. Auf Müdigkeit, Kurzatmigkeit, Sodbrennen, Rückenschmerzen und vor allem Bewegungseinschränkungen Rücksicht nehmen.

Auch Stillende benötigen eine ausgewogene Ernährung mit zusätzlicher Energie, Eiweiß, Vitaminen und Mineralstoffen sowie ausreichend Flüssigkeit und Ruhe.

Arbeitsauftrag

Informieren Sie sich über den Gesamtenergiebedarf von Stillenden.

3.2.3 Hilfe bei der Betreuung von Säuglingen

Oft kommt es beim Einsatz in Familien zur Betreuung von Säuglingen.

Neben der körperlichen Pflege des Säuglings wird dabei auch Sicherheit und Geborgenheit vermittelt.

Zu den Alltagsverrichtungen gehören:
- Füttern des Babys
- Wickeln des Babys
- Baden des Babys
- Beschäftigung mit dem Baby

Ein Säugling kann seine Bedürfnisse lediglich durch Quengeln und Schreien äußern. Diese Botschaften zu deuten, ist eine komplexe Aufgabe für die Betreuungsperson.

Was steckt hinter den Schrei- und Unruhebotschaften?

Was will dieser Säugling „sagen"?

Möglichkeiten für eine Unzufriedenheit des Babys können sein:
- Hunger/Durst
- erforderlicher Windelwechsel
- Müdigkeit
- Langeweile
- Schmerzen
- allgemeines Unwohlsein

Hunger und Durst sind die häufigste Schreiursache. Nach einem leichten Quengeln folgt ein lautes Schreien mehrfach am Tag aufgrund des Hungergefühls. Anzeichen sind auch Saugen und Schmatzen an den Fingern und der Faust.

Das Bedürfnis nach einer frischen Windel zeigt sich durch Unmutslaute und Unruhe. Ein Einschlafen ist dann weniger möglich. Ursachen können aber auch eine unangenehme Liegeposition, feuchte Kleidung oder Druckstellen durch das Liegen sein. Auch Frieren und Schwitzen lässt Säuglinge nicht zur Ruhe kommen. Säuglinge sind in den ersten Wochen noch nicht in der Lage, ihre Körpertemperatur zu regulieren. Sie frieren sehr leicht und brauchen Kleidung, die an die Umgebungstemperatur angepasst ist.

Lauteres und schrilles Schreien kann Schmerzen als Ursache haben. Sie entstehen durch blähende Luft in Magen und Darm, durch einen wunden Po oder unzureichenden Stuhlgang. Die Hände zu Fäusten geballt, folgt auch nach einer kurzen Atempause eine Schreiattacke nach der anderen. Das Baby schwitzt und hat ein gerötetes Gesicht. Diese möglichen Ursachen gilt es zu überprüfen.

Liegt keine Begründung für immer wiederkehrendes unbegründetes Schreien vor, muss ein Kinderarzt aufgesucht werden.

Eine schlaffe Körperspannung, gepaart mit Quengeln, Schreien, Gähnen und Augenreiben sind Anzeichen für Müdigkeit. Oft weinen Säuglinge auch, wenn sie müde und überdreht sind. Viele Babys entwickeln sog. Schlafbäckchen, die Backen färben sich rötlich. Zu diesem Zeitpunkt das Kind in einem ruhigen Bereich zum Schlafen legen. Der Schlafbedarf ist bei sehr kleinen Kindern größer, die Schlafphasen sind aber kürzer als bei einem größeren Kind.

Damit sich im Laufe der Zeit ein Tag-Nacht-Rhythmus einstellt, sollte der Schlafplatz auch tagsüber abgedunkelt werden.

Das Bedürfnis nach mehr Bewegung und Körperkontakt stellt sich nach ca. zwei Monaten ein. Quengelt das Kind und beruhigt sich, sobald es hochgenommen wird, so kann Langeweile die Ursache sein. Das Kind sucht dann nach Aufmerksamkeit und will beschäftigt werden. Das Berühren, Hören, Sehen, Riechen und Schmecken fördert die Entwicklung der sensorischen, motorischen und sozialen Fähigkeiten des Kindes.

- sensorisch: die Sinne betreffend
- motorisch: Bewegungsabläufe betreffend
- sozial: die Gemeinschaft betreffend

Füttern des Säuglings

Das Füttern des Säuglings kann von anderen Personen als nur der Mutter übernommen werden, wenn der Säugling nicht gestillt wird.

Der Appetit und die Trinkmenge des Säuglings steigern sich mit zunehmendem Alter. In den ersten acht Lebenswochen will der Säugling ungefähr achtmal täglich trinken. Nach der achten Woche verzichten viele Säuglinge auf die nächtliche Mahlzeit. Sie kommen jetzt auf etwa sechs Mahlzeiten pro Tag mit entsprechend höherer Trinkmenge pro Mahlzeit.

Kuhmilch ist dabei für ein Baby nicht geeignet, da der Eiweißgehalt und auch der Mineralstoffgehalt zu hoch sind. Bei dem Säugling kann es bei der Ernährung mit Kuhmilch zu schweren Verdauungsproblemen kommen. Industriell hergestellte Säuglingsnahrung enthält alle notwendigen Nährstoffe und kann auf Alter und Empfindlichkeit abgestimmt werden.

Für Säuglinge mit Allergierisiko gibt es spezielle HA-Nahrung, dies ist hypoallergene Nahrung, die von allergenen Stoffen weitestgehend befreit ist.

Beim Zubereiten der Flaschennahrung und des Babybreis sind wichtige Hygieneregeln zu beachten.

Arbeitsablauf zur Zubereitung von Flaschennahrung

- Frisches Wasser, ein Fläschchen, einen Verschlussdeckel und Sauger, Milchpulver und Messlöffel bereitstellen.
- Wasser abkochen und auf ca. 39–40 °C abkühlen lassen. 2/3 der benötigten Wassermenge in das saubere Fläschchen füllen.
- Der Füllzustand ist an der ml- Skalierung des Fläschchens ablesbar.
- Gestrichene Messlöffelanzahl des Milchpulvers in das Fläschchen zum Wasser geben, dabei auf genaue Dosierung achten, welche auf der Verpackung angegeben ist.
- Fläschchen verschließen und kräftig durchschütteln. Danach öffnen und den Rest des Wassers hinzugeben und nochmals gut durchschütteln. Verschluss öffnen, Sauger befestigen und die Temperatur der Milch überprüfen (37 °C), dazu einige Tropfen Milch auf dem Handrücken oder auf die Innenseite des Handgelenks spritzen.

Zubereitung von Flaschennahrung

Zubereitete Milchnahrung sofort verzehren und die Reste nach der Mahlzeit entsorgen. Sie dürfen auf keinen Fall nochmals aufgewärmt werden.

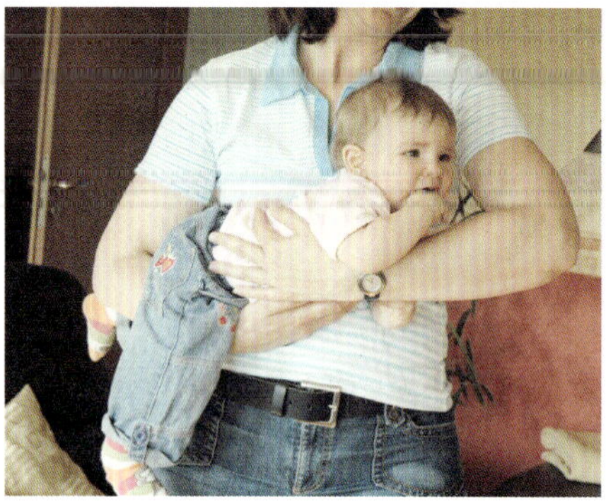

Fliegerhaltung

Arbeitsablauf zum Füttern von Flaschennahrung

- Beim Füttern mit dem Fläschchen ist darauf zu achten, dass der Säugling sich nicht verschluckt. Er soll in Ruhe die Mahlzeit genießen. Köpfchen und der Rücken des Babys sollen beim Trinken leicht erhöht liegen und das Baby in der Armbeuge der Betreuungsperson. Auf Körperkontakt ist zu achten und auch darauf, dass der Sauger mit Milch gefüllt ist und keine Luft enthält.
- Ist die Öffnung des Saugers zu klein, muss sich der Säugling zu sehr anstrengen oder er bekommt zu wenig Milchnahrung. Ist die Öffnung zu groß, kann es zum Verschlucken kommen.
- Die Milch soll heraustropfen, aber nicht fließen: Jetzt ist die Größe des Saugerlochs richtig. Beim Füttern zeigt das Saugerloch nach oben.
- Wird die Milch in der Mikrowelle erwärmt, muss sich ein Schütteln und Überprüfen der Temperatur unbedingt anschließen. Die Milch wird nicht an allen Stellen gleichmäßig heiß und der Säugling darf sich nicht verbrühen.
- An der Brust oder aus der Flasche getrunken, nach der Mahlzeit wird etwas Zeit zum Aufstoßen benötigt, das Bäuerchen muss folgen. Dies kann mit dem Kopf auf der Schulter der Betreuungsperson erfolgen oder bäuchlings auf dem Unterschenkel liegend, während das Köpfchen zur Seite zeigt.

Nach Gebrauch sind die Flaschen, Sauger und Schraubringe immer erst mit kaltem Wasser auszuspülen, dann in heißer Spülmittellösung mit passenden Bürsten gründlich zu reinigen.
Flaschen können auch in der Geschirrspülmaschine bei 55–65 °C gespült werden.
Zum Trocknen die Flaschen mit der Öffnung nach unten in den Geschirrkorb stellen.
Mit dem 5. Lebensmonat beginnt das Zufüttern von Breikost.

Füttern von Breikost

- Genügend Zeit einplanen und den Säugling in ruhiger Umgebung sitzend im Arm halten, sodass das Köpfchen und der Oberkörper leicht erhöht sind.
- Schon vorher ist die Temperatur des Breis zu testen, damit es nicht zu Verbrennungen kommt.
- Ein kleiner kantenloser Löffel eignet sich am besten, keine Gabel verwenden.

Sobald das Baby stabil sitzen kann – etwa ab dem sechsten Lebensmonat – ist ein gemeinsames Essen in der Gruppe oder Familie im sicheren Hochstuhl möglich. Dieser sollte immer wieder auf Stabilität und Sicherheit überprüft werden.

Jetzt wird eine zusätzliche Breikost empfohlen. Beginnend mit Gemüsebrei (besonders geeignet sind Karotten und auch Kartoffeln), dann Getreide- und Milchbrei. Mit der fortschreitenden körperlichen Entwicklung ist das Kind in der Lage, selbstständig eine Möhre in der Hand zu halten. Das selbstständige Essen wird erlernt, angefangen mit kleinen Stückchen Banane, Kartoffeln oder weichem Gemüse. Die ersten Zähne kommen und der Säugling kann beißen.

Sein Verdauungssystem ist nun so weit gereift, dass es immer mehr vom Familienessen mitessen kann.

Wickeln

Zum Wickeln muss ein kippsicherer Wickelplatz zur Verfügung stehen. Bei Stuhlgang ist die Windel sofort zu wechseln, um eine Windeldermatitis (Wundsein im Windelbereich) zu verhindern. Weitere Windelwechsel können individuell unterschiedlich sein. Eine trockene Windel bietet eine gute Voraussetzung zum Einschlafen.

Bei der Auswahl der Windel sind die Hautverträglichkeit, die Kosten, Aspekte des Umweltschutzes, der Arbeitsaufwand und die Zweckmäßigkeit zu berücksichtigen. Zur Auswahl stehen

Einmalhöschenwindeln in unterschiedlichen Größen, je nach Gewicht des Säuglings, mit verschiedenen Funktionen und Aufsaugkapazitäten, aber auch Stoffwindeln zur mehrfachen Benutzung. Die Wünsche der Eltern sind zu berücksichtigen.

Arbeitsablauf beim Wickeln

- Wickelutensilien griffbereit in die Nähe des Wickeltischs legen, evtl. Wärmelampe einschalten.
- Säugling in Rückenlage auf den Wickeltisch legen, eine Hand bleibt immer am Kind, um ein Herunterfallen vom Wickeltisch zu vermeiden.
- Säugling nur im unteren Bereich entkleiden, damit er nicht auskühlt.
- Oberbekleidung leicht nach oben schieben, Klebestreifen der Windel lösen, die Beinchen des Säuglings mit der linken Hand umfassen, und das Gesäß anheben.
- Windel zusammenklappen und liegen lassen.
- Stuhl- und Cremereste mit Feucht- bzw. Öltüchern im Genitalbereich entfernen, bei Mädchen immer von vorn nach hinten wischen.
- Im Windelbereich die Haut auf Veränderungen wie Wundsein überprüfen und ggf. Wundschutzsalbe auftragen.
- Jetzt die verschmutzte und zusammengefaltete Windel in den Windeleimer entsorgen und die neue auffalten.
- Die hintere Seite der Windel (mit Klebestreifen) unter das Gesäß des Babys legen, den vorderen Teil der Windel zwischen den Beinen in Richtung Bauch ziehen, Schutzfolie von den Klebestreifen entfernen und die Windel schließen.
- Vor dem Anziehen nochmals den Sitz der Windel kontrollieren. Während des Wickelns mit dem Baby reden und eine entspannte und fröhliche Atmosphäre schaffen, damit das Wickeln des Babys nicht nur lästige Pflicht ist, sondern auch Freude macht. Der Säugling erlebt so den direkten Körperkontakt und das Wickeln als positiv.
- Baby an einen sicheren Ort bringen oder noch auf dem Arm halten.
- Ggf. Wärmelampe ausschalten, alle Utensilien an ihren Platz räumen, bei Bedarf Windeln und Pflegemittelvorräte auffüllen.

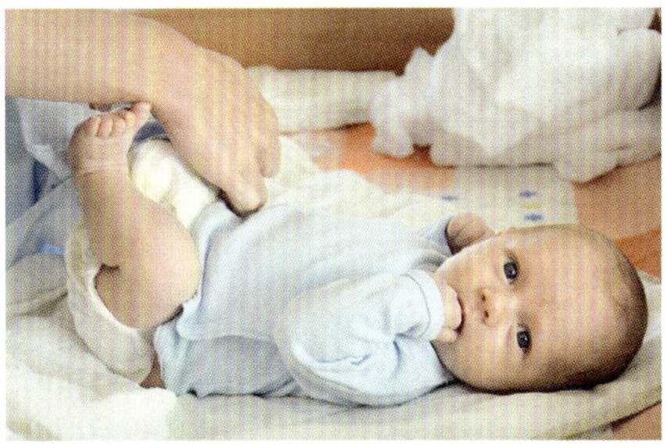

Windelwechsel

Baden des Säuglings

Vor dem Baden müssen alle benötigten Materialien bereitgestellt werden. Dazu gehört für ein Baby in den ersten Lebensmonaten eine kippsichere Babywanne. Erst ab 7./8. Monat darf die große Badewanne genutzt werden. Das Kind muss dafür sicher sitzen können. Geeignetes Badespielzeug vereint die Körperpflege mit dem geliebten Spiel.

Die richtige Wassertemperatur zum Baden lässt sich durch das Eintauchen des Ellenbogens kontrollieren: Das Wasser muss angenehm warm sein.

Baby baden im Haltegriff

Niemals den Raum verlassen während des Badens des Kindes!

Rezepte:

Basilikum-Tomaten-Dip
50 g getrocknete Tomaten klein schneiden, mit 200 g Frischkäse, 100 g Magerquark gut vermischen. Etwas Basilikum zupfen und zusammen mit Salz und Pfeffer hinzufügen.

Apfelsinen-Bananen-Smoothie
700 g Apfelsinen, 150 g Bananen schälen und halbieren. Die Früchte pürieren und mit 200 ml Wasser, 1 TL Honig und 1 TL Zitronensaft mischen.
Beim Pürieren mit dem Mixer unterstützt die betreuende Kraft.

Diese Aufgaben können Kinder und Jugendliche auch in Einrichtungen miterledigen, wenn dies in den Tagesablauf einbezogen wird:

- Kinder und Jugendliche decken den Tisch und räumen ihn ab.
- Kinder und Jugendliche fegen die Räumlichkeiten nach der Mahlzeit oder anderen Aktivitäten.
- Kinder und Jugendliche lernen durch zielgerichtete Beschäftigungen Handlungen aus der Nahrungszubereitung wie Äpfel schälen, Dips mischen, Teige formen oder ausstechen, Gemüse und Obst waschen und zerkleinern.
- Spülen und Aufräumen.

Das Baden dient nicht allein der Reinigung, sondern sollte auch zu einem positiven Erlebnis des Säuglings werden. Das Kind kann sich in dem warmen Wasser frei ohne Windel und beengende Kleidung bewegen. Der Säugling sollte vor dem Baden weder gerade gefüttert worden sein noch hungrig oder müde sein. Dabei ist die Badedauer von zehn Minuten nicht zu überschreiten. Die empfindliche Haut trocknet stark aus bei zu häufigem und zu langem Baden. Morgens und abends das Gesicht, die Hände und den Windelbereich waschen, reicht an den Tagen aus, an denen nicht gebadet wird.

Badezubehör bereitstellen:

- Badethermometer
- Wassertemperatur zwischen 36 und 38 Grad
- Badezusatz (kann eine Tasse Milch mit drei Tropfen Öl sein)
- Waschlappen
- Badetuch mit Kapuze

Das Kind im Haltegriff baden, nie ohne Aufsicht lassen und immer im Auge behalten.

3.2.4 Hilfe bei der Betreuung von Kindern und Jugendlichen

Fachkräfte unterstützen bei der Betreuung von Kindern und Jugendlichen in Einrichtungen und Privathaushalten, wenn ein Hilfebedarf besteht.

Kinder im häuslichen Umfeld werden ganz selbstverständlich mitbeteiligt bei den Alltagsverrichtungen wie Speisezubereitung, Raumpflege und Reinigung, Kleider- und Wäschepflege, Besorgungen machen, Blumenpflege und Gartenarbeit. Es ist für Kinder wichtig, dass sie mit in die alltäglichen Verrichtungen eingebunden sind und nach ihren Möglichkeiten mithelfen können und dürfen. Kinder lernen so wichtige Grundlagen kennen.

Auch in Bezug auf Ernährung werden die Kinder beim Einkauf, Mahlzeitenplanung und Nahrungszubereitung selbst mit beteiligt. Die Kinder schmecken, riechen und spüren die Lebensmittel. Sie erleben mit allen Sinnen und nehmen gerne auch bestimmte Aufgaben wahr.

In Bezug auf Ordnung und Sauberkeit in der Wohnung: Kinder helfen selbstverständlich mit beim Ausräumen der Spülmaschine, beim Blumengießen, beim Staubwischen usw. Hierdurch lernen sie spielerisch Ordnung kennen.

In Bezug auf Wäschepflege helfen Kinder beim Zusammenlegen von Wäsche, beim Sortieren und beim Einräumen in den Schrank. So erleben die Kinder, dass es nicht selbstverständlich ist, dass immer frische Socken in der Schublade liegen oder frische Handtücher im Kindergarten zur Verfügung stehen.

Arbeitsaufträge

Führen Sie Möglichkeiten auf, um ein 5-jähriges Kind bei der Nahrungszubereitung „mithelfen“ zu lassen.

Nennen Sie weitere Beispiele für die Hausreinigung und die Wäschepflege.

Unfallverhütung: Bei jeder Mithilfe von Kindern im Haushalt ist es wichtig, Unfallgefahren zu erkennen und Kinder nicht alleine zu lassen, z. B. an der heißen Herdplatte, mit dem Gemüsemesser, mit dem Handrührgerät.

3.3 Motivation und Beschäftigung

Was ist Motivation?
Mit Motivation sind die verschiedenen Einflüsse, Kräfte und Beweggründe gemeint, welche den Menschen anregen und veranlassen, etwas zu tun, also zur Handlungsbereitschaft, aber auch zur Zufriedenheit führen.

Grundlegende Regeln der Motivation

- *Die Person mit Wertschätzung und Respekt behandeln.*
- *Ausreichend informieren und an Entscheidungen beteiligen.*
- *Handlungsspielraum so weit wie möglich erweitern.*
- *Für individuelle Beratung und Förderung sorgen.*
- *Eigenmotivation erkennen und fördern.*
- *Lob und Anerkennung sind wichtig, aber nicht übertrieben.*
- *Bei Fehlverhalten den Betroffenen die Möglichkeit lassen, ihr Gesicht zu wahren.*
- *Werte leben: Ehrlichkeit, Fairness, Toleranz, Zuverlässigkeit, Gerechtigkeit, Vertrauen.*
- *Vorbild sein und zu dem stehen, was man sagt (ggf. auch zur Änderung der eigenen Meinung stehen).*

3.3.1 Angebote zur geistigen Aktivierung

Motivierende Unterstützung in verschiedenen Lebensbereichen

Arbeiten im Haushalt selbst durchführen zu können, stärkt das Selbstwertgefühl und gibt Anerkennung. Das gilt besonders, wenn solche Tätigkeiten gerne ausgeführt werden. Ist dies nicht der Fall, wird die Eigenaktivität sehr reduziert. Motivierend kann ein Hilfsmittel sein oder „Hilfsgriffe" durch andere. So werden Kinder an Aufgaben des Alltags herangeführt und älter werdende Menschen in ihrer Selbstständigkeit unterstützt.

- Kekse backen in der Vorweihnachtszeit mit Kindern in einer Kita,
- Äpfel für einen Apfelkuchen vorbereiten mit älteren und für ältere Menschen in einer Seniorentageseinrichtung
- Wäschestücke wie Handtücher schrankfertig machen in einer Kinder- oder Altenpflegeeinrichtung
- Hilfe beim Einkauf; dabei aber Einkaufszettel selbst schreiben lassen, ebenso das Einräumen der gekauften Lebensmittel in Küchenschränke und Kühlschrank
- Unterstützung bei der Einrichtung des individuellen Zimmers, bei der Alltagsgestaltung und bei der Tagesstrukturierung

Hauswirtschaftliche Tätigkeiten können motivieren, beschäftigen und unterstützen

Für den Menschen ist es motivierend, wenn während der Tätigkeit Gespräche geführt werden. Also sollte die unterstützende Person dabei bleiben und den Betreuten nicht alleine lassen. Dabei ist darauf zu achten, dass das Gespräch keine Bevormundungen enthält. Die betreute Person wird sinnvoll in eine Tätigkeit einbezogen, wobei Freiräume für eigene Entscheidungen der betreuten Person erhalten bleiben müssen. Über- oder Unterforderung möglichst dabei vermeiden.

Personen benötigen je nach Alter oder Erkrankung Unterstützung bei bestimmten Bewegungsabläufen. Schon der Gang zum Briefkasten oder zur Kirche kann zum Problem werden.

Der Mensch sollte sich aber so lange wie möglich selber bewegen, auch wenn dadurch ein höherer Zeitbedarf entsteht.

Unterstützung bei der Alltagsgestaltung

Aufgaben für ältere Menschen in Wohnungen oder Einrichtungen:
- Beim Backen von Kuchen Zutaten wählen lassen.
- Einfache persönliche Wäschestücke in Privathaushalten (Unterwäsche, Socken ...) selbst zusammenlegen lassen.

Vermeidung von Demotivation

Um Demotivation zu vermeiden, bitte Folgendes beachten:

Nicht aufgrund von Ungeduld oder zu starkem Hilfsangebot die Aufgabe wegnehmen – dies ist für alle Personengruppen demotivierend.
- *Nicht ungefragt Hilfestellung geben, das gleicht einer Bevormundung und setzt den Eigenwillen eines jeden Menschen herab.*
- *Hilfestellungen liebevoll mit viel Geduld geben, dabei soll das Gefühl „Ich kann etwas" in jedem Alter und in allen Lebenssituationen erlebbar sein.*

3.3.2 Angebote zur Alltagsgestaltung und Motivation von Kindern

Das Spielen und die Bedeutung für Kinder

Spielen eröffnet den Kindern auf vielfältige Weise Möglichkeiten zum Lernen. Kinder brauchen viel Raum zum Spielen. Je nach Alter und nach den Vorlieben der Kinder unterscheiden sich verschiedene Spielarten:

Bewegungsspiele
Hierbei erfahren Kinder die Möglichkeiten und die Grenzen ihres eigenen Körpers. Sie rennen, klettern, hüpfen, laufen und tanzen. Dabei lernen sie zum Beispiel Geschwindigkeit einzuschätzen, Gleichgewicht zu halten, Entfernungen abzuschätzen. Bewegungsspiele stärken nicht nur den Körper, sondern fördern auch die Intelligenz und das Selbstbewusstsein.

Rollenspiele

Rollenspiele
Rollenspiele sind besonders wichtig für Kinder im Vorschulalter. Es macht den Kindern Spaß, sich zu verkleiden und in verschiedene Rollen zu schlüpfen. Hierbei versuchen die Kinder, sich entsprechend ihrer Rolle zu verhalten. Rollenspiele sollen die Fantasie des Kindes anregen. Bei den Rollenspielen lernen die Kinder, sich in andere Personen und Rollen hineinzuversetzen, auch bietet diese Art des Spielens den Kindern die Möglichkeit, eigene Erfahrungen und Ängste zu verarbeiten. Auch das Spielen mit Puppen und Stofftieren kann diese Funktion übernehmen und dem Kind helfen, in seinem sozialen Umfeld zurechtzukommen.

Arbeitsauftrag

Nennen Sie Rollenspiele aus Ihrer eigenen Kindheit!

Gestaltungs- und Konstruktionsspiele
Diese Spielarten führen zu Ruhe und Konzentration, fördern Geschicklichkeit und Kreativität. Konstruktionsspiele sind eher für die Einzelbeschäftigung geeignet. Es gibt ganz unterschiedliche Materialien, die sich für diese Spiele anbieten: Knete, Ton, Bausteine aus Holz oder Kunststoff, Sand, Wasser, Baumrinde, Karton, Schachteln, Stoffreste und manches mehr.

Wettbewerbe – Wettspiele
Diese Spiele machen besonders den leistungsorientierten Kindern Spaß. Die Wettbewerbe erzeugen große Spannung und erfordern von den Kindern viel Einsatzbereitschaft. Sie sind sowohl auf der körperlichen Ebene (Sportspiele) wie auch auf der geistigen Ebene (Quiz und Denkspiele) und im gesellschaftlichen Bereich als Regelspiele möglich (Brettspiele wie

Mensch ärgere dich nicht). Bei Wettbewerben ist es wichtig, dass die Regeln vor Spielbeginn allen Mitspielern bekannt sind. Bei vielen Mitspielern ist es gut, wenn ein Schiedsrichter oder Spielleiter bestimmt wird. Wenn möglich, sollte die Teilnahme an Wettbewerben freiwillig sein.

Elektronik- und Computerspiele

Die Vielfalt der Elektronik- und Computerspiele ist sehr groß und zielt schon auf die Kleinsten. Die Bewertung erfolgt aus zweierlei Perspektiven.

- Die einen weisen auf die Gefahren der Computerspiele, wie Bewegungsmangel, Vereinsamung und mangelnde Förderung der Kommunikation und der Sprache oder das Versinken in Scheinwelten hin,
- die anderen sehen positive Lernreize wie die Förderung von Kreativität und Fantasie sowie die Möglichkeit, Wissen spielerisch und anschaulich durch Bild und Ton erwerben zu können. Hierbei können die Wahrnehmung und die Reaktionsschnelligkeit trainiert werden.

Schon bei den ersten Konfrontationen mit Fernsehen, Video, Computerspielen etc. ist es sinnvoll, den Umgang mit Medien zu erlernen. Hörspiele sind günstiger als Spielfilme, da sie die Vorstellungskraft besser fördern können.

Fernsehsendungen, DVDs, Video- und Computer- sowie Handyspiele sollten niemals aus Langeweile geschaut werden. Sie müssen unbedingt dem Alter des Kindes/Jugendlichen entsprechen (Kennzeichnung beachten). Festgelegte begrenzte Zeiten erleichtern den Umgang. Wird gemeinsam eine Auswahl getroffen und gemeinsam ein Film geschaut, kann anschließend das Gesehene erläutert werden.

Elektronische Medien können einige der folgenden Kriterien zur Entwicklungsförderung erfüllen:

- das Erweitern des Wortschatzes
- die Vermittlung von Wissen
- die Verbesserung von Merk- und Konzentrationsfähigkeit
- die Anregung der Fantasie und die Sprachförderung

Das Lesen von Kinderbüchern deckt diese Kriterien alle ab.

Kinderbücher behalten weiterhin eine große Bedeutung auch im Zeitalter der Medienvielfalt. Mit dem ersten Vorlesen aus Büchern wird das Interesse an Büchern geweckt und ist zu unterstützen. Vorlesen kann bei Kindern eine therapeutische Wirkung zeigen und zum Ruhepol am Tag werden. Eine Fachkraft kann diese Funktion in Einrichtungen und Familien nutzen.

Kinder in Kindertagesstätten und im Kindergarten

Ausgebildete Erzieherinnen und Erzieher erarbeiten nach pädagogischen Gesichtspunkten ein Angebot, das von Fachpraktikern mit durchgeführt und unterstützt wird. Die Einrichtungen sind in städtischer, kirchlicher, privater oder öffentlicher Trägerschaft. Das soziale Lernen hat einen hohen Stellenwert. Es gibt verschiedene Konzeptionen der einzelnen Anbieter.

Arbeitsauftrag

Informieren Sie sich im Internet oder über Fachliteratur über die Inhalte der Montessoripädagogik, Waldorfpädagogik und antiautoritären Pädagogik und stellen Sie die wesentlichen Unterschiede dar.

Für alle Kinder ist der Kontakt mit Gleichaltrigen wichtig, denn so kann soziales Verhalten erlernt und eingeübt werden.

Eine der Prüfstellen für die Eignung von DVDs, Video- und Computerspielen für bestimmte Altersklassen ist die „Unterhaltungssoftware Selbstkontrolle" (USK), deren Kennzeichnungen auf Spielen und anderen Apps auf mobilen Plattformen zu finden sind:

„Freigegeben ohne Altersbeschränkung gemäß § 14 Jugendschutzgesetz" oder „Freigegeben ab 6 Jahren gemäß § 14 Jugendschutzgesetz" oder ab 12 Jahren oder ab 16 Jahren kennzeichnen die Spiele und Medien für die aufgezeigte Altersgruppe. Dennoch sollten individuell mögliche Auswirkungen auf die Kinder und Jugendlichen im Auge behalten werden.

Auch der sichere Umgang mit dem Internet sollte im Umgang mit Jugendlichen Beachtung finden. Hilfreiche Tipps finden sich unter www.klicksafe.de.

Filme gemeinsam anschauen

Zu den Aufgaben im Alltag der Kinder gehören:

- Mithilfe bei der Wäschepflege und beim Sortieren und Einräumen in den Schrank,
- Reinigungsarbeiten und Aufräumarbeiten im eigenen Zimmer,
- Gartenarbeiten.

Kinder bei der Pflege ihres Kräutergartens

Kinder im Kinderheim

In den Kinderheimen wird nach sozialpädagogischen Konzepten gearbeitet. Die pädagogische Arbeit wird von Fachkräften durchgeführt. Diese berücksichtigen den sozialen und kulturellen Hintergrund, welcher zu dem Heimaufenthalt des Kindes geführt hat. Auch hier arbeitet die Fachkraft unterstützend nach dem jeweiligen pädagogischen Konzept.

Eine klare Struktur und Planung, wer welche Arbeiten wann zu erledigen hat, hilft vielen Kindern und Jugendlichen in diesen Einrichtungen. Diese Festlegungen sind also genau einzuhalten. Genaue und sachgerechte Anleitung ist dabei genauso wichtig wie Geduld, Konsequenz und Ansprache.

Kinder in der Kurklinik

Der Aufenthalt in einer Kurklinik stellt für ein Kind und seine begleitende Bezugsperson eine Ausnahmesituation dar.

Bei der Alltagsgestaltung ist es wichtig, dass nicht nur medizinische Heilbehandlungen durchgeführt werden, sondern dass auch Freiraum für Spiele und Bewegung im Freien vorhanden ist.

Kinder in der Ganztagsschule

Kinder, die eine Ganztagsschule besuchen, werden durch den bereitgestellten Mittagstisch versorgt. Die Fachkraft sollte über die unterschiedlichen Bestell- und Bezahlsysteme, aber auch über den Speiseplan Bescheid wissen. Das ist für die Tagesplanung von Kindern in Familien, Einrichtungen und Heimen wichtig. Gab es mittags Pfannkuchen mit Apfelmus, so sollte die Abendmahlzeit frisches Gemüse beinhalten.

Fachkräfte können beim Mittagstisch in der Ganztagsschule unterstützen:
- Täglich wird vor Ort frisch gekocht – Ausgabe am Tresen.
- Vorbestellte tiefgekühlte Menüs werden regeneriert (neu belebt) – Tablettsystem.
- Es wird mit gastronomischen Betrieben, die in räumlicher Nähe zur Schule sind, zusammengearbeitet.
- Frisch gekochtes Essen wird geliefert – Ausgabe in der Mensa.

Hausaufgabenbetreuung

Hausaufgabenbetreuung

In Ganztagsschulen gibt es für Fachkräfte die Möglichkeit, bei der Hausaufgabenbetreuung mitzuwirken. Die Schulkinder haben hier die Gelegenheit, ihre Hausaufgaben selbstständig zu erledigen. Bei Fragen wird Hilfe angeboten und gemeinsam nach Lösungen gesucht.

Wenn Fachkräfte in Familien und Einrichtungen bei der Hausaufgabenbetreuung helfen, sollten sie über den aktuellen Lernstoff informiert sein. Auch hier gilt es, gemeinsam nach Wegen zu suchen, diese nicht vorzugeben, sondern den Raum und die Zeit zu geben, um eigene Lösungen zu erarbeiten. Starke auftretende Defizite sind den Lehrkräften mitzuteilen. Das gemeinsame Gespräch kann auch hier helfen.

Neben der Mithilfe bei der Hausaufgabenbetreuung können Fachpraktiker auch unterschiedliche Beschäftigungsmöglichkeiten in Ganztagsschulen anbieten. Dazu gehören verschiedene Spielmöglichkeiten, aber auch unterschiedliche Freizeitgestaltungen für die kreative Pause (Basteln für den Muttertag, Weihnachtsbäckerei und Gärtnern im Kräutergarten sind hier Beispiele).

Oft sind Kinder und Jugendliche unmittelbar nach Schulschluss nicht in der Lage, die Hausaufgaben zu erledigen. Missstimmungen und Konflikte können auftreten. Hier helfen kurze Spiel- und Erholungspausen, aber gleichzeitig feste Regeln, bis zu welchem Zeitpunkt alles fertig sein muss. Im Gespräch bleiben und Geduld zu haben, ist gerade im Umgang mit Pubertierenden ein zu verfolgendes Ziel.

Pausen sind wichtig

Kriterien für die Spielzeugauswahl

- **Altersgemäß:** Das Spielzeug soll dem Alter und dem Entwicklungsstand des Kindes entsprechen, hierdurch kommt es bei dem Kind weder zu einer Unter- noch zu einer Überforderung (s. a. USK-Kennzeichnung S. 57).
- **Pädagogisch wertvoll:** Spielzeuge sollen ein pädagogisches Ziel verfolgen, also entsprechend der Entwicklungsstufe des Kindes und des zu unterstützenden Bereichs ausgewählt werden.
- **Spaß und Freude:** Spielzeuge sollen dem Kind Spaß machen und Freude bereiten, hierdurch wird die Kreativität und die Fantasie des Kindes angeregt. Gutes Spielzeug bietet Freiraum für die eigenen Ideen des Kindes.
- **Ungefährlich und nachhaltig:** Siegel und Prüfzeichen können bei der Suche nach geeigneten und ungefährlichen Spielzeugen helfen.

Prüfzeichen bei Spielzeugen und deren Bedeutung:

spiel gut: Von der Verbraucherberatung auf Spielwert, Materialien, Verarbeitung, Sicherheit und Umweltverträglichkeit untersuchte Waren
Textiles Vertrauen: Nach Öko-Tex-Standard auf Schadstoffe untersuchte Stofftiere und Stoffspielsachen
VDE-GS-Zeichen (Geprüfte Sicherheit) – Von unabhängiger Prüfstelle nach Vorgaben des Produktsicherheitsgesetzes (ProdSG) getestet

3.3.3 Angebote zur körperlichen Aktivierung

Durch Bewegung kann der Körper des Menschen gesund gehalten werden, das gilt in allen Alterslagen. Bewegt er sich nicht, bedrohen ihn verschiedene Erkrankungen des Herz-Kreislauf-Systems, der Atemwege, des Stoffwechsels und des Bewegungsapparats. Besonders Kinder sollten immer wieder zur Bewegung motiviert werden, auch wenn das Interesse an Computerspielen usw. groß ist.

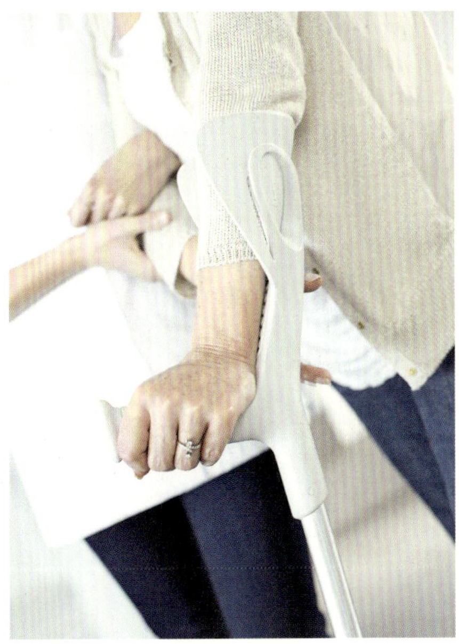

Mobilität fördert und aktiviert besonders im hohen Alter

- die Beweglichkeit und damit verbundene Selbstständigkeit,
- die soziale Kontakte, die dadurch ermöglicht werden und
- vermeidet viele Folgekrankheiten von Immobilität.

Die Förderung der Bewegung hängt von der Biografie des Einzelnen ab, seinen Krankheiten und seinem Alter. Aber auch Gesunde müssen sich bewegen, wenn sie diese Folgeerkrankungen vermeiden wollen.

Im Folgenden werden Hilfsmittel benannt, die bei körperlichen Einschränkungen verwendet werden können. Diese müssen bekannt sein, außerdem sind biografische Informationen über Vorerkrankungen erforderlich.

Eine betreuende Fachkraft hat dabei umfangreiche Aufgaben. Sie überprüft den Zustand der Hilfsmittel und kümmert sich um deren Funktionalität.

Hilfsmittel können u. a. sein: Rollator, Rollstuhl, Gehstöcke, Unterarmgehhilfen, Vierpunktstöcke.

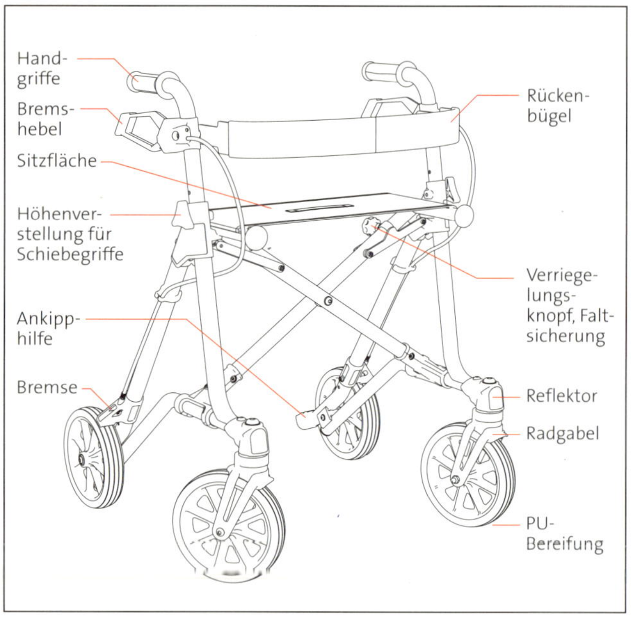

Rollator mit Beschriftung

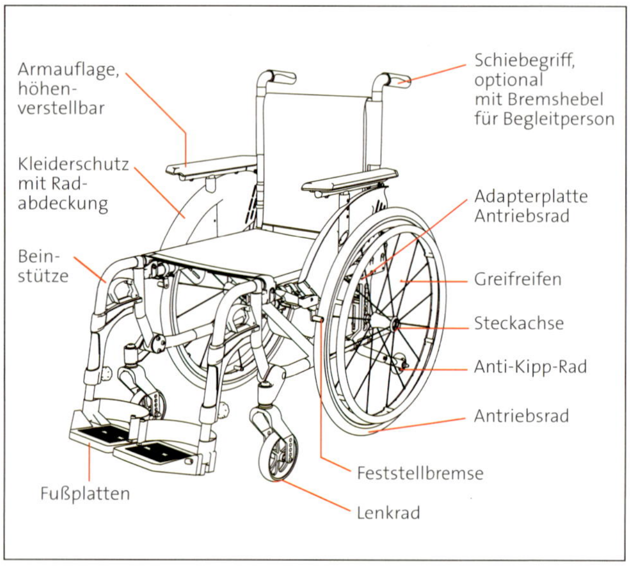

Rollstuhl mit Beschriftung

Rollator

Er findet v.a. bei alten Menschen Anwendung. Er unterstützt beim Laufen und entlastet dabei den Körper der bewegungseingeschränkten Menschen. Die Funktionen dieses technischen Hilfsmittels müssen der Fachkraft bekannt sein, damit sie die Betreuten beim Laufen, Bremsen und der Umgehung von Hindernissen sicher begleiten kann. In diese Kenntnisse sollte sie sich technisch einweisen lassen. Namensschild, Regenschirm und Einkaufstasche können hier nützliches Zubehör sein.

Rollstuhl

Sind Betreute in ihrer Bewegungsfähigkeit massiv eingeschränkt, z.B. bei Querschnittslähmung, reicht der Rollator nicht aus, es kommt zum Einsatz des Rollstuhls. Je nachdem, ob der Betreute noch in der Lage ist, diesen selbst zu bedienen oder nicht, werden unterschiedliche Hilfen benötigt. Die Kenntnisse über die Technik sind immer erforderlich, um in den Gebrauch einweisen zu können und die Funktionalität überprüfen zu können. Wenn der Erkrankte ihn nicht mehr selbst bedienen kann, muss der Rollstuhl von der Fachkraft geschoben werden.

Die Art der Rollstühle kann sich unterscheiden, je nachdem, wofür sie verwendet werden. So gibt es z.B. spezielle Duschrollstühle, aber auch Sportmodelle.

Arbeitsaufträge

1. Finden Sie Adressen für die einzelnen Hilfsmittel wie Rollator oder Rollstuhl, um sich über deren Eigenschaften zu informieren. Das könnten z.B. Orthopädiegeschäfte sein oder auch Internetadressen mit Gebrauchsanweisungen.
2. Welche Detailkenntnisse müssen Sie gewinnen, um dem Erkrankten den Umgang mit dem Hilfsmittel zu erleichtern? Wobei können Sie ihm aktiv helfen?

Stöcke

Stöcke unterstützen das Laufen bei unsicherem Gang. Sie sind an die Körpergröße der betreuten Person anzupassen und verfügen über einen sicheren Handgriff. Voraussetzung für ihre Benutzung ist, dass die Handgelenke des Betreuten ausreichend stabil sind.

Eine besondere Stütze sind Vierpunktstöcke, die mit ihren vier Hufstützpunkten einen noch besseren Halt bieten.

Unterarmgehhilfen

Unterarmgehhilfen (umgangssprachl.: Krücken) werden nach Operationen benötigt, um vorübergehend die Beine zu entlasten. Denn ein Teil des Körpergewichts kann über einen Arm oder auch beide Arme abgefangen werden. Sie sind auf den Betroffenen zugeschnitten, können z.B. in ihrer Länge verstellt werden.

3.4 Die Betreuung von kranken Menschen und häusliche Krankenpflege

Im Sozialgesetzbuch sind im Aufgabenkatalog für Betreuungskräfte keine pflegerischen Tätigkeiten vorgesehen. Bestimmte Aufgaben wie z. B. Medikamentengabe sind ausdrücklich den Pflegekräften zugeordnet. Gleichzeitig ist im SGB XI formuliert, dass die Tätigkeit zusätzlicher Betreuungskräfte eng mit der Arbeit der Pflegekräfte zu koordinieren ist, damit keine Versorgungsbrüche entstehen. Zu den Aufgaben der zusätzlichen Betreuungskraft gehören auch die Hilfen, die bei der Durchführung von Betreuungs- und Aktivierungstätigkeiten unaufschiebbar und damit unmittelbar erforderlich sind. Dies gilt für den Fall, dass eine Pflegekraft nicht rechtzeitig zur Verfügung steht (Betreuungskräfte-Richtlinien, § 2 Abs. 4).

Allen Handlungen in der Betreuung von kranken Menschen sollte eine Händedesinfektion vorausgehen und sich anschließen.

Zu den „unaufschiebbaren und unmittelbar erforderlichen Pflegetätigkeiten“ gehören beispielhaft das Anreichen von Nahrung, Begleitung des Toilettengangs und der Umgang mit Schmerzen während eines Betreuungsangebots.

Der Ausbildungsstand, die eigenen Fähigkeiten und das Beherrschen bei auftretenden Komplikationen sind vorher kritisch zu prüfen. Seit 2013 besteht auch für teilstationäre Pflegeeinrichtungen (Einrichtungen der Tages- und Nachtpflege) die Möglichkeit, zusätzliche Betreuungskräfte mit entsprechender Refinanzierung durch die Pflegekassen einzusetzen. Aufgabe der Betreuungskräfte ist es u. a., Betroffene in enger Kooperation mit den Pflegekräften bei alltäglichen Aktivitäten wie Spaziergängen, Gesellschaftsspielen, Lesen, Basteln usw. zu begleiten und zu unterstützen.

3.4.1 Das kranke Kind

Als der 4-jährige Felix heute morgen von seinem Vater in die Kindertagesstätte gebracht wurde, war er etwas müde, aber nicht auffällig. Gegen 9 Uhr klagt Felix über Schmerzen in Kopf und Hals. Der Junge fühlt sich sehr heiß an, hat rote Wangen, weint und ist sehr müde. Was ist zu tun?

Mögliche Vorgehensweise: Symptome erkennen und entsprechende Maßnahmen ergreifen, Körpertemperatur überprüfen. Das Kind isolieren und ihm Ruhe geben. Die Eltern benachrichtigen, keine Medikamente verabreichen.

Häufig auftretende Erkrankungen bei Kindern

Erkrankungen der Atemwege

- Die Schleimhäute von Nase, Rachenraum und Bronchien sind entzündet, so kommt es zur Schwellung, zu vermehrter Schleimbildung bis hin zur Atemnot. Ein Schnupfen kann besonders bei Säuglingen zu Beeinträchtigungen führen, da die Säuglinge überwiegend durch die Nase atmen. Beim Trinken ist es wichtig, dass der Säugling eine freie Nase hat.
- Vom Kinderarzt verordnete Nasentropfen können helfen, dass die Schleimhäute abschwellen und das Baby wieder Luft durch die Nase bekommt. Ebenso hilft es, feuchte Tücher im Schlafraum des Säuglings aufzuhängen, damit die Luftfeuchtigkeit erhöht wird und hierdurch das Baby besser atmen kann.

Händedesinfektion in 25–30 Sekunden

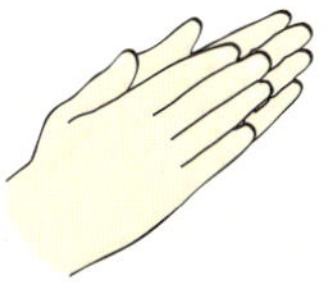

Desinfektionsmittel Handfläche auf Handfläche einreiben

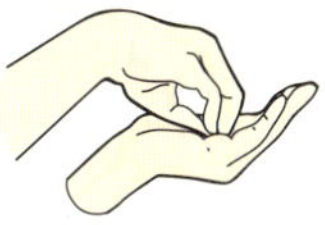

Geschlossene Fingerkuppen kreisen auf der Handfläche (beide Seiten)

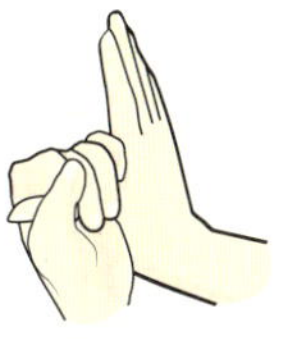

Daumen nicht vergessen: in der Handfläche reiben (beide Seiten)

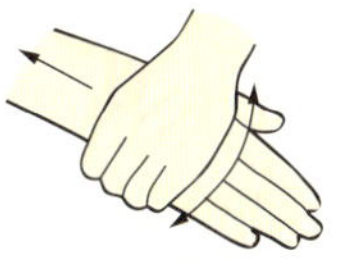

Handfläche am Handrücken in rotierenden Bewegungen reiben

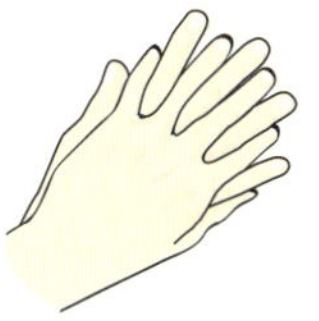

Handflächen und mit gespreizten Fingern aneinanderreiben

Hände waschen nach Mahlzeiten, Toilettenbesuch und Husten/Niesen und mit Einmalhandtuch trocknen.

Diesen und anderen Auffälligkeiten während der normalen Spielzeit ist unbedingt Beachtung zu schenken. Auffälligkeiten können sein:

- Quengeln
- Blässe
- glasige Augen
- gerötete Wangen
- Mattigkeit
- kein Spieleifer
- kein Appetit

- Genauso wie die Schwellung der Nasenschleimhäute kann auch die Entzündung der Bronchien das Wohlbefinden von Kindern stark beeinträchtigen.
- Husten ist eine Reaktion des Körpers auf die Reizung der Schleimhäute. Bei starkem Husten ist es wichtig, den Kinderarzt aufzusuchen, dieser wird das richtige Medikament zur Schleimlösung oder auch einen Hustenstiller verordnen. Kinder mit Husten müssen viel trinken, damit zäher Schleim verflüssigt wird. Es kann für Kinder mit Husten oder Schnupfen hilfreich sein, wenn zur Nacht der Oberkörper höher gelagert wird.
- Fieber ist eine Reaktion des Körpers auf Krankheitserreger. Es ist ein Zeichen dafür, dass der Körper des Kindes aktiv gegen eine Erkrankung arbeitet. Bei Fiebertemperaturen über 39 Grad Celsius sollte der Kinderarzt zurate gezogen werden. Fiebersenkende Medikamente werden Säuglingen und Kleinkindern nur nach ärztlicher Verordnung verabreicht. Auch bei Fieber ist es wichtig, dass die Kinder viel trinken.

Ein Vitaminsüppchen aus Gelbrüben und Gemüsebrühe mit Reis oder Weizenkeimen hilft bei Erkältungskrankheiten. Abgeschmeckt mit Salz, Pfeffer und etwas Orangensaft erhält das kranke Kind wichtige Vitamine.

Erkrankungen des Verdauungstrakts

Sie sind meistens verbunden mit Erbrechen und Durchfall. Ursache hierfür können Bakterien oder Viren sein, welche über den Kontakt zu Menschen, verunreinigten Gegenständen oder auch durch Nahrungsmittel in den Körper gelangen. Bei Säuglingen können Durchfälle und Erbrechen sehr schnell (schon innerhalb von 6 Stunden) zu einer lebensbedrohlichen Situation führen. In diesen Fällen muss der Kinderarzt schnell kontaktiert werden.

Bei größeren Kindern wird eine Nahrungspause empfohlen mit anschließendem leichtem Kostaufbau: Salzstangen, Toastbrot, Gemüsebrühe, gekochte Kartoffeln und Karotten. Fortwährend Getränke anbieten. Es ist besser, ein Kind trinkt in diesem Fall eine Limonade, als dass nichts getrunken wird. Um weitere Ansteckungen zu vermeiden, muss mit den Ausscheidungen hygienisch verfahren werden. Windeln sofort entsorgen, nach dem Windelwechsel und nach Berührung mit Erbrochenem die Hände gründlich mit Seife waschen.

Säuglinge und Kleinkinder im Krankheitsfall nicht allein lassen. Ggf. sollte auch der Schlafplatz der Betreuungsperson in der Nähe sein.

Klagt ein Kind über Bauchschmerzen, kann ein warmes Dinkel- oder Kirschkernkissen helfen. Anhaltende Bauchschmerzen müssen unbedingt vom Kinderarzt abgeklärt werden.

Typische Kinderkrankheiten

Besonders bei sehr kleinen Kindern erfordert es eine gute Beobachtungsgabe und besonderes Einfühlungsvermögen, um Krankheitszeichen richtig zu deuten.

Die typischen Kinderkrankheiten treten heute durch einen guten Impfschutz glücklicherweise selten auf. Jedoch warnt die WHO (Weltgesundheitsorganisation) vor einer „Impfmüdigkeit“ der Bevölkerung bei uns. Zum Beispiel galten Masern fast als ausgerottet, jedoch durch ungeimpfte Menschen konnte das Virus übertragen werden und so kam es im Jahr 2015 sogar in Deutschland zu Todesfällen durch Masernerkrankungen.

Die wichtigsten Kinderkrankheiten und deren Symptome kennen

Erkrankung	Krankheits-erreger	Symptome	Impfung
Masern	Viren	Hohes Fieber, Husten, Schnupfen, Bindehautentzündung am Auge, roter kleinfleckiger Ausschlag von Kopf bis Fuß, beginnend oft hinter den Ohren	2x innerhalb der ersten zwei Lebensjahre
Röteln	Viren	Leichtes Fieber, rosa kleinfleckiger Ausschlag, geschwollene Lymphknoten, Gelenkschmerzen	2x innerhalb der ersten zwei Lebensjahre
Scharlach	Bakterien	Hohes Fieber, Mandel- und Rachenentzündung, Ausschlag im Mund, typische himbeerrote Zunge	Keine Impfung möglich
Mumps	Viren	Schwellung der Ohrspeicheldrüse, leichtes Fieber, Schmerzen beim Öffnen des Mundes	2x innerhalb der ersten zwei Lebensjahre
Keuchhusten	Bakterien	Schnupfen, krampfender anfallartiger Husten, keuchendes Einatmen	4x innerhalb des ersten Lebensjahrs
Windpocken	Viren	Fieber, kleine linsengroße rote Flecken. Der Ausschlag beginnt meist am Oberkörper, erweitert sich auf Arme und Beine	1–2x innerhalb der ersten 2 Lebensjahre

Kranke Kinder haben oft sehr wenig Appetit, deshalb sollte auf ihre Wünsche besonders eingegangen werden.

3.4.2 Lagerung von Kranken

Der Kranke soll sich wohlfühlen, auch wenn er längere Zeit liegen muss. Die Beweglichkeit ist stark eingeschränkt, wenn der Kranke das Bett nicht verlassen darf. Das birgt die Gefahr, dass er auf Dauer – auch nach Beendigung von Bettlägerigkeit – seine Mobilität verliert, denn Muskeln werden abgebaut, Gelenke versteifen sich. Auch andere Krankheiten wie Geschwüre und Thrombosen, Schwellungen, Wundliegen und Atemnot können sich entwickeln.

Die Lagerung muss auch gewährleisten, dass alltägliche Verrichtungen wie Essen und Trinken, Lesen usw. möglich sind.

Der Gebrauch verschiedener Hilfsmittel und Techniken hängt stark vom Zustand des Kranken und seiner Vorgeschichte ab und muss personenbezogen angewendet werden.

Krankenzimmer

Ein Krankenzimmer sollte hell sein, angenehme Raumtemperatur aufweisen und gut belüftet sein, um ein Wohlfühlen zu gewährleisten. Zugluft sollte vermieden werden. Ein Stuhl sollte für Besucher bereitstehen. Kann das Bett in einer Ecke stehen, verstärkt sich das Gefühl der Geborgenheit und hereinkommende Personen können vom Bett aus gesehen werden.

Der Schwerpunkt der Betreuungskraft sollte in der Beobachtung des Kranken und Weitergabe der Informationen darüber an die pflegerische Fachkraft liegen.

Krankenbett

Ein Krankenbett sollte in der Höhe sowie in den Kopf-, Rücken- und Fußteilen verstellbar sein. Zum Krankenbett gehören Matratzen und Matratzenauflagen, die auf die Bedürfnisse des Kranken abgestimmt sind, um Lagerungsschäden (Wundliegen) möglichst zu vermeiden. Sind Kopf- und Fußende des Bettes gleich groß, wird der Körper in Höhe des Hüftgelenks gebeugt und damit der Rücken unterstützt.

Lagerungskissen

Zusätzlich helfen Lagerungskissen, um Körperteile wie den Nacken hoch zu lagern.

Beschränkt der Druck beim Liegen sich auf einzelne Körperteile, so können Schäden entstehen. Im Einzelfall können auch Fusstützen am Fuße des Bettes sinnvoll sein, um Fehlstellungen des Fußes (Spitzfuß) zu verhindern.

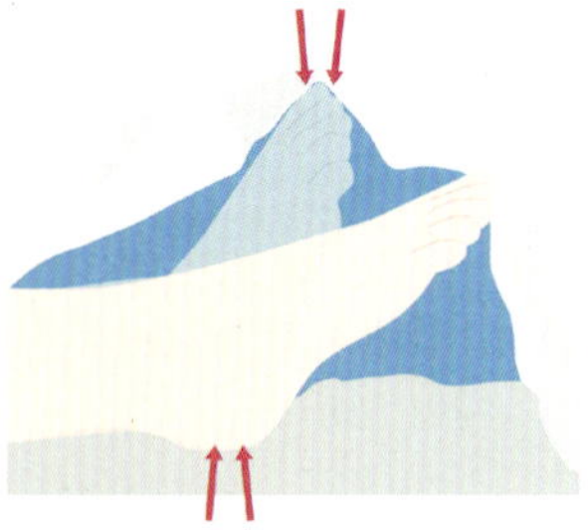

Spitzfuß

Der Spitzfuß ist eine Fußfehlstellung, bei der die Ferse hochsteht und nicht den Boden berührt. Ursache kann der dauerhafte Druck der Bettdecke sein, der zum Überstrecken des Fußes führt.

Wenn das Bett entsprechend technisch ausgerüstet ist, sind verschiedene Arten der Lagerung des Kranken möglich:

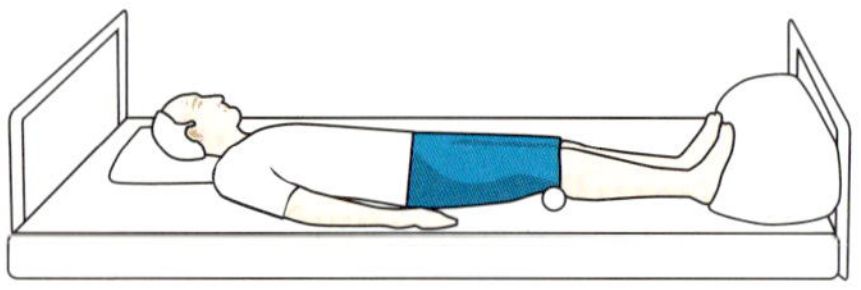

Flachlagerung

Rückenlagerung bei Schädel-, Rücken-, Wirbelsäulenverletzung, Bauschmerzen und als Grundstellung für die Ruhe- und Schlafposition: Der Patient liegt auf dem Rücken und der Kopf ruht auf einem kleinen Kissen. Knie und Unterschenkel können gestützt werden, um den Druck auf die Ferse zu verringern. Das Bett ist flach zu stellen.

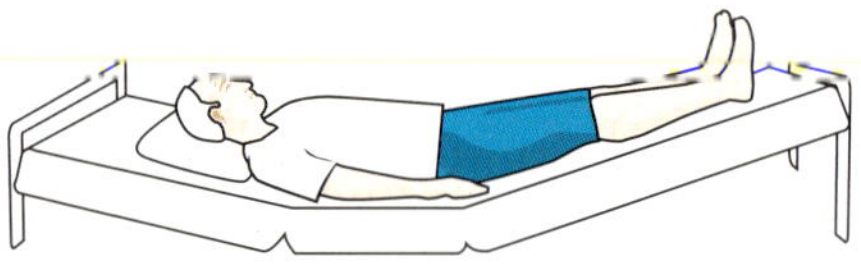

Beinhochlagerung

Beinhochlagerung zur Förderung des Blutrückflusses in den Beinvenen und bei Flüssigkeitsansammlungen in den Beinen: Das Kopfteil des Bettes leicht erhöhen, das Fußteil weiter erhöhen bis die Beine höher liegen als der Oberkörper. Die Leistenbeuge nicht zu stark knicken, damit das Blut gut zirkulieren kann.

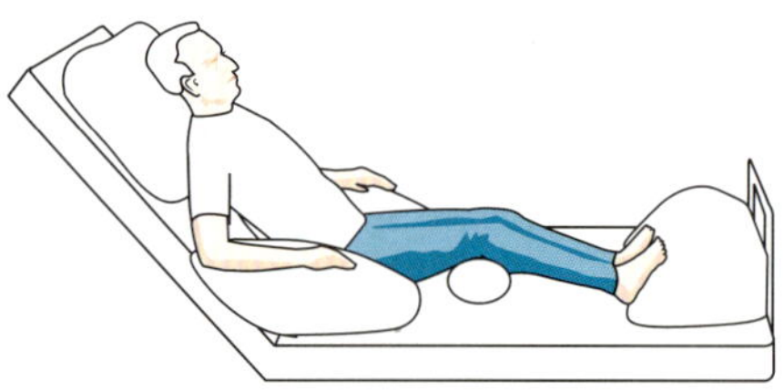

Oberkörperhochlagerung

Oberkörperhochlagerung als Sitzposition zum Essen, Lesen, bei Herzschwäche und Atemnot oder zum Kommunizieren: Das Kopfteil des Bettes erhöhen, das Fußteil bleibt flach, Knie und Rücken sowie die Unterarme werden mit Kissen unterstützt. Um die Wirbelsäule zu schonen und den Auflagedruck im Steißbeinbereich gering zu halten, müssen die Bettabknickung und die Hüftbeugung übereinstimmen.

3.4.3 Der Umgang mit kranken Menschen

Prophylaxe: Maßnahmen zur Vorbeugung, Krankheitsverhütung

Prophylaxen beim kranken Menschen

Dekubitus ist ein Geschwür, das bei anhaltender Druckentwicklung entsteht („sich wund liegen").

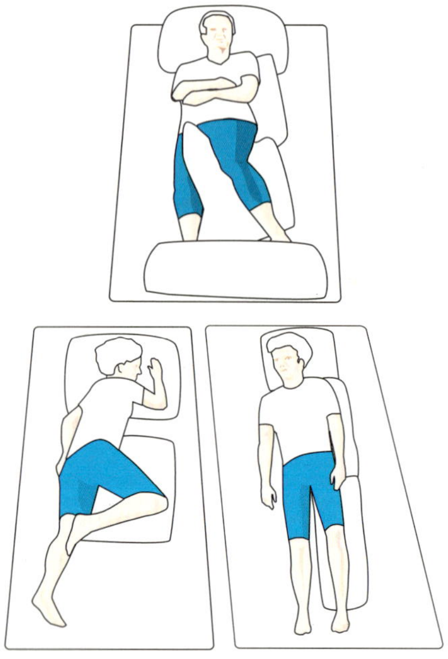

Seitenlagerung

Eine **30-Grad-Seitenlagerung** zur Dekubitusprophylaxe: Bett flach stellen, Kopfteil leicht erhöht. Dabei lagert der Kranke auf einer Seite, die alle zwei bis drei Stunden gewechselt wird. Rücken, Schenkel und Knie werden zusätzlich durch Kissen gestützt (s. S. 63).

Auch eine Veränderung der Sitzposition im Rollstuhl in jeder Stunde kann hier helfen. Werden z. B. die Füße höher gelagert, verschiebt sich der Druck auf eine bestimmte Körperstelle schon um wenige Zentimeter. Als Mobilisierungsmaßnahme gilt auch der Wechsel vom Bett zum Rollstuhl.

Die **Lungenentzündung** (Pneumonie) ist unter den infektiösen Krankheiten, diejenige, die am häufigsten zum Tode führt, sie wird zumeist im Krankenhaus behandelt. Besonders betroffen sind Personen, die ein vermindertes Immunsystem aufweisen, ganz kleine Kinder und alte Menschen. In der Regel entsteht eine Lungenentzündung durch eine Infektion mit Bakterien, die über die Atemwege in den Körper gelangen. Sie wird angezeigt durch Schüttelfrost und Fieber sowie Husten mit braunem Auswurf.

Auch Kopfschmerzen und Gliederschmerzen können Begleiterscheinungen sein. Bei ihrer Behandlung ist auf hohe Hygienestandards zu achten und medizinisch geschultes Personal hinzuzuziehen.

Zur Prophylaxe einer Lungenentzündung:
- Atemgymnastik und Aktivierung der Nasenatmung
- Häufiger Lagerungswechsel, damit sich kein Sekret festsetzt
- Lockerung des Sekrets durch Klopfen und Inhalationsmittel
- Entlastung der Lungenflügel durch häufiges Aufsetzen an der Bettkante oder Stehen/langsames Gehen
- Animation zum Abhusten, indem der Oberkörper hoch gelagert wird und Sitzstellungen eingenommen werden
- Gute Belüftung des Zimmers

Einige Beispiele für Atemgymnastik
- Luftballons aufpusten
- Wattebausch/Tischtennisball über einen Tisch pusten
- kleines Windrad blasen, bis es sich dreht
- Seifenblasen machen
- Bauchatmung (mit den Händen auf dem Bauch) üben

Eine **Thrombose** entsteht durch Blutgerinnung, das Blut verklumpt und kann nicht mehr ungehindert fließen. Eine gefährliche Form ist die Lungenembolie.

Ursachen können sein
- veränderte Zusammensetzung des Bluts,
- Erweiterung von Venen und Bildung von Krampfadern und damit verbundene geringere Geschwindigkeit des Blutflusses
- Schäden in den Gefäßwänden (Ablagerungen etc.)

Die Thromboseprophylaxe kann an den verschiedenen Risikofaktoren ansetzen, wie
- dem Rauchen,
- der mangelhaften Bewegung,
- dem Übergewicht,
- dem Flüssigkeitsmangel und
- ungewohnt starker körperlicher Beanspruchung.

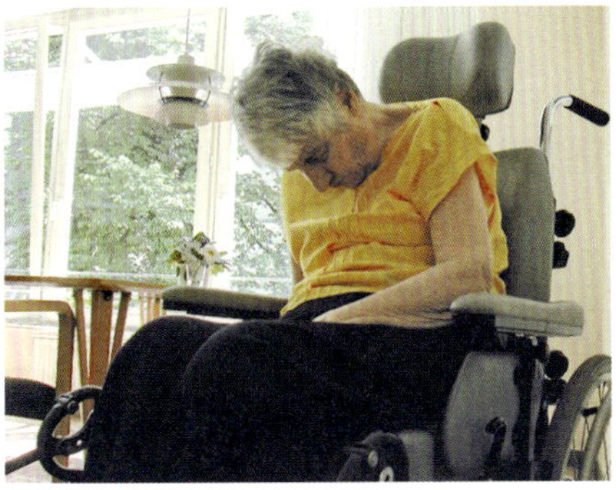
Kontrakturen

Bei **Kontrakturen** liegen Funktions- und Bewegungseinschränkungen von Gelenken vor, da diese oft sehr lange anhaltend in gleicher Position gehalten werden.

Die häufigsten Kontrakturen sind lagerungsbedingt, die Prophylaxe setzt beim Durchbewegen der Gelenke an und der allgemeinen Mobilisation des Patienten. Physiotherapie oder Ergotherapie können ergänzend angewandt werden.

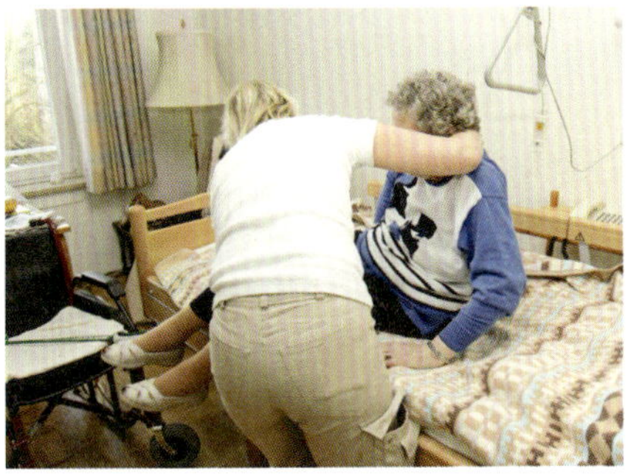
Aufsetzen im Bett

Physiotherapie (Krankengymnastik) ist eine Form spezifischen Trainings, bei der die Bewegungs- und Funktionsfähigkeit des menschlichen Körpers wiederhergestellt, verbessert oder erhalten werden soll. Sie wird von Physiotherapeuten durchgeführt.

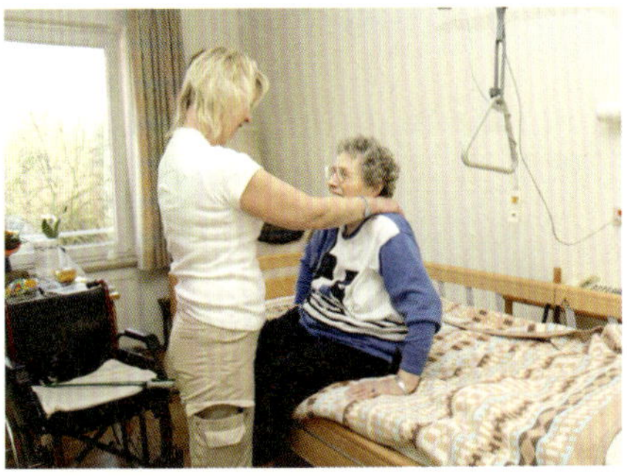
Sitzen am Bettrand

Ziel der Ergotherapie ist es, Menschen bei der Durchführung für sie bedeutungsvoller Betätigungen in den Bereichen Selbstversorgung, Produktivität und Freizeit in ihrer persönlichen Umwelt zu stärken. Spezifische Aktivitäten, Umweltanpassung und Beratung dienen dazu, dem Menschen Handlungsfähigkeit im Alltag, gesellschaftliche Teilhabe und eine Verbesserung seiner Lebensqualität zu ermöglichen. Die Ergotherapie wird von Ergotherapeuten durchgeführt.

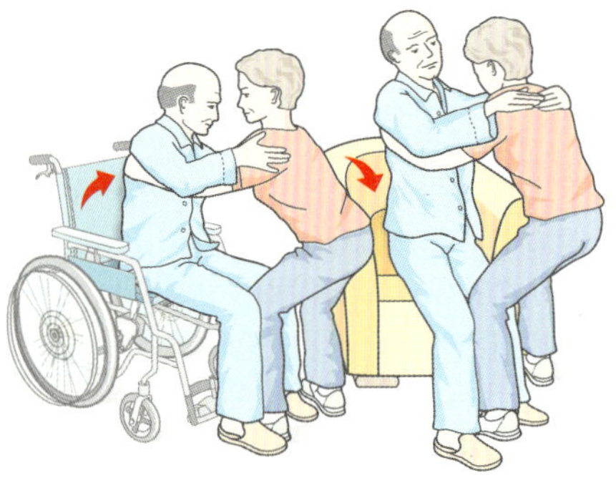
Absetzen in den Stuhl

Platzwechsel vom Rollstuhl in den Stuhl

Der Wechsel erfolgt nicht abrupt, sondern die Betroffenen werden über die folgenden Schritte informiert und sind damit vorbereitet. Oftmals signalisiert der Betroffene selbst, dass ein Platzwechsel gewünscht wird.

Vorbereitung: Rollstuhl steht, Bremsen festgestellt (s. S. 60), Fußstützen hochgeklappt. Patient sitzt im Rollstuhl, Füße berühren den Boden. Helfer steht daneben.

Durchführung: Der Patient verlagert sein Gewicht nach vorn zum Aufstehen, kann sich ggf. am Tisch festhalten.
Patient steht auf den Beinen, Rücken möglichst gerade.
Helfer löst die Bremse des Rollstuhls und schiebt diesen beiseite, dann wird der Stuhl dem Patienten untergestellt oder der Patient mit seinen Füßen etwas gedreht, damit er sich mit Unterstützung auf dem Stuhl absetzen kann.

Krankenbeobachtung

Der Kranke muss auf eine methodische Art und Weise beobachtet werden und diese Informationen an die Pflegekräfte weitergegeben und sein Zustand ständig erfasst (dokumentiert) werden. Dazu gehört nicht nur sein physischer, sondern auch sein psychischer Zustand sowie seine soziale Situation. Zum physischen Zustand gehören auch gesunde Funktionen und Aktivitäten.

Verschiedene Arten von Fieberthermometern
a) Digitalthermometer
b) Infrarotthermometer

Fieber messen

Fieber liegt häufig als Folge einer Erkrankung vor, wenn die Körpertemperatur über 37 Grad hinausgeht bis über 40 Grad. Ab 37,5 Grad wird von erhöhter Temperatur gesprochen, ab 39 Grad von hohem Fieber. Die sicherste Messung erfolgt im Analbereich, üblich sind auch Messungen unter der Achselhöhle oder im Mund. Es empfiehlt sich aber, im Analbereich nachzumessen, da andere Messungen um einen halben Grad abweichen können.

Messergebnisse

36,5–37,5 °C	normale Körperkerntemperatur
> 37,5–38 °C	erhöhte Temperatur
> 38,0–39 °C	Fieber
> 39 °C	hohes Fieber

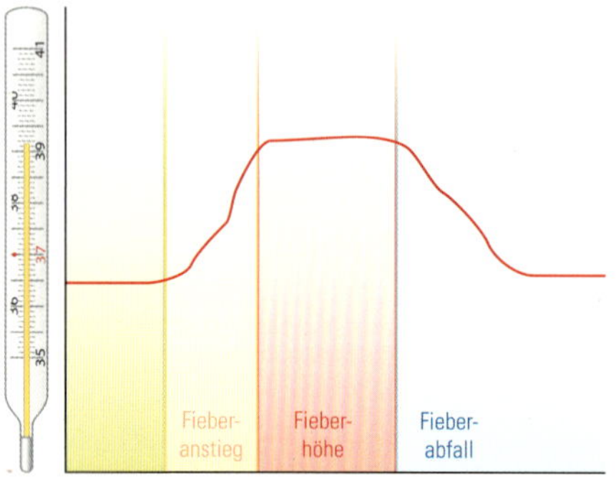

Fieberkurve

Durchführung am Ohr:
- Oberen Rand der Ohrmuschel schräg nach oben ziehen,
- Messspitze an die Öffnung des Gehörgangs halten, Thermometer behutsam mit leichter Hin-und-Her-Bewegung in den Gehörgang einführen, bis der Gehörgang ganz abgeschlossen ist,
- akutstisches Signal abwarten, Ergebnis ablesen,
- Schutzkappe entsorgen.

Durchführung axillar:
- Spitze des Thermometers in der trockenen Achselhöhle platzieren,
- bei Bedarf zuvor Schweiß abwischen,
- akustisches Signal abwarten. Ergebnis ablesen (ca. 0,5 °C niedriger als die Körperkerntemperatur),
- Schutzhülle entsorgen.

Symptome und Maßnahmen während der Fieberphasen

In der Phase des Fieberanstiegs:
- die Pulsfrequenz ist erhöht,
- es ensteht Zittern, evtl. Schüttelfrost.

Maßnahmen:
- Decke, Wärmflasche oder warme Getränke reichen,
- Temperaturkontrolle,
- Kontrolle der Vitalfunktionen,
- steigt das Fieber rasch oder bei Schüttelfrost: Arzt informieren.

Kleinkinder sind ständig zu beobachten, die Körpertemperatur ist regelmäßig zu messen und der Fieberverlauf ist zu dokumentieren (Temperatur, Brechen, Harnmenge und -farbe) als Grundlage für weitere Maßnahmen eines Arztes. Wichtig ist das ständige Animieren zum Trinken von stillem Mineralwasser und ungesüßten Tees (Fenchel, Kamille, Pfefferminze). Windeln, Kleidung und Bettwäsche müssen häufiger gewechselt werden.

Vitalfunktionen beobachten und beeinflussen

Puls messen

Der Puls misst die Herzschlagfrequenz, in Ruhe beträgt sie bei einem gesunden Menschen 50 bis 100 Schläge pro Minute.
Material: Uhr mit Sekundenzeiger

Durchführung:
- Patient muss ruhig sitzen oder liegen. Anstrengung oder Aufregung vermeiden.
- Puls mit zwei oder drei Fingern (nicht mit dem eigenen Daumen) an der Daumeninnenseite des Handgelenks ertasten (Speichenschlagader).
- Pulswellen 15 Sekunden lang zählen und das Ergebnis mit 4 multiplizieren. Dies ergibt die Pulsfrequenz pro Minute.
- Wenn der Puls sehr langsam, unregelmäßig oder schlecht zu ertasten ist, wird eine Minute lang gezählt, um ein verlässliches Ergebnis zu erhalten. Anschließend Pflegefachkraft informieren.

Pulsfrequenz pro Minute (Durchschnittswerte)

Säugling, Neugeborenes	120–180
Kleinkind	100–120
Kind	80–100
Judendlicher	70–90
Erwachsener	60–80
Senior	65–85

Medikamente können den Puls nach oben und unten beeinflussen, Betablocker für Bluthochdruckpatienten senken ihn in der Regel.

Genussmittel können die Pulsfrequenz zeitweise erhöhen, z. B. Nikotin, Alkohol und Koffein.

Frauen haben in der Regel einen etwas höheren Puls als Männer.

Blutdruck messen

Material: Blutdruckmanschette, Stethoskop

Durchführung:
- Luftleere Manschette einen Fingerbreit oberhalb der Ellenbeuge straff, aber nicht abschnürend anlegen.
- Ventil schließen, mit einer Hand aufpumpen, mit der anderen den Puls an der Speichenarterie ertasten.
- Manschette zügig aufpumpen – bis zu einem Wert ca. 30 mmHg oberhalb des Wertes, bei dem der Puls verschwindet.
- Stethoskop anlegen.
- Ventil langsam öffnen, sodass der Druck um ca. 3–5 mmHg pro Sekunde sinkt.
- Beim ersten hörbaren pochenden Ton systolischen Blutdruckwert ablesen.
- Beim letzten hörbaren Ton diastolischen Blutdruckwert ablesen.
- Restluft ablassen und Manschette lösen.

Der diastolische Wert ist mit dieser Methode nicht sicher zu ermitteln.

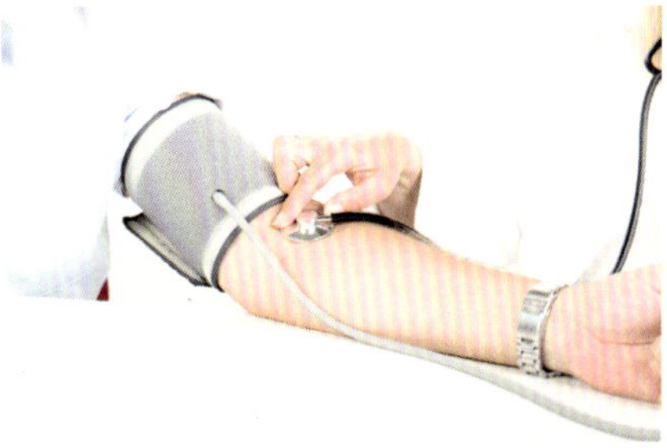

Blutdruck messen

Der Blutdruckmesspunkt muss immer in Herzhöhe liegen.

Ausführung einfacher ärztlicher Vorschriften

Verordnungen des Arztes werden gemäß seinen Anweisungen begleitet. Sie können sich über viele Bereiche von Krankheiten erstrecken, bei technisch und medizinisch anspruchsvollen Verordnungen sind Pflegekräfte hinzuzuziehen bzw. zu unterstützen. Die Tätigkeiten können sich z. B. auf die Kontrolle der Medikamenteneinnahme oder auf die Durchführung von Maßnahmen zur Mobilisationsverbesserung beziehen.

Ein Atemzug umfasst eine Ein- und Ausatmung.
Bei Säuglingen: 30- bis 40-mal pro Minute
Bei Kleinkindern: 20- bis 30-mal pro Minute
Bei Schulkindern: 16- bis 23-mal pro Minute
Bei Erwachsenen: 16- bis 20-mal pro Minute

Atmung beobachten
Die normale Atmung erfolgt in gleichmäßigen Zügen, geräuscharm und ohne Anstrengung.

Kommt es zu Atemstörungen wie flache Atemzüge, sehr schnelle oder sehr langsame Atmung sowie Atemnot, sind eine Pflegefachkraft und ein Arzt zu informieren

Atemgeruch: Normalerweise ist der Atem geruchlos. Kommt es jedoch zu Mund- und Atemgerüchen, muss das dokumentiert und dem Arzt gemeldet werden.

- Wer ruft an?
- Wo befindet sich der Notfallpatient? (Adresse, Stockwerk, Wohnbereich, Station)
- Was ist passiert?
- Welche Art der Verletzung/ Erkrankung liegt vor?
- Wie viele Personen sind verletzt?
- Gibt es ggf. noch weitere Details zum Krankheitsverlauf (Diabetischer Schock, Schlaganfall)?

Notruf
Schnelle Hilfe kann lebensrettend sein. Wird der Notruf betätigt, so müssen folgende Fragen beantwortet werden:

Diabetischer Schock: Er entsteht durch Unterzuckerung des Blutes, etwa wenn Diabetiker zu wenig kohlehydratreiche Kost eingenommen haben oder zu viel Insulin gespritzt haben. Der diabetische Schock kann verbunden sein mit Zittern, Schweißausbrüchen, Herzklopfen und kann sogar zur Bewusstlosigkeit führen.

Ob im privaten oder stationären Bereich, diese Telefonnummern sollten gut sichtbar in der Nähe des Telefons aufgehängt sein:
- 112 Notruf (Rettungsdienst, Feuerwehr)
- 110 Polizeinotrufnummer
- 030/19240 Giftnotrufzentrale Berlin (hier die Zentrale des Wohnorts angeben)
- ... Apothekennotdienst
- ... Kinderarzt
- ... Hausarzt

Hilfe bei der Mobilisation für Patienten und Helfende
Bei allen diesen Unterstützungsleistungen direkt am Menschen ist es unerlässlich, auf rückenschonendes Arbeiten zu achten und entsprechende Techniken anzuwenden, um die eigene Gesundheit nicht zu gefährden. In vielen ambulanten und stationären Pflegeeinrichtungen wird deshalb das Konzept der **Kinästhetik** angewandt. Es handelt sich hierbei um ein Handlungskonzept, mit dessen Hilfe Pflegebedürftige rückenschonend bewegt werden können, die Bewegung von Patienten wird schonend unterstützt (z. B. ohne Heben und Tragen). Mit ihrer Hilfe soll die Motivation des Pflegebedürftigen durch die Kommunikation über Berührung und Bewegung deutlich verbessert werden.

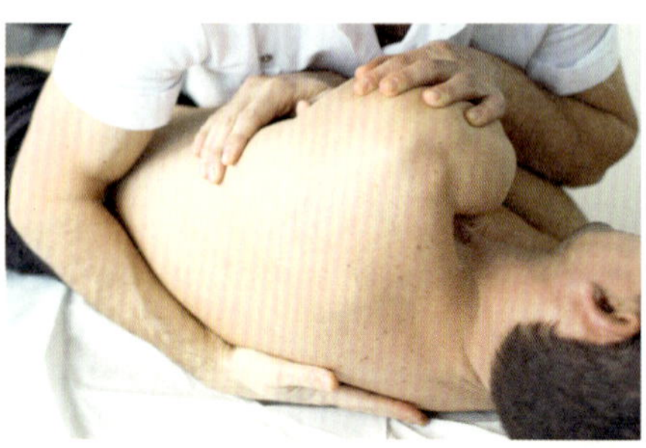
Griff in der Kinästhetik

Ziel der Kinästhetik:
- Erleichterung der Mobilisation von Menschen ohne Heben und Tragen,
- Bewegungspotenziale der kranken Menschen zu erkennen und zu fördern,
- körperliche Gesundheit von Pflegenden zu erhalten.

- Wie bewege ich mich richtig?
- Wie bewege ich den Patienten?
- Wie kann ich die noch vorhandenen Kraftmöglichkeiten des Patienten nutzen?

Werden Mitarbeiter in diese Pflegetätigkeiten miteingebunden, ist es wichtig, dass entsprechende Schulungen und Weiterbildungsmaßnahmen zur Anwendung der richtigen Techniken und Methoden erfolgen. So kann sichergestellt werden, dass die Unterstützungen z. B. beim Aufstehen ohne und mit Hilfsmittel oder beim Hochrutschen im Bett sowohl für den Pflegebedürftigen wie auch für die Pflegekraft zur echten Hilfe werden.

Um einen Patienten vom Bett in den Rollstuhl zu bewegen, wurde ein Patientenlift eingesetzt. Der Patient verweigerte diese Maßnahme. Welche Möglichkeiten der Kinästhetik bestehen?

3.4.4 Hausapotheke und Anwendung von Hausmitteln

Die Hausapotheke bringt bei leichten Beschwerden schnell Abhilfe. Inhalt sollte sein:
Pflaster, Rollenpflaster, Kompressen, Mullbinden, Einmalhandschuhe/Fingerlinge, Desinfektionmittel, Mittel gegen Magen- und Darmbeschwerden, Kreislauf anregende Mittel, Mittel gegen Schmerzen und Fieber, Mittel gegen Insektenstiche, Medikamente, die ärztlich verordnet sind, Schere, Pinzette, Zeckenzange, Fieberthermometer und eine Kühlkompresse im Tiefkühlfach.

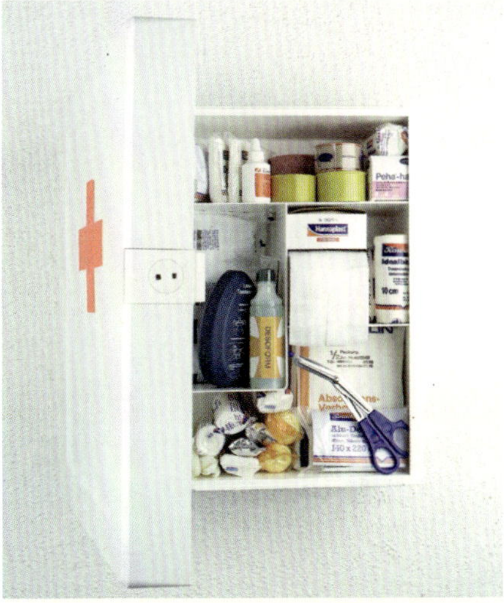

Es ist erforderlich, die Hausapotheke regelmäßig auf Verfallsdaten zu kontrollieren und diese kühl und trocken aufzubewahren.

Die Gabe von Medikamenten gehört in die Hand der Pflegekraft. Als betreuende Fachkraft hilft die folgende „6-R-Regel", um die richtige Arzneimittelgabe im Blick zu haben:
Richtige Person
Richtiger Zeitpunkt
Richtiges Medikament (Name, Wirkstoff, Haltbarkeit beachten)
Richtige Dosierung
Richtige Art der Verabreichung
Richtige Dokumentation

Tee als Hausmittel
Eine Tasse Tee bringt innere Wärme und kann je nach Teeart heilende Wirkung auf den Körper haben.

Teeart	Anwendung (Beispiele)	Zubereitung
Salbei	hilft bei Halsschmerzen, wirkt entzündungshemmend.	1–2 Teelöffel Teeblätter mit ¼ Liter heißem Wasser übergießen und für ca. 5–10 Minuten abgedeckt ziehen lassen.
Lindenblüten	hilft bei Hustenreiz und wirkt schweißtreibend, fördert Abwehrkräfte.	
Kamille	hilft bei Magen-Darm-Beschwerden und Unruhezuständen, wirkt krampflösend und entzündungshemmend.	
Pfefferminze	hilft bei Kopfschmerzen, Erkältungen und Magen-Darm-Verstimmungen.	

3.4.5 Umgang mit seh- oder hörgeschädigten Menschen sowie Sprachstörungen

Wer einen sehbehinderten Menschen anspricht und nicht sofort an der Stimme erkannt wird, sollte seinen Namen nennen und falls nötig, kurz erklären, wer er/sie ist. Der Blinde möchte wissen, mit wem er spricht. Hat man das Gespräch beendet und will den Platz verlassen, so gebe man dem Blinden davon Nachricht. Es ist für den stark sehbehinderten peinlich, wenn er das Wort an eine Person richtet, welche sich längst entfernt hat.

Hilfe möglichst unauffällig anbieten – nur da, wo es nötig ist.

Besonders ist zu beachten:
Wenn sich ein Blinder in Begleitung befindet, so spreche man nicht mit der Begleitung über seine Angelegenheit, sondern mit dem Blinden selbst.

„Möchten Sie gerne ein Stück Kuchen?" statt: „Isst er Kuchen?"

Wer sich einem sehbehinderten Menschen nähert, soll sich rechtzeitig bemerkbar machen.

Teller im Uhrzeigersinn

Bei Mahlzeiten erkundigt man sich, ob geholfen werden kann (eventuell Fleisch schneiden oder Ähnliches). Es wird beschrieben, wo sich was auf dem Teller befindet. Stellen Sie sich den Teller des Blinden als das Zifferblatt einer Uhr vor. So können Sie beispielsweise sagen: „Das Gemüse liegt auf 3 und das Fleisch auf 6 Uhr". Tassen oder Gläser nicht zu voll gießen. Den Platz von Weingläsern am besten angeben, da diese besonders leicht umfallen.

Türen nach Möglichkeit nicht offen stehen lassen. In der Regel öffnen Blinde gern selbst die Türen und erleichtern sich dadurch die Orientierung. Möbel oder Gegenstände im Zimmer nicht umstellen, ohne den Sehbehinderten darüber zu informieren.

Arbeitsaufträge

Bilden Sie Zweiergruppen. Einer Person werden die Augen verbunden, die andere führt den „Blinden" unterschiedliche Wege. Z. B. eine Treppe nach unten, eine Treppe nach oben. In der Küche: an die Spüle und an den Herd hier versucht der Blinde, sich durch Tasten zurechtzufinden.

Dann erfolgt ein Wechsel der Personen und der „Blinde" wird zum Führenden. Versuchen Sie sich als „Blinder" allein zurechtzufinden, z. B. vor einem Regal, einem Geschirrschrank oder einem Kleiderschrank. Beschreiben sie Gegenstände, welche Sie als „Blinder" ertasten. Beschreiben Sie als Sehender dem „Blinden", wo sich Gegenstände befinden und wie er diese erreichen kann. Diese Übungen schulen die Wahrnehmung und das Kommunikationsverhalten.

Wiederholungen sind notwendig, wenn etwas nicht verstanden wurde.

Die Ansprache an einen **schwerhörigen Menschen** sollte
- etwas lauter,
- nicht zu schnell,
- sehr deutlich,
- ruhig und in gleichmäßigem Sprechtempo,
- mit Blickkkontakt

sein.

Es hilft, wenn das Gesprochene vom Mund abgelesen werden kann. Dafür muss der Betreuende von vorn und bei ausreichendem Licht zu sehen sein.

Ein hörbehinderter Mensch kann immer wieder ins Gespräch mit einbezogen werden und damit an der Gesellschaft teilhaben. Gegebenenfalls Gesagtes noch einmal zusammenfassen.
Ein unbefangenes und zuvorkommendes Auftreten dem hörbehinderten Menschen gegenüber wird meist dankbar angenommen.

Diese Hilfsmöglichkeiten können schwerhörigen Menschen jeden Alters angeboten werden:
- Ohrenärztliche Untersuchung – ggf. Begleitung zum Arzt
- Hörgeräteberatung und Vermittlung eines Akustikers
- Ablese-, Hörtrainings- und Sprachpflegekurse
- Einführung in die Benutzung von Höranlagen in Kirchen und Vortragssälen

Wurde alles richtig verstanden? Sich darüber zu vergewissern, kann helfen.

Arbeitsaufträge

1. Sie hören gut! Bedenken Sie, was es bedeutet, schwerhörig zu sein. Halten Sie schriftlich fest, mit wie vielen Schwierigkeiten und Entbehrungen sich der Hörbehinderte täglich auseinandersetzen muss.
2. Bilden Sie Zweiergruppen. Eine Person hält sich mit den Händen die Ohren zu und die andere versucht, Anweisungen zu geben, welche erfüllt werden sollen. Eventuell einfache Rechenaufgaben: Was gibt 3 + 2 usw. Dann ein Wechsel der Person. Versuchen Sie, Ihrem Gegenüber vom Mund abzulesen, was (ohne Ton, lautlos) gesprochen wird.

4 Alte Menschen individuell betreuen

4.1 Bedeutung der ABEDLs

In der Begutachtung von Pflegebedürftigkeit wurden Punkte zur Orientierung und als Handlungsleitlinie für Bedarfsermittlung und Pflegeplanung entwickelt. Diese sogenannten ABEDL (Aktivitäten, Beziehungen und existenzielle Erfahrungen des Lebens) finden in der Altenpflege und in der Betreuung Anwendung.

Sich beschäftigen können

Sie gelten einerseits für die Pflege, aber auch für Fachkräfte, die ältere Menschen betreuen. Mithilfe der ABEDLs lässt sich herausfinden, in welchen Bereichen Einschränkungen bestehen, aber auch, wo Fähigkeiten und Fertigkeiten (noch) vorhanden sind, was also ein Mensch noch kann. Weiter geben sie Aufschluss darüber, was für einen Menschen ein Problem darstellt, was er also eigentlich noch will, aber nicht mehr kann.

Im Einzelnen handelt es sich (nach Monika Krohwinkel) um folgende Bereiche:

1. Kommunizieren können
2. Sich bewegen können
3. Vitale Funktionen des Lebens aufrechterhalten können
4. Sich pflegen können
5. Essen und trinken können
6. Ausscheiden können
7. Sich kleiden können
8. Ruhen, schlafen, entspannen können
9. Sich beschäftigen, lernen, sich entwickeln zu können
10. Die eigene Sexualität leben können
11. Für eine sichere und fördernde Umgebung sorgen können
12. Mit existenziellen Erfahrungen umgehen und sich dabei entwickeln können
13. Soziale Beziehungen sichern und gestalten und dabei mit existentiellen Erfahrungen umgehen können.

Aus den ABEDLs ergibt sich auch der Auftrag für Fachpraktiker und Fachkräfte in der hauswirtschaftlichen Betreuung. Die Einschränkungen und Probleme sollen kompensiert werden und so zu einer individuellen Betreuung führen.

Kommunizieren können

Beispiel existenzielle Erfahrungen:
Zu den existenziellen Erfahrungen des Lebens gehören die Auseinandersetzung mit dem eigenen Leben, mit Schuld und Hilflosigkeit sowie Verlust und Tod, aber auch die Konfrontation mit dem Nachlassen der eigenen körperlichen und geistigen Kräfte.
Als betreuende Fachkraft sollte auch mit den Eigenheiten der Pflegebedürftigen sensibel umgegangen werden, da hinter jedem dieser Menschen eine Geschichte steht.

- Ist die Person in Kriegszuständen aufgewachsen, in denen auch das persönliche Umfeld (Wohnung, Heimatort) weitgehend zerstört wurde?
- Kam es zum Verlust von Familienangehörigen und Freunden?
- Welche politische Position wurde zu Kriegszeiten eingenommen?

Viele dieser traumatischen Erlebnisse tauchen in keinem Anamnesebogen auf und sind doch vielfach noch präsent und zählen mit zu den existenziellen Erfahrungen des Lebens.

Auch die Anamnese von Menschen mit Migrationshintergrund bleibt oft unvollständig.

- Welche Informationen gibt es über die verschiedenen Herkunftsländer?
- Was hat ihr Leben beeinflusst?

In kurzen Augenblicken des Alltags werden solche Prägungen des Lebens erlebt, die die Persönlichkeit eines Menschen bestimmen.

Beispiel Wohnen:
Es bedarf geeigneter Wohnformen und eines sicheren Wohnumfelds besonders im Alter, um gut und sicher Aktivitäten des täglichen Lebens leben zu können.
Ziel für die meisten älteren Menschen ist es, möglichst lange in der eigenen Wohnung und damit in einer vertrauten Umgebung zu leben und sich selbst zu versorgen (s. S. 44). Dazu gehört, dass der ältere Mensch oder der Mensch mit Beeinträchtigung möglichst selbstständig, selbstverantwortlich und sozial unabhängig leben kann. Der private Wohnbereich hat einen sehr hohen Stellenwert, vor allem, wenn die Außenkontakte abnehmen. Die Wohnung vermittelt dem Bewohner das Gefühl von Geborgenheit, Schutz und Sicherheit. Die Wohnungseinrichtung ist vertraut, stellt den Lebensstil dar und trägt Erinnerungen an vergangene Lebensjahre. Die Wohnung ist der Ort der täglichen hauswirtschaftlichen Grundversorgung (Reinigen, Wäschepflege, Pflanzen pflegen, Hobbys nachgehen).

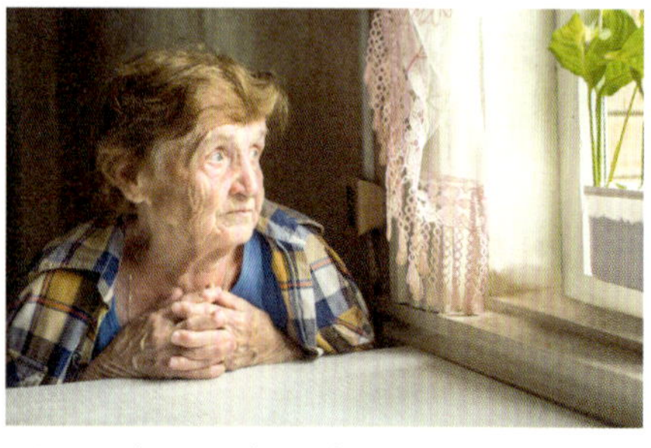

Die Wohnqualität hat einen entscheidenden Einfluss auf die Lebensfreude sowie die Sozialkontakte und auf das allgemeine Wohlbefinden.

Um Wohnen und Wohnumfeld für den Menschen sicher und behaglich zu halten, ist es wichtig, seine Gewohnheiten und Vorlieben zu kennen.

Frau Schmidt ist gehbehindert und kann die Wohnung nicht oft verlassen. Deshalb schaut sie gerne zum Fenster hinaus. Hier ist darauf zu achten,

- dass der Weg zum Fenster immer frei ist und keine Sessel im Weg stehen,
- dass die Gardinen sich leicht zurückziehen lassen oder – besser noch – immer etwas zurückgeschoben bleiben.
- Das Fenster muss sich leicht öffnen lassen und das Fenstersims darf nicht mit Pflanzen zugestellt sein.
- Hilfreich ist, wenn ein Kissen bereitliegt, um die Arme aufzulegen.

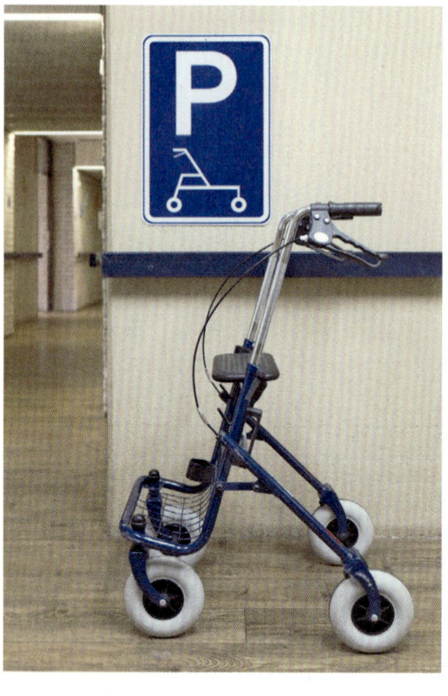

Weiterhin sorgen folgende Voraussetzungen für Sicherheit und Geborgenheit:

- Gehhilfen und Rollatoren haben einen festen Platz, der nicht mit anderen Gegenständen zugestellt werden darf. Er darf keine zusätzliche Behinderung/Beeinträchtigung darstellen.
- Haltegriffe, Aufstehhilfen und Handläufe müssen fachgerecht angebracht sein und immer sauber gehalten werden. So wird ein sicherer Griff ermöglicht.
- Beschädigungen an Hilfsmitteln müssen sofort repariert werden.
- Der Klingelton und dessen Lautstärke sind an die Hörfähigkeit der zu betreuenden Person anzupassen.

Arbeitsaufträge

1. Was für Sie Komfort und Wohnqualität bedeutet, kann für einen älteren Menschen anders sein. Führen Sie die Unterschiede auf!
2. Begehen Sie Ihre Wohnung mit den Augen eines älteren Menschen und finden Sie heraus, welche Gefahrenquellen oder Barrieren für diese Personengruppe bestehen.

4.2 Spezielle Hilfen bei Alltagsverrichtungen

4.2.1 Übersicht über die Alltagsverrichtungen

Ganz selbstverständlich gestaltet jede erwachsene Person ihren Alltag, ihr Leben selbstständig im Rahmen ihrer Möglichkeiten und der individuellen Fähigkeiten. Um zu klären, warum der Alltag jedes Menschen ganz unterschiedlich ist, sind folgende Fragen zu beantworten:

- Womit verbringe ich meine Zeit?
- Wofür setze ich meine Kraft (Energie) ein?
- Wofür gebe ich mein Geld aus?
- Was ist mir in meinem Leben wichtig?

Arbeitsaufträge

Die Beantwortung dieser Fragen sollte in vier Kleingruppen stattfinden, jeweils

1. aus der Sicht der Schüler auf sich selbst und die eigene Situation bezogen,
2. aus der Sicht eines Elternteils der Schüler oder aus der Sicht der Lehrerin oder des Lehrers,
3. aus Sicht eines alten Menschen, welcher selbstständig in der eigenen Wohnung lebt,
4. und aus Sicht eines Bewohners in einem Seniorenheim.

Grundlage aller Betreuungsleistungen ist der persönliche Hilfebedarf in den Bereichen Mobilität, Körperhygiene, Ernährung, Haushaltsführung, Motorik und soziale Kommunikation. Die Betreuungsleistungen und Hilfen können

- gelegentlich (wöchentlich),
- häufig (mehrmals täglich),
- ständig (bei Tag und Nacht)

benötigt werden.

Alltagsverrichtungen, die von den Fachkräften organisiert oder bei denen unterstützt werden muss:

- **Mobilität** – Beweglichkeit fördern, gegebenenfalls mit Hilfsmitteln (Rollator, Rollstuhl usw.) unterstützen. Bei Immobilität (Bettlägerigkeit) den Alltag zu der Person bringen, damit dennoch so viel Teilhabe am Leben wie möglich stattfinden kann.
- **Körperhygiene** – Waschen des Körpers, Körperpflege, Haarpflege, sich kleiden, Wäschepflege und Reinigung einschließlich aller hiermit verbundenen Arbeiten wie Wäsche waschen, trocknen, bügeln oder legen. Wäsche aufräumen und aufbewahren.
- **Ernährung** – Essen und Trinken mit der Organisation und Planung der Speisen und Getränke sowie deren Zubereitung. Auch auf die Nahrungsaufnahme muss geachtet werden, ggf. Unterstützung leisten.
- **Haushaltsführung** – Beschaffung und Einkauf von Lebensmitteln und Gütern, Grundreinigungsarbeiten in Küche und Wohnbereich, Blumenpflege, Behördengänge, gegebenenfalls Pflege auch des Außenbereichs
- **Motorik** – Welche Hilfen sind nötig, z. B. bei der Nahrungsaufnahme? Liegen Kau- oder Schluckstörungen vor? Kann Besteck benutzt werden? Kann eine sitzende Haltung eingenommen werden? Ist die Person in der Lage, zu sprechen? Können Arme und Beine bewegt und koordiniert werden?

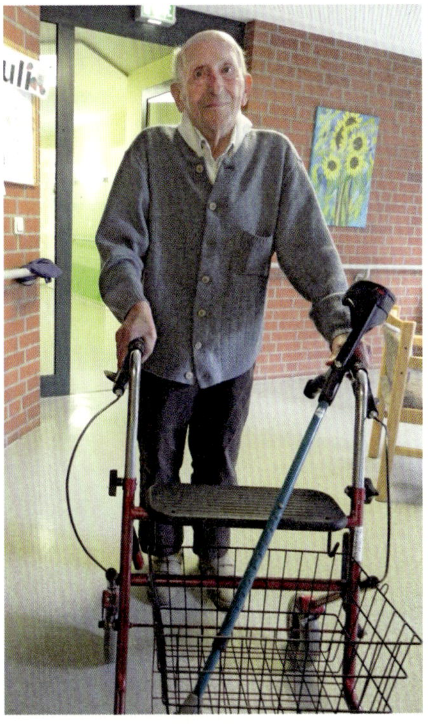

- **Soziale Kommunikation** – Informationen über das Tagesgeschehen mithilfe von Presse, Funk und Fernsehen. Kontakte zu Verwandten, Freunden und Nachbarschaft durch Besuche, Telefon und Skype, Briefe, SMS, E-Mail. Arztbesuche, Friseurbesuche, Teilnahme am Vereinsleben. Teilnahme am Gemeindeleben in der Ortsgemeinde oder der Kirchengemeinde.

Auf Personen, die die Betreuung und Pflege eines kranken und pflegebedürftigen Partners oder einer Partnerin übernehmen, liegt ein besonderes Augenmerk.

Die Verzahnung von hauswirtschaftlichen und pflegerischen Tätigkeiten ist sehr eng. Aufgaben der Pflege sind von Pflegefachkräften auszuführen, die hauswirtschaftliche Fachkraft sollte Kenntnis haben, um im Bedarfsfall zu unterstützen. Konkrete Absprachen sind nötig.

Viele hauswirtschaftliche Tätigkeiten richten sich nach dem persönlichen Bedarf und können somit
- von den Senioren selbstständig ausgeführt werden,
- mit Hilfestellung ausgeführt werden,
- vollständig von hauswirtschaftlichen Dienstleistungen in Anspruch genommen werden.

Herr Schmidt ist 65 Jahre alt. Er lebt allein in einer barrierefrei eingerichteten Zweizimmerwohnung. Seine MS- Erkrankung (Multiple Sklerose) ist inzwischen so weit fortgeschritten, dass er nur noch mühsam mit dem Rollator gehen kann. Er bekommt von einem sozialen Dienstleister wöchentlich tiefgekühlte Menüs, welche er sich selbst erwärmt. Herr Schmidt benötigt Hilfe bei der Wohnungsreinigung.

Arbeitsaufträge

Worauf ist in diesem Beispiel besonders zu achten?
Gibt es Vorschläge, was Herr Schmidt völlig selbstständig machen kann? Welche Hilfsmittel werden benötigt? Welche Arbeiten können/müssen von einer Fachkraft übernommen werden?

4.2.2 Unterstützung bei der Bewegung/Mobilität und beim An- und Auskleiden

Die Bewegungsfähigkeit eines Menschen verändert sich im Alter. Nachlassende Muskelkraft und eingeschränkte Gelenkbeweglichkeit sind die Ursachen. Auch der Gleichgewichtssinn und die Fähigkeit, Bewegungen zu koordinieren, lassen im Alter nach. Dies bedeutet, dass die nötigen Alltagsbewegungen langsamer ausgeführt werden.

Wenn sich ein Mensch nicht mehr viel selbstständig bewegt und im Bett liegen bleibt, sind folgende Auswirkungen zu beobachten:
- Schwacher Blutkreislauf
- verminderte Lungenfunktion
- Verkürzung von Sehnen und Bändern bis hin zur Gelenkversteifung (Kontraktur s. S. 65)
- verminderte Knochendichte
- Abbau der Muskelmasse, Kraftlosigkeit in Armen und Beinen
- Auftreten von Druckgeschwüren an Fersen, Schultern und Steißbein (Dekubitus s. S. 64)

Deshalb ist es wichtig, die Menschen zur Bewegung anzuregen, ihnen Bewegung zu ermöglichen und Unterstützung anzubieten.

Um diese Selbstständigkeit aufrechtzuerhalten, sind folgende Hilfestellungen erforderlich:

- Hilfe beim Hochrutschen im Bett.
  Die zu Pflegenden können über die Seitenlage zum Sitzen gebracht werden oder auch auf dem Umweg über die Bauchlage aufstehen. Durch Aktivieren des Betroffenen in seiner Bewegung wird zugleich auch übermäßige Belastung der Pflegenden vermieden.
- Hilfe beim Aufstehen ohne Hilfsmittel.
- Hilfe beim Aufstehen mit Hilfsmitteln.
- Hilfe beim Gehen.

Die individuellen Hilfsmittel des Pflegebedürftigen werden angewendet. Sie können hinter, neben oder vor der Person stehen, am sichersten ist es, wenn Sie neben der Person stehen. Ist die Person unsicher und droht zu stürzen, so treten Sie schnell hinter die Person und lassen diese haltend langsam auf einen Stuhl oder wenn, nicht anders möglich, auf den Fußboden gleiten.
Die Umgebung kann entsprechend vorbereitet werden:

Unterstützung beim Gehen

Vorbereitung:

- „Stolperfallen" und Hindernisse beseitigen.
- Brillenträgern die Brille aufsetzen.
- Für ausreichende Beleuchtung und gute Lichtverhältnisse sorgen.
- Rutschfeste, passende Schuhe anziehen.
- Belastungs- und Gehfähigkeit des Patienten einschätzen.
- Bei Bedarf Hilfsmittel wie Unterarmgehstütze oder Rollator bereitstellen.
- Ein Ziel festlegen, das auch wirklich zu erreichen ist.
- Den Menschen/Patienten informieren und motivieren, damit nicht aus Angst oder Unsicherheit gegengesteuert wird.

Unterstützung von der Seite:

- Der Arm des Patienten wird um 90 Grad angewinkelt, die Fachkraft ergreift unter dem Arm durch die Hand des Patienten.
- Mit dem zweiten Arm kann die Fachkraft den Unterarm des Patienten durch Unterhaken stützen.
- Durch Lob ermutigt, wird der Patient zu möglichst selbstständigem Gehen aufgefordert.
- Es muss möglichst mit dem ganzen Fuß aufgetreten und richtig abgerollt werden, darauf ist besonders zu achten.
- Im Gleichschritt mit dem Patienten gehen und Unebenheiten und Stufen ankündigen – so wird ein sicherer Gang gewährleistet.

Beidseitiges Unterstützen beim Gehen

„Gehen Sie in Ihrem Tempo, Frau Kiesling. Ich richte mich nach Ihnen."

Werden Hilfsmitteln, (z.B. Rollator) eingesetzt, so muss deren Nutzung erklärt werden und die Funktionalität überprüft sein. Der korrekte Umgang mit dem Rollator will geübt sein. Sind alle Funktionen bekannt (s.S.60) oder Hilfestellungen nötig?

- Hilfe beim Toilettengang

Falls der Patient oder Bewohner dringend eine Toilette aufsuchen muss und keine Pflegekraft anwesend ist, so muss ggf. auch beim Toilettengang Hilfestellung geleistet werden. Die Kenntnis über Hilfestellungen beim Toilettengang ist wichtig, auch wenn es keine tägliche Umsetzung gibt. Bei allen Hilfestellungen müssen Einmalhandschuhe getragen werden.
In vielen Fällen werden von der Pflegefachkraft Inkontinenzprodukte angelegt.

MoliCare Comfort

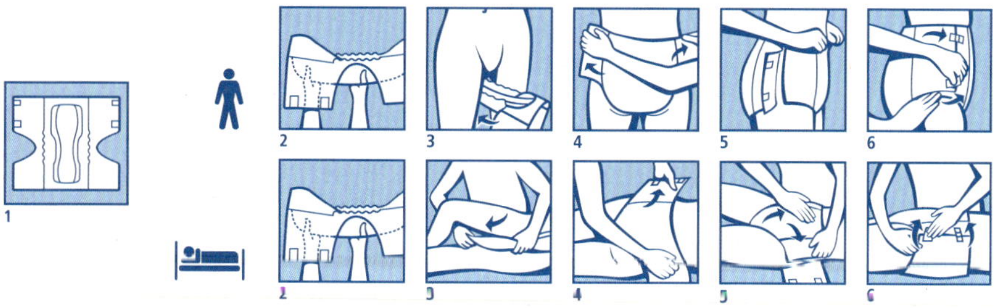

Unterstützung beim An- und Auskleiden

Kleidung ist viel mehr als nur der Schutz vor Kälte. Kleidung ist auch Schutz der Intimität und ein Ausdruck der Persönlichkeit. Daher ist es wichtig, bei der Auswahl behilflich zu sein, ohne zu bevormunden. Sie kann dem Zweck angepasst werden: schickere Kleidung und Schmuck beim Ausgehen und praktische Kleidung bei hauswirtschaftlicher Tätigkeit.

Jahreszeit (Wetter, Temperatur) und die körperlichen Beeinträchtigungen können bei der Auswahl berücksichtigt werden.

Alte Menschen können darin bestärkt werden, sich für eine Feier oder für den Sonntag besonders gut anzuziehen. Das Tragen von Schmuck unterstützt die soziale Bedeutung der Kleidung. Eine Perlenkette, eine Krawattennadel, Manschettenknöpfe oder eine Brosche verleihen eine besondere Note und Ausstrahlung. Einige Frauen haben den Wunsch, sich zu schminken, und brauchen entsprechende Unterstützung.

Gürtelschnallen oder Knöpfe können oftmals nicht selbstständig geschlossen oder geöffnet werden. Gegebenenfalls können hier Klettverschlüsse hilfreich sein.

Zu bedenken ist, dass alte Menschen viel leichter frieren und deshalb gerne mehrere Lagen übereinander anziehen.

Anziehhilfen tragen dazu bei, dass viele Menschen länger selbstständig bleiben.

Die Schuhe sollten gut passen und auf den jeweiligen Anlass abgestimmt sein. Sie können so dastehen, dass sie bequem angezogen werden können und keine Stolperfallen sind. Darauf zu achten, dass lange Schuhlöffel in Reichweite liegen und dass Socken keine Falten bilden, gehört mit zu den Aufgaben einer Fachkraft. Schuhe müssen auch gesäubert und belüftet werden.

Wenn alte Menschen aufgrund einer Inkontinenz Vorlagen oder Inkontinenzhosen tragen, so müssen diese durch die Oberbekleidung vollständig bedeckt sein. Selbstverständlich ist, dass auch schwer pflegebedürftige Menschen Anspruch auf eine stets saubere Kleidung haben.

Oberteil ausziehen

- Patienten in Oberkörperhochlage bringen.
- Verschlüsse öffnen.
- Oberteil so weit wie möglich kopfwärts hochziehen.
- Wenn möglich: Patienten bitten, die Arme nach vorn zu strecken und Kopf zu beugen.
- Am Rücken bis zum Halsausschnitt unter die Kleidung fassen.
- Bekleidung erst über den Kopf, dann über die Arme ziehen.
- Ärmel raffen und nacheinander über beide Arme schieben.
- Anschließend Kleidung über Kopf und Oberkörper ziehen.
- Verschlüsse schließen.

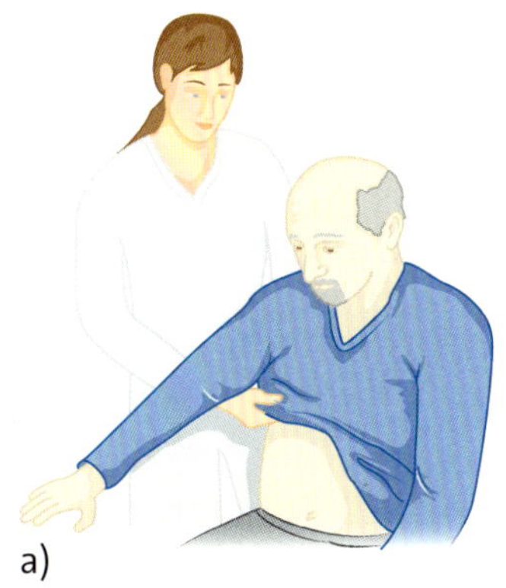

a)

b)

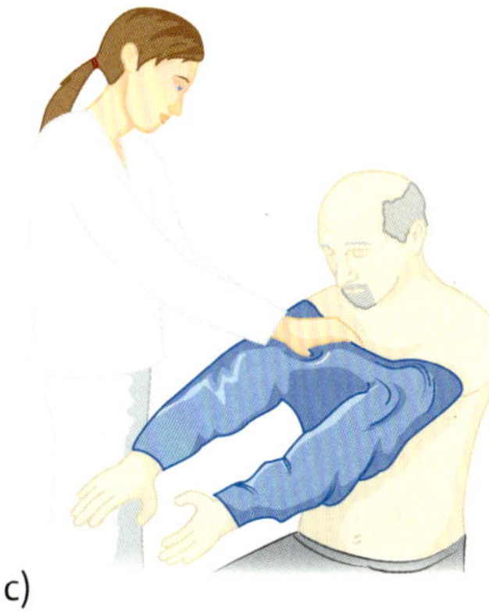

c)

Wahren Sie die Intimsphäre und sorgen Sie für Sichtschutz. Ist der Patient auf einer Seite eingeschränkt, dann gilt: Beim Entkleiden mit der gesunden Seite beginnen. Beim Ankleiden mit der erkrankten Seite beginnen. Verbände und Schläuche dürfen nicht geknickt oder daran gezogen werden.

Unterteil ausziehen

Beim liegenden Patienten:

- Schuhe und Strümpfe ausziehen.
- Verschlüsse öffnen.
- Unterteil möglichst weit unter das Gesäß schieben.
- Kleidung anschließend vom Oberschenkel aus über die Fußgelenke schieben und ausziehen.
- Körperpflege vorbereiten und durchführen

Unterteil anziehen

Beim liegenden Patienten:

- Hosenbeine raffen.
- Nacheinander über beide Füße bis zum Oberschenkel hochziehen.
- Patienten bitten, die Beine aufzustellen und das Gesäß anzuheben.
- Hose über das Gesäß ziehen.
- Verschlüsse schließen.
- Strümpfe und Schuhe anziehen.

Ich möchte Ihnen gern beim Anziehen Ihrer Hose helfen, Herr Berger. Stellen Sie bitte Ihre Beine auf und jetzt heben Sie das Gesäß ein wenig an. Dann kann ich die Hose darüberziehen. Sehr gut haben Sie das gemacht. Reißverschluss zu, fertig. Jetzt ziehe ich Ihnen noch Strümpfe und Schuhe an, in Ordnung?

4.2.3 Unterstützung bei der Körperpflege

Möglichst die Handlungen beschreiben und im Gespräch bleiben.

Die Körperpflege dient nicht nur der Erfrischung und Reinigung des Körpers, sondern trägt auch zum seelischen Wohlbefinden eines Menschen bei.

Schmutz, Schweiß und abgestorbene Hautschuppen werden beim Duschen und im Voll- oder Fußbad entfernt, ergänzt wird dies durch eine Rasur sowie die Haut-, Haar- und Nagelpflege. Des Weiteren zählt die Mund- und Zahnpflege, aber auch das Anlegen der Prothese und deren Pflege zu den Aufgaben in der Körperpflege. Wird bei der Körperpflege Unterstützung geleistet, kommt es immer zu Hautberührungen, ein behutsamer und sensibler Umgang mit dem Patienten ist Voraussetzung.

Hilfestellungen bei der Körperpflege umfassen folgende Bereiche:
- Hilfe beim Anziehen und Auskleiden
- Hilfestellung beim Duschen/Waschen
- Haarpflege,
- Nagelpflege
- Hautpflege
- Rasur
- Mund- und Zahnhygiene sowie Prothesenpflege

Die notwendigen Hilfestellungen unterscheiden sich in Art und Umfang von Patient zu Patient je nach seinen Gewohnheiten sowie dem Grad seiner Immobilität. Persönliche Vorlieben sind zu beachten.

Eine Fachkraft arbeitet hier nicht allein, unterstützt die Pflegefachkraft und beachtet folgende Voraussetzungen:
- Ist für eine rutschfeste Unterlage gesorgt?
- Stehen alle notwendigen Materialien bereit (Waschlappen, Handtücher, Seife, evtl. auch ein Duschstuhl mit Saugnäpfen)?
- Was kann der Patient selber verrichten, wo ist Hilfestellung nötig?

Beispiele: beim Waschen und Trocknen von Körperstellen, die nicht selbst erreicht werden können, oder beim Einstellen des Duschstrahls

Wann immer es möglich ist, den Patienten beteiligen: Ziehen Sie ihm den Waschlappen über die Hand und führen Sie diese.

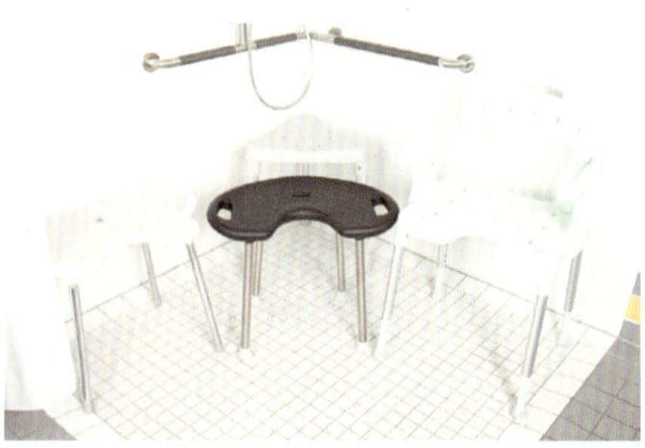

Haarpflege

Die Haarpflege dient der Reinigung der Haare und der Kopfhaut. Vor der Reinigung sollten Haare und Kopfhaut inspiziert und auf Erkrankungen und Druckstellen untersucht werden. Die Haarpflege lässt sich sehr gut beim Duschen durchführen, sie ist auch im Waschbecken möglich. Es sollte keine Zugluft und eine angenehme Temperatur (20 Grad) herrschen, die Augen vor dem Shampoo schützen.

Hautpflege

Die Hautpflege dient der Erhaltung oder Wiederherstellung gesunder Haut. Hierzu gehört die Rückfettung trockener Haut mit Körperöl oder Hautlotion, aber auch die Auswahl von geeigneten Kleidungsstücken, um eine behagliche Hauttemperatur zu erzeugen und Hautreizungen und Verletzungen zu verhindern.

Arbeitsauftrag

Überlegen Sie, welchen Einfluss die Wahl bestimmter Textilien auf das Wohlbefinden der Haut haben kann. Welche Textilien halten Sie für absolut ungeeignet?

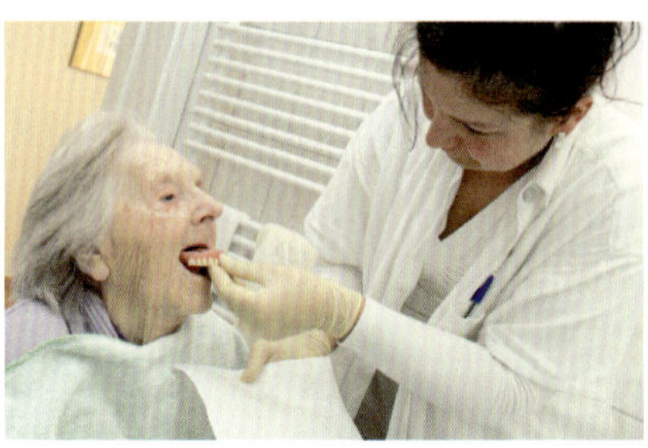

Mund- und Zahnhygiene sowie Prothesenpflege

Die Situation bei der Mund- und Zahnpflege alter Menschen hat sich in den letzten Jahren grundlegend verbessert, eigene Zähne bleiben immer länger erhalten und der Anteil von Totalprothesen nimmt ab.

Um die Zähne zu erhalten und Karies und Parodontitis zu vermeiden, ist eine regelmäßige Mundhygiene erforderlich. Für ältere Menschen ist die selbstständige Zahnpflege schwieriger als für jüngere, denn sie sind weniger beweglich, können schlechter sehen und ihr Geruchsvermögen ist eingeschränkt. Daher bedarf es einiger Hilfestellungen.

Fragen Sie nach, ob es besondere Wünsche gibt.
Geben Sie Gelegenheit, in einen Spiegel zu schauen.
Honorieren Sie die Sorgfalt mit Lob und Anerkennung, jeder freut sich über ein aufmunterndes Wort und ein Lob zu seinem Aussehen.

Hier einige Empfehlungen für die Zahnpflege:
- Zähne und Zahnersatz morgens und abends gründlich reinigen.
- Zahnbürste im 45-Grad-Winkel ansetzen und kleine Kreisbewegungen durchführen. Dabei nicht mehr als zwei Zähne gleichzeitig reinigen. Kauflächen erst zum Schluss reinigen.
- Tägliche Zungenreinigung mit speziellen Bürsten, da Zungen- und Zahnbeläge Mundgeruch begünstigen.
- Zahnzwischenräume mit Zahnseide und/oder einer Zahnzwischenraumbürste gründlich reinigen.
- Ein- bis zweimal jährlich Zahngesundheit beim Zahnarzt überprüfen lassen und Zahnreinigung veranlassen.

Für die Reinigung von Zahnprothesen empfiehlt sich:
- Zunächst eine Mundspülung mit warmem Wasser vornehmen.
- Beim Herausnehmen der Prothese eine Schüssel mit Wasser verwenden, damit die Prothese nicht bricht, falls sie mal aus dem Mund fällt.
- Die herausgenommene Prothese wird (in einer Reinigerlösung) feucht gelagert, damit sie nicht austrocknet oder sich verformt. Kein heißes Wasser verwenden, damit sie sich nicht verzieht.
- Leider sind Zahnprothesen oft mit Druckstellen verbunden. Eine Spülung mit Salzwasser kann helfen, die Schmerzen zu lindern. Bei dauerhaften Schmerzen sollte der Zahnarzt konsultiert werden.

Gleiches gilt, wenn die Prothese nicht mehr richtig sitzt, denn Zahnfleisch und Kieferknochen verändern sich im Laufe der Zeit.

Speisereste bilden zusammen mit Speichel und Bakterien einen Belag (Plaque). Hier wird durch Bakterien Zucker zu Säure vergoren, was die Zahnoberfläche angreift und Karies entstehen lässt. Es bildet sich Zahnstein. Wenn sich dadurch das Zahnfleisch entzündet, liegt Parodontitis vor. Es bilden sich Taschen im Zahnfleisch und Knochendefekte, der Zahn verliert seinen Halt und fällt aus.

Basale Stimulation

Krankheitsbedingt oder im hohen Alter wird das Erleben des eigenen Körpers eingeschränkt. Auch können die Kommunikationswege eingeschränkter sein, der Patient fühlt sich nicht angesprochen und kann seiner Umwelt nicht vermitteln, was ihm guttut. Um das Körpergefühl des Menschen und seine Kontaktmöglichkeit zur Umwelt zu verbessern, kann die sogenannte Basale Stimulation eingesetzt werden. Durch gezielte Ansprache (= Stimulation) der grundlegenden (= basalen) Sinne soll der Patient besser erreicht und seine Orientierung verbessert werden. Wenn die Sprache beim Patienten dabei nicht ankommt, kann es zum Einsatz leichter Sinnesreizungen in Form von Körperberührungen kommen.

Direkte Ansprache und gleichzeitige Berührung, z. B. an der Schulter, lassen den Patienten spüren, dass er gemeint ist.

Beim Waschen des Patienten kann durch den Druck der waschenden Hand die Körpergrenze wahrgenommen werden, der Tätigkeit der Pflegeperson ist durch diese körperliche Wahrnehmung besser zu folgen.

Auch vertraute Gerüche, wie z. B. das Lieblingsparfüm, und vertraute Geräusche (das Plätschern von Wasser) können den Menschen in seiner Wahrnehmung unterstützen. Durch Tastwahrnehmung, z. B. mit der Hand an der Zahnbürste und dem Führen zum eigenen Gesicht, lassen sich einige Pflegehandlungen leichter durchführen.

Leben mit allen Sinnen spüren – das tut gut.

Informationen lassen sich durch den gezielten Einsatz von Sinnesreizen vermitteln, wo Sprache nicht ankommt.

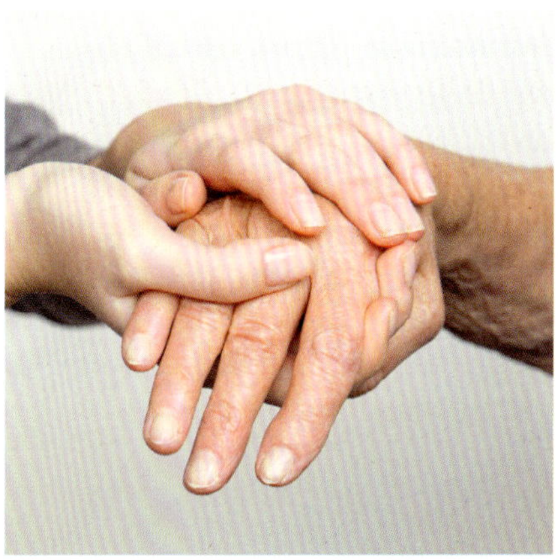

4.2.4 Unterstützung bei der Ernährung

Sowohl beim Essen als auch beim Trinken der Pflegeperson sind viele Aspekte zu beachten.

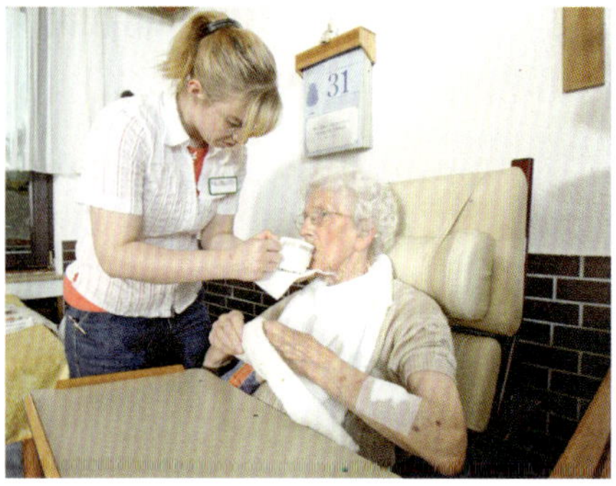

Unterstützung beim Trinken

- Nach der Empfehlung der Deutschen Gesellschaft für Ernährung (DGE) sollte ein älterer Mensch täglich etwa zwei Liter an Flüssigkeit zu sich nehmen. Dies entspricht nach Abzug der Flüssigkeit im Essen einer Trinkmenge von 1,5 Litern täglich (s. S. 31).
- Bieten Sie zu jeder Mahlzeit Getränke an. Achten Sie auf entsprechende Hilfsmittel, z. B. Becher mit Trinkhalm, Nasenbecher, Tasse oder Becher mit großem Griff, leichtes Geschirr, damit die Tasse mit Inhalt nicht zu schwer wird.
- Sorgen Sie für Abwechslung. Auch mal Tee mit Saft mischen, auf Wunsch auch gerne am Abend ein Glas Bier oder Wein.

Manche alte Menschen mögen gerne süße Getränke, Kaffee mit Zucker, Tee mit Honig, Limonade usw. (s. S. 31).

Unterstützung beim Essen

- Die Wünsche des alten Menschen sind zu berücksichtigen und trotzdem sollte auf eine ausgewogene, abwechslungsreiche und vitaminreiche Kost geachtet werden. – Oft ist es wichtig, dass das Essen weich oder auch püriert ist. Durch ansprechende Dekoration und das richtige Geschirr kann dabei auf ein appetitliches Anrichten geachtet werden.
- Solange ein Mensch in der Lage ist, sein Essen selbst einzunehmen, kann dies durch entsprechende Hilfsmittel gefördert werden. Dazu gehören ergonomisch geformtes Besteck mit Griffverstärkung und eine Antirutschmatte unter dem Teller sowie Teller mit tiefem kantigem Rand zum Abstreifen des Löffels oder der Gabel.
- Beim Essenanreichen ist wichtig, dass die Speisen die richtige Temperatur haben. Zeigen Sie zuerst der Person das Essen und sagen Sie, was auf dem Teller ist. Bringen Sie den zu betreuenden Menschen in eine Sitzposition und legen Sie eine saubere Serviette um.
- Gehen Sie nicht zu schnell vor, geben Sie ausreichend Zeit zum Kauen und Schlucken. Der Löffel oder die Gabel sollte nicht zu voll sein. Wenn der Hauptgang fertig ist und Sie mit dem Nachtisch beginnen, sagen Sie das und lassen Sie die Person dazwischen einen Schluck trinken.
- Es ist darauf zu achten, dass beim Einnehmen oder Eingeben der Mahlzeiten die Kleidung ausreichend geschützt wird.
- Um das Essen appetitlich aussehen zu lassen, ist es nötig, die Speisen einzeln zu pürieren und entsprechend auf dem Teller anzurichten. Genauso wichtig wie das ansprechende Anrichten der Speisen ist das ansprechende Eindecken des Tisches.

Ergonomisch geformter Löffel mit Griffverstärkung

Die gute Zusammenarbeit von Pflege-, Betreuungskräften und hauswirtschaftlichen Mitarbeiterinnen und Mitarbeitern ist hierzu unerlässlich.

Die Unterstützung beim Anreichen der Mahlzeit muss individuell sein und die betreuten Personen sollten im Blick bleiben, damit situationsgerecht die richtigen Entscheidungen getroffen werden können.

Am Beispiel Essen und Trinken wird auch deutlich, dass sich die beteiligten Berufsgruppen der Pflege, der Hauswirtschaft und der Betreuung und ihre jeweiligen Aufgaben nicht immer klar voneinander abgrenzen lassen.

4.3 Motivation bei der Pflege

Die Motivierung eines Menschen erfolgt durch Maßnahmen in einzelnen Lebensbereichen zur Förderung des Alltags.

Motivieren bei der Körperhygiene und dem Ankleiden

Das selbstständige An- und Auskleiden kann für Behinderte oder ältere Menschen sehr anstrengend sein. Vorteilhaftere Kleidung kann hier zur großen Hilfe werden.
Praktische Kleidung
- Keine eng anliegende Kleidung verwenden, sie soll weit und dehnbar sein, möglichst mit hohem Baumwollanteil. Hilfreich sind Verschlüsse, die vorn geschlossen werden.
- Große Knöpfe sind greifbarer als kleine. Klettverschlüsse sind gut zu öffnen und zu schließen, deshalb an Blusen oder Hemden zu bevorzugen.
- Anstelle von kleinen Knöpfen Klettverschlüsse anbringen. Am Schieber des Reißverschlusses eine Greifmöglichkeit anbringen.
- Schuhe mit Klettverschluss sind leichter an- und auszuziehen.
- Hosen und Röcke mit breitem Gummizug helfen beim An- und Ausziehen.

Weitere Hinweise auf Hilfsmittel
- Zum Anziehen und Schließen der Schuhe eine Fußbank benutzen.
- Lange Schuhlöffel benutzen, um Bücken zu vermeiden
- Stiefelknecht, um Schuhe auszuziehen, ohne sich zu bücken
- Flüssigseife verwenden, denn sie ist einfacher zu bedienen als Seifenstücke. Zum Abtrocknen auf saugfähige Handtücher achten.
- Eine verlängerte Badebürste hilft bei Bewegungseinschränkungen der Arme. Bei Kämmen und Bürsten für die Haare erleichtern dicke Griffe die Haarpflege.
- Nagelbürsten oder Nagelfeilen am Tisch befestigen, dies erleichtert die Nagelpflege.
- Eine Haarbürste oder ein Kamm mit langem leicht gebogenem Griff schafft Erleichterung beim Kämmen.

Nagelbürste mit Saugnapf

Kamm mit langem Griff

Motivieren bei der Ernährung

Genauso wichtig wie das Angebot einer bedarfsgerechten Ernährung ist es, geeignete Voraussetzungen zu schaffen, dass das Essen eingenommen werden kann. Deshalb müssen geeignete Hilfsmittel zur Verfügung stehen wie:
- ergonomisch geformtes Besteck, evtl. mit Griffvergrößerung
- tiefer Teller mit Abstreifkante
- Teller mit buntem Rand
- Antirutschunterlage unter dem Teller
- Getränk in passendem Gefäß (s. S. 30) bereithalten
- ggf. Esstischchen bereitstellen

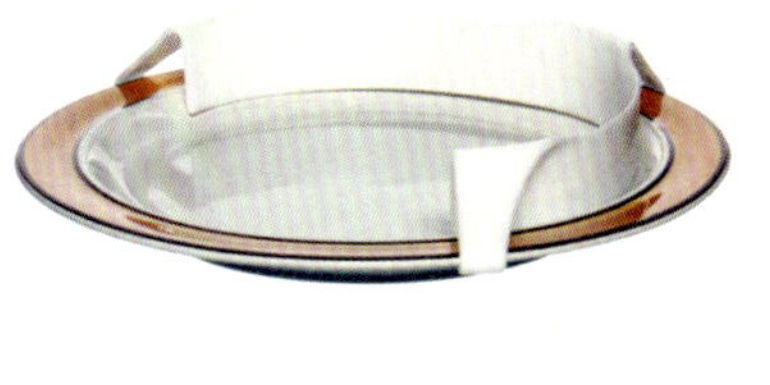

Teller mit tiefem kantigen Rand

Bei bettlägerigen Menschen ist auf die Körperhaltung und Lagerung bei der Nahrungsaufnahme zu achten:
- frei beweglicher Kopf
- Oberkörperhochlagerung (ohne Hüftknick) s. S. 64

Motivation zum Essen wird vielen Menschen auch gegeben durch:
- Information über den Speiseplan
- Sitzmöglichkeit mit Blickkontakt zu anderen Personen
- Zeit für ein Tischgebet einplanen

Motivieren bei der Mobilität

Alte Menschen können sich u. U. nicht mehr selbstständig aus dem Bett oder Sessel erheben, weil die Bettkante oder die Sitzfläche zu niedrig sind. In diesem Fall helfen spezielle fest installierte Holzklötze unter dem Sofa, Sessel oder Bett, die die Sitzfläche erhöhen und damit das Aufstehen und Hinsetzen erleichtern. Ein Rollator oder Rollstuhl ermöglicht ein sicheres eigenständiges Fortbewegen.

Motivieren bei den motorischen Fähigkeiten

Die Motorik wird in vielen Alltagssituationen unterstützt durch:

- Antirutschunterlagen, Griffverdickungen, Fixierbrett, Greifzangen (helfende Hand). Griffverdickungen können einfach aus Schaumstoff oder Rundisolierung selbst hergestellt werden.
- Beim Essen oder auch als Hilfe bei der Speisenzubereitung ist eine rutschfeste Unterlage hilfreich. Sie verhindert das Wegrutschen von z. B. Teller, Schüssel, Schneidebrett.
- Abfälle auf dem Fußboden können mit einer entsprechenden Kehrgarnitur oder einer Greifzange auch ohne Bücken aufgenommen werden.

Motivieren zur sozialen Kommunikation

Immobilität hat immer auch soziale Auswirkungen. Es wird unmöglich, andere Menschen zu treffen oder zu besuchen, zum Einkaufen aus dem Haus zu kommen oder einen Spaziergang zu unternehmen. Die Gefahr der sozialen Isolation und der Vereinsamung nimmt zu. Die Förderung der Bewegungsfähigkeit bedeutet deshalb immer, auch die Aufrechterhaltung von Selbstständigkeit und die Unabhängigkeit des Menschen im Blick zu haben.

- Die Begleitung bei Spaziergängen oder dem Kirchenbesuch kann dazu motivieren, Außenkontakte zu pflegen.
- Die Begleitperson kann bei Behördengängen unterstützen, Briefe verfassen etc.
- Altersgerechte Veranstaltungstermine können aus der Zeitung vorgelesen und besprochen werden.

Ziel ist, dass sich der Mensch so lange wie möglich selber bewegen kann, auch wenn dadurch ein höherer Zeitbedarf entsteht.

Vermeidung von Demotivation

Die zu pflegende Person kann demotiviert werden, wenn ihr

- *Aufgaben weggenommen werden, weil man ungeduldig ist oder lieber selbst diese Aufgaben lösen möchte,*
- *ungefragt Hilfestellung gegeben wird, denn das gleicht einer Bevormundung und setzt den Eigenwillen herab.*

Um Demotivation zu vermeiden, können Hilfen zur Eigenhilfe gegeben werden, z. B. Gehhilfen, leichte und handliche Taschenlampen, um auftretende dunkle Bereiche auszuleuchten.

4.4 Umgang mit altersbedingten Erkrankungen

Die Wahrscheinlichkeit, eine Erkrankung zu bekommen, nimmt im Laufe des Lebens zu. Auch eine gesunde und ausgewogene Ernährung, tägliche Bewegung an der frischen Luft und Training des Gedächtnisses sind keine Garantie für ein gesundes Altern.

Unsere Organe beginnen mit dem Abbau schon in einem Lebensalter von 30 Jahren. Daher ist es völlig normal, dass sich im Laufe des Alterungsprozesses Verschleißerscheinungen bemerkbar machen. Bei der Betreuung von Menschen hilft es, den Umgang mit einigen Erkrankungen erlernt zu haben.

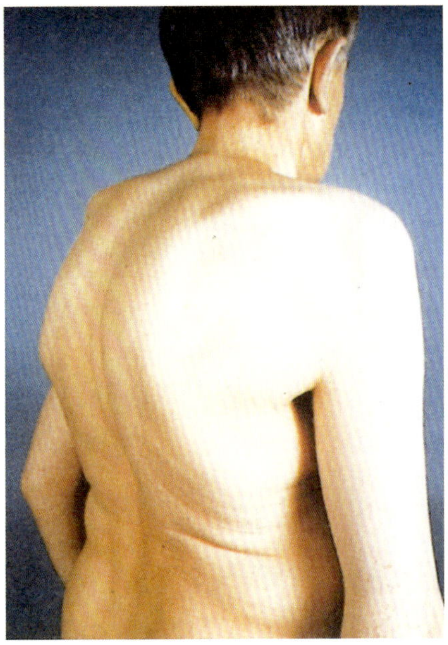

Auswirkung der Osteoporose

Erkrankungen des Bewegungsapparats, der Knochen und Gelenke

Mögliche Erkrankungen im Bereich des Bewegungsapparats sind entzündliches Rheuma, Osteoporose, Gelenkverschleiß (Arthrose).

- Unter **Rheuma** versteht man Beschwerden am Stütz- und Bewegungsapparat mit fließenden, reißenden und ziehenden Schmerzen.
- **Osteoporose** ist gekennzeichnet durch eine Verringerung der Knochendichte, die im Alter durch Abbau der Knochensubstanz entsteht. Sie wird auch Knochenschwund genannt.
  Es ist eine zunächst unbemerkt verlaufende Erkrankung, welche jedoch im Fall von Knochenbrüchen insbesondere bei alten Menschen eine hohe Krankheitsbelastung (Schmerzen, Bettlägerigkeit, manchmal dauerhafte Immobilisierung) bedeutet.
  Man geht davon aus, dass in Deutschland etwa 30 % aller Frauen nach den Wechseljahren an Osteoporose erkranken. Männer sind ab dem 70. Lebensjahr ebenfalls häufig betroffen.
  Bewegung schützt vor Knochenschwund, besonders Spaziergänge im Sonnenlicht werden empfohlen. Diese unterstützen die Vitamin D-Produktion in der Haut, wodurch aufgenommenes Calcium besser resorbiert wird.
  Auf eine ausgewogene Ernährung, besonders die ausreichende Calciumzufuhr ist zu achten (etwa 1 g pro Tag). Calcium findet sich in Milch und Hartkäse, grünen Gemüsen wie Brokkoli und Grünkohl sowie in Samen (Sesam) und Nüssen.
- Von Gelenkverschleiß bzw**. Arthrose** wird gesprochen, wenn hoher Verschleiß der Knochen das altersübliche Maß übersteigt, am häufigsten sind Beeinträchtigungen der Kniegelenke.
  Eine Arthrose im Gelenk kann zu einer schmerzhaften chronischen entzündlichen Gelenkerkrankung (Arthritis) führen.

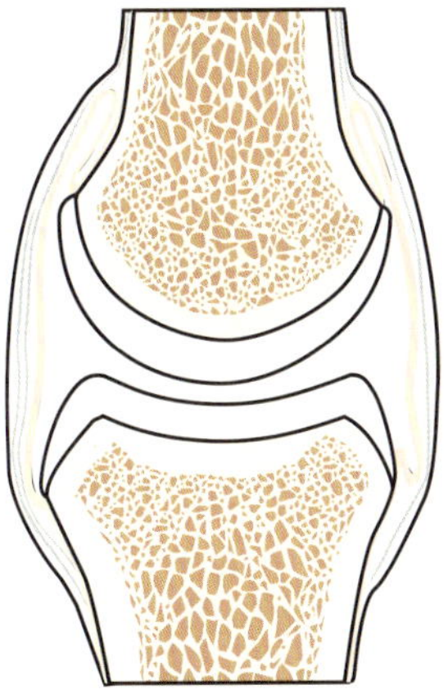

Gesundes Gelenk

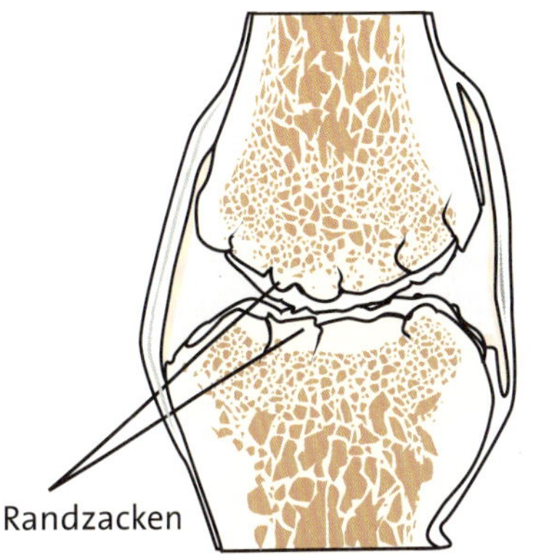

Arthrose

Diese Krankheiten können zu Stürzen führen, zu verlangsamten Bewegungen, Fehlhaltungen und chronischen Schmerzen.

Erkrankungen des Herz-Kreislauf-Systems

Bluthochdruck, Schlaganfall, Herzschwäche bzw. Herzinsuffizienz und Thrombosen sind einige Erkrankungen des Herz-Kreislauf-Systems. Die Risikofaktoren, die zum Ausbruch dieser Erkrankungen führen können, müssen bekannt sein, diese sind

- fett- und salzreiche Ernährung,
- zu wenig Bewegung und damit verbundenes Übergewicht,
- bereits bestehende Erkrankungen wie Diabetes,
- Bindegewebsschwächen.

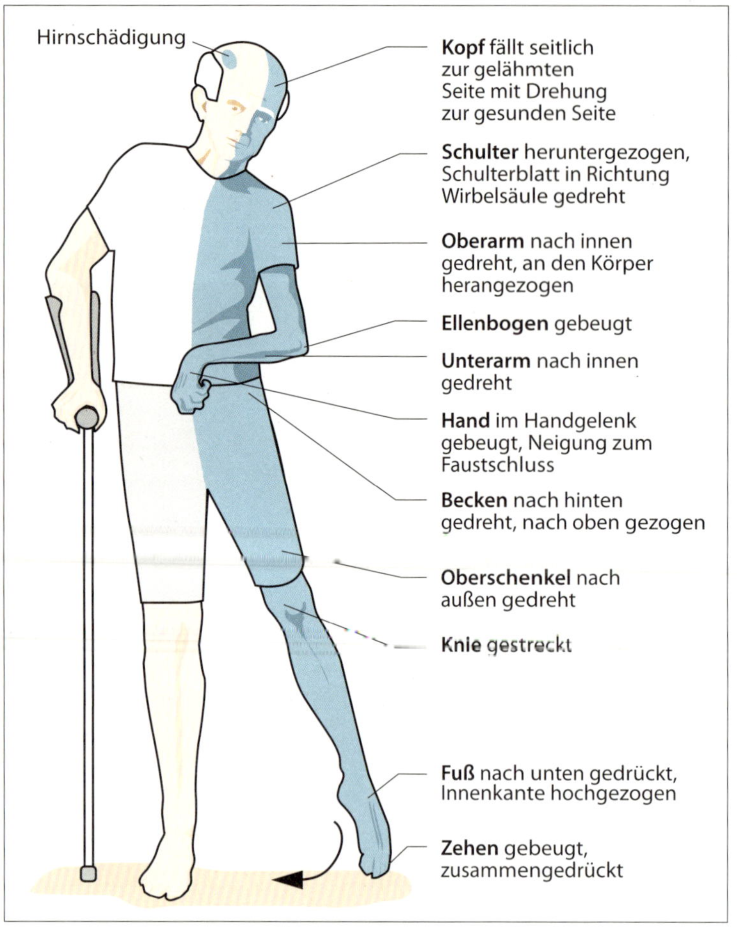

Mögliche Funktionsstörungen als Folge eines Schlaganfalls (treten nicht alle gleichzeitig auf)

In vielen Fällen muss medizinisches Fachpersonal beratend hinzugezogen werden, im akuten Notfall der Notruf ausgelöst werden.

- Beim Bluthochdruck ist der Blutdruck des arteriellen Gefäßsystems chronisch überhöht.
- Ein **Schlaganfall** ereignet sich, wenn ein Blutgefäß im Gehirn durch ein Blutgerinnsel blockiert ist oder reißt. Teile des Gehirns werden hierdurch nicht mehr ausreichend mit Sauerstoff versorgt und beginnen abzusterben. Da bestimmte Regionen des Gehirns unterschiedliche Körperfunktionen steuern, hängen die Auswirkungen davon ab, welche Regionen geschädigt sind. In jeder Minute, in der ein Schlaganfall nicht behandelt wird, sterben Millionen von Gehirnzellen ab. Sofortige Kontaktaufnahme zum Notfallzentrum ist wichtig, kann Leben retten und die Folgen des Schlaganfalls minimieren.

  Warnzeichen eines Schlaganfalls:
  - plötzliche, häufig halbseitige Taubheit oder Schwäche von Gesicht, Arm oder Bein
  - plötzliche Verwirrtheit, Sprachstörungen oder Verständnisschwierigkeiten
  - plötzliche Sehstörungen
  - plötzliche Schwierigkeiten beim Gehen, Verlust des Gleichgewichts
  - plötzlich auftretender heftiger Kopfschmerz unbekannter Ursache

  Funktionsstörungen nach dem Schlaganfall:
  - Schmerzen
  - Depressionen
  - Verlust von Sprache, Sehdrucklähmung
  - spastische Lähmungen (siehe Abbildungen)
- Die **Thrombose** ist eine Erkrankung der Blutgefäße, bei der sich ein Blutgerinnsel (Thrombus) bildet. Besonders bei bettlägerigen Menschen und durch Bewegungsmangel kommt es zur Einengung einzelner Venen, da der Blutstrom verlangsamt ist (s. S. 65). Auch durch einen Flüssigkeitsmangel entsteht eher eine Thrombose.

Einschränkungen an der Lunge, der Bauchspeicheldrüse, des Gehirns und der Nerven

- Bei chronischer **Bronchitis** sind die Atemwege chronisch entzündet, sie äußert sich durch übermäßiges Husten und Auswurf, was durch einen Hustenreflex ausgelöst wird. Sie geht oft in eine Lungenerkrankung über.
  Der Verzicht auf Rauchen ist unumgänglich und die Einnahme von Medikamenten (z. B. Antibiotika) ist zu empfehlen.
- Bei dem **Diabetes mellitus Typ 2 (Alterdiabetes)** ist das Insulin, mit dem der dem Körper zugeführte Zucker abgebaut wird, zwar im Körper vorhanden, es kann aber an seinem Zielort, den Zellmembranen, nicht richtig wirken. Die Zellen sind resistent dagegen. Davon zu unterscheiden ist Diabetes mellitus Typ 1, bei dem im Körper zu wenig Insulin produziert wird. Dieser Typ des Diabetes tritt häufig schon in der Kindheit auf.

Diabetes mellitus Typ 2 führt zu einer Überzuckerung des Blutes. Die Krankheit wird oft zu spät erkannt, sodass Schäden im Augenbereich und Sensibilitätsstörungen an den Füßen auftreten können.
Beim Typ-2-Diabetes kann die erhöhte Insulinresistenz u.a. durch Gewichtsabnahme und vermehrte Bewegung verringert werden. Häufig erreichen Diabetiker nach der Abnahme von 10 kg Körpergewicht „normale“ Zuckerwerte im Blut. Diese Gewichtstherapie fällt allerdings vielen Patienten sehr schwer.

- Bei **Parkinson** kommt es zu Störungen der Bewegungsabläufe des Menschen, weil bestimmte notwendige Stoffe im Gehirn nicht mehr gebildet werden (Dopamin).
  Bei der Parkinson-Erkrankung laufen die Bewegungen des Erkrankten häufig langsamer ab und sind schmerzhaft. Typisch ist auch, dass die Hände zittern und das auch im Ruhezustand. Die Krankheit ist nicht heilbar, Linderung kann mit Medikamenten und Ergo- und Bewegungstherapien erreicht werden. Bei Parkinson ist eine Ernährungsumstellung – wie bei Diabetes – angesagt, auch Bewegungstherapien können helfen. Morbus Parkinson hat häufig auch eine demenzielle Erkrankung zur Folge.
- Bei der Depression handelt es sich um eine psychische Niedergeschlagenheit. Da im Alter die körperlichen Symptome oft die psychischen überdecken, bedarf es einer besonderen Wahrnehmung, um eine **Altersdepression** zu erkennen. Nachlassende körperliche und geistige Leistungsfähigkeit, aber auch Einsamkeit oder der Tod des Partners führen zur Altersdepression. Diese äußert sich durch Schlaf- und Konzentrationsstörungen, Ängste, Selbstmitleid und starkem Leidensdruck. Hilfreich sind angemessene Bewältigungsstrategien für den Umgang mit den altersbedingten Veränderungen. Ggf. ist ein Psychotherapeut hinzuzuziehen, um zu lernen, mit diesen Einschränkungen zu leben.
  Den Alltag abwechslungsreich gestalten und Freude schenken – eine Altersdepression kann mit der Aktivierung von älteren Menschen im guten Fall etwas vermindert werden.

Krankheiten an Augen und Ohren

Der Umgang mit Patienten, deren Augen bzw. Ohren erkrankt sind, ist in Kapitel 3 dargestellt. Vor allem alte Menschen betreffen folgende Erscheinungen.

Grauer Star (Katarakt) ist eine Eintrübung der Augenlinse. Sie tritt im Alter besonders häufig auf, man spricht dann auch von Altersstar.

Beim **Grünen Star** (Glaukom) liegt eine Beschädigung des Sehnervs und des Gesichtsfelds vor. Eine starke Erhöhung des Augeninnendrucks oder Durchblutungsstörungen des Sehnervs können zu dieser Erkrankung führen.

Altersabhängige **Makuladegeneration** (AMD). Sie führt zum Verlust der zentralen Sehschärfe, Durchblutungsstörungen, die wiederum zu einer Mangelernährung der Netzhautmitte führen.

Auch der oben beschriebene Diabetes mellitus kann zu Augenproblemen führen, weil er Gefäßveränderungen an der Netzhaut des Auges bewirkt. Ein weiteres Problemfeld im Alter sind trockene Augen, die mit Brennen, Jucken und Kratzen verbunden sind. Das ist zwar keine reine altersbedingte Krankheit, kommt aber im Alter besonders häufig vor.

Leider werden die Schäden oft erst wahrgenommen, wenn sie schon eingetreten sind. Dem kann durch regelmäßige Vorsorgeuntersuchungen beim Augenarzt entgegengewirkt werden. Er verfügt über entsprechende Tests und kann gegensteuern.

Trockene Augen können z. B. mit Augentropfen als Tränenersatzmittel behandelt werden, deren Anwendung wiederum von Fachkräften begleitet werden sollte.

Auch auf eine genügende Trinkmenge muss geachtet werden. Hier wird auch die Verzahnung mit anderen Krankheiten deutlich, Diabetes mellitus, Schilddrüsenerkrankungen, Arthritis können die Ursache für trockene Augen sein.

Es gibt keine klare Therapie bei der trockenen AMD, eine gesunde und aktive Lebensführung wird empfohlen, ebenso der Verzicht auf das Rauchen und eine gesunde Ernährung. Für die Therapie der feuchten Form gibt es eine Reihe medizinischer Möglichkeiten, allerdings kann das Fortschreiten der Erkrankung nur aufgehalten werden.

Fachkräfte können dabei helfen, dass diese Grundvoraussetzungen der Lebensführung eingehalten und regelmäßige Arztbesuche organisiert werden.

Gehörstörungen

Im Alter lässt in der Regel auch das Gehör nach, vermehrt nach dem fünften bis sechsten Lebensjahrzehnt. Gespräche können nur eingeschränkt verfolgt werden, insbesondere, wenn laute Umgebungsgeräusche vorhanden sind. Für die Betroffenen wird es anstrengend, Gesprächen zu folgen, sie klinken sich aus, es kann zu sozialer Isolation und Depressionen kommen.

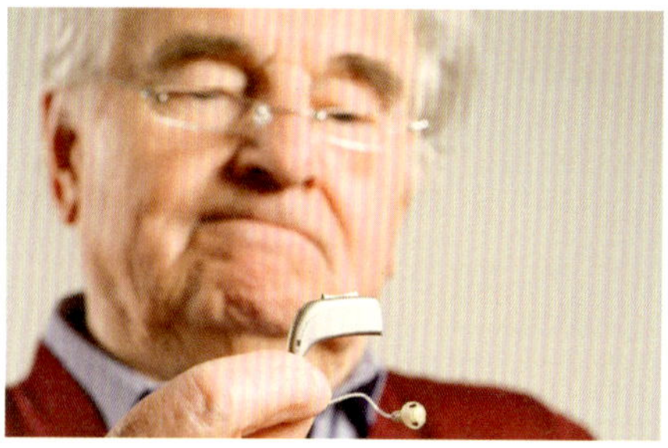

Es werden vor allem Hörgeräte zur Verbesserung der Situation eingesetzt. Diese sind allerdings gewöhnungsbedürftig und sollten relativ früh benutzt werden und nicht erst, wenn der Hörverlust stark fortgeschritten ist. Auch die Pflege dieser Geräte ist nicht für jeden einfach, das Säubern und der Batteriewechsel können mit eingeschränkter Motorik eine große Hürde bedeuten. Hierbei wird zumeist Hilfe durch andere Personen benötigt. Oft werden die vorhandenen Geräte auch nicht benutzt, was verschlechterte Kommunikation zur Folge hat. Die Betroffenen sollten beim Gebrauch der Hilfsmittel unterstützt werden.

Frau Richter sitzt bei den Mahlzeiten verschlossen und in sich gekehrt an ihrem Platz an einem Vierertisch im Speisesaal. Sie nimmt zu ihrem Tischnachbarn oder Gegenüber keinen Kontakt auf, Fragen werden von ihr ignoriert. Frau Richter reagiert nur, wenn sie direkt, deutlich und mit Augenkontakt angesprochen wird. Sehr schnell ist klar, dass bei dieser Frau eine Schwerhörigkeit vorliegt.

Die Hauswirtschaftsmitarbeiterin gibt ihre Beobachtung an die Pflegefachkraft weiter, auf diese Weise werden Maßnahmen in die Wege geleitet, um auf diese Behinderung von Frau Richter einzugehen. Alle Mitarbeiter können sich dann angemessen gegenüber der schwerhörigen Frau verhalten. Durch Gespräche mit Angehörigen und dem Hausarzt wird klar, dass Frau Richter schon längere Zeit unter dieser Beeinträchtigung leidet und sich immer mehr aus ihren sozialen Kontakten zurückgezogen hat, da es ihr nicht mehr möglich war, zu verstehen, was „hinter ihrem Rücken" gesprochen wurde. Hierdurch entwickelte die Dame ein starkes Misstrauen. Durch gezielt eingesetztes Verhalten, durch überlegte Kommunikation und durch das Konsultieren eines Facharztes hat sich die Situation von Frau Richter grundlegend verändert. Mithilfe ihres neuen Hörgeräts kann sie am Tisch mit ihrem Gegenüber wieder sprechen und gibt auf Fragen gerne und bereitwillig Antwort.

Tumorerkrankungen (Krebs)

Tumore sind Fehlregulationen des Zellwachstums, die bösartig oder gutartig sein können.

Bösartige Tumore werden häufig als Krebs bezeichnet. Sie wachsen in umgebendes Gewebe ein und zerstören es.

Außerdem verbreiten sie sich über das Blut und die Lymphbahnen an andere Stellen des Körpers.

Grundsätzlich spielt das Alter bei der Behandlung von Krebserkrankungen eine geringere Rolle als andere Faktoren wie der voraussichtliche Krankheitsverlauf und der Allgemeinzustand.

Keinem Menschen wird die Behandlung deshalb verweigert, weil „es sich aufgrund der geringen Lebenserwartung nicht lohnt".

Besonderheiten bei älteren Menschen sind:

- Der Allgemeinzustand kann schlechter sein als bei Jüngeren, die allgemeine Leistungsfähigkeit ist geringer. – Andere vorhandene Krankheiten erschweren oft die Krebstherapie. Es müssen Wechselwirkungen mit Medikamenten für andere Erkrankungen berücksichtigt werden. Auch altersgemäße Veränderungen wie Einschränkungen der Nierenfunktion und Veränderungen im Wasserhaushalt können eine Rolle spielen: Medikamente werden dadurch langsamer ausgeschieden.
- Das Immunsystem ist weniger effektiv und der (Wund-)Heilungsprozess verläuft länger.
- Kann die für Jüngere angesagte Krebstherapie aus diesen Gründen nicht durchgeführt werden, verbleibt noch lindernde Therapie wie die Schmerztherapie. Die Ärzte müssen abschätzen, ob die übliche Behandlung bei dem einzelnen alten Patienten mehr schadet als nützt.

Zu den krankhaften Veränderungen im Alter gehört bei Männern auch die Vergrößerung der Prostata, was zu einer Störung der Blasenentleerung führen kann. Ebenso zählt **Inkontinenz** zu den Krankheiten, die das Alter mit sich bringt. Dieser Kontrollverlust über eigene Körperfunktionen führt oft zu Minderwertigkeitsgefühlen und verringerter Aktivität. Betroffene halten ihr Problem möglichst geheim, es entwickelt sich ein Gefühl der Scham. Körpergerüche entstehen und hinterlassen bei den Patienten das Gefühl, ausgegrenzt zu werden.

Gesprächsbereitschaft signalisieren – immer wieder.

Hilfreich ist es, die betroffenen älteren Menschen zu ermutigen, Hilfsmittel anzunehmen (s. S. 76) und so aktiv am gesellschaftlichen Leben weiter teilnehmen zu können.

4.5 Umgang mit Demenzkranken

Das Krankheitsbild zu Demenz wird in Abschnitt 2.6 beschrieben. Die Demenz vom Typ Alzheimer (häufigste Art dieser Erkrankung) hat weitreichende Auswirkungen sowohl auf das bewusste, wie auch auf das unbewusste Denken der Betroffenen.

Bewusstes Denken

- Gedächtnisstörungen bis hin zur völligen Vergesslichkeit
- Wortfindungsstörungen bis hin zum Verlust der Sprache
- Orientierungsstörungen bis zur Orientierungslosigkeit in Zeit und Raum

Unbewusstes Denken

- Persönlichkeitsstörungen, Aggression, Depression
- Wahnvorstellungen, gestörter Tag-Nacht-Rythmus
- Verhaltensauffälligkeiten, starke Unruhe, Rastlosigkeit

Aufgabe ist es, das Umfeld der Menschen mit Demenz anzupassen, da sie sich selbst nicht mehr ihrer Umwelt anpassen können. Die Betreuung von Menschen mit Demenz ist eine der schwierigsten und anspruchsvollsten Aufgaben in der Begleitung von alten Menschen. Die Erkrankten werden im Zeitablauf immer „verwirrter", folgende Auffälligkeiten sind zu beobachten:

- Rückzug in die eigene Vergangenheit, z. B. Patient sucht seinen Vater, weil er diesem unbedingt im Stall helfen muss. (Der Erkrankte lebt in seiner Lebenswelt, in welcher er vielleicht gerade 25 Jahre alt ist.)
- Informationen kommen nicht mehr an: Die Information, dass heute Sonntag, der 15. Februar ist, wird mit der Frage beantwortet, welchen Tag wir denn heute haben.
- Bezug zur Wirklichkeit geht immer mehr verloren: Betroffene Patientin (82 Jahre alt) will für ihre vier kleinen Kinder das Mittagessen zubereiten.
- Schutz durch Rückzug: Patient will das Bett nicht mehr verlassen, wendet sich ab, wenn er angesprochen wird. Er fühlt sich vielleicht unverstanden und hat das Gefühl, hier nicht zu Hause zu sein.

Die Realität des Demenzkranken und die Realität der Umwelt sind nicht deckungsgleich, es sind zwei verschiedene Erlebenswelten.

Für den Demenzkranken ist es nicht möglich, „seine" Realität zu verlassen, deshalb ist es wichtig, dass sich die Umwelt der Realität des demenziell Erkrankten annähert. Dies kann gelingen durch das Wahrnehmen der Gefühle und die Kommunikation auf der emotionalen Ebene.

Am Anfang einer Demenzerkrankung stehen Störungen des Kurzzeitgedächtnisses. Im Verlauf der Erkrankung lässt die Merkfähigkeit immer mehr nach. Und schließlich gehen auch immer mehr Informationen aus dem Langzeitgedächtnis verloren. Die Erkrankten können sich deshalb nicht mehr orientieren.

Die Orientierungslosigkeit bezieht sich auf den Raum, die Zeit und die Situation.

- Räumliche Desorientierung: Wo bin ich? Ich kenne mich hier nicht aus!
- Zeitliche Desorientierung: Gibt es heute kein Frühstück? (Frage am Abend vor dem Zubettgehen)
- Fehlende Orientierung zur Situation: Ich weiß überhaupt nicht, was ich machen soll! (Situation am Esstisch, Bewohnerin sitzt vor dem Teller, auf dem eine Scheibe Brot und ein Schälchen mit Butter sind. Ein Messer liegt daneben.)

So kommt es, dass sich Demenzkranke auch in ihrer vertrauten Umgebung nicht mehr zurechtfinden. Auch gewohnte alltägliche Handlungen können nicht mehr ausgeführt werden. Deshalb sind diese Menschen zunehmend auf fremde Hilfe angewiesen, was von der Versorgung über die Betreuung bis zur Pflege reicht. Es ist für diese Menschen besonders wichtig, dass sie an Alltagsverrichtungen teilhaben können. Hierdurch kann sich ihre Lebensqualität verbessern und oftmals kann auch beobachtet werden, dass die Krankheitssymptome abgemildert werden.

Wichtig ist es, eine Balance zu finden zwischen aktivierenden und ruhigen Anteilen, damit die dementen Menschen nicht mit Reizen überfordert werden, was Unruhe oder auch Aggression auslösen kann. Sie sollten aber auch nicht unterfordert werden, da dies zu Teilnahmslosigkeit oder zu weiterer Abkapselung führen kann.

Die Wohnung als Ort des Wohlfühlens

Bei der Betreuung und Begleitung demenziell erkrankter Menschen kann es immer wieder zu Missverständnissen, Fragen und Schwierigkeiten kommen,

- da der Beginn der Erkrankung für Angehörige und Außenstehende oft nicht klar erkennbar ist,
- der Erkrankte selbst meistens lange die Erkrankung zu überspielen und zu verharmlosen versucht,
- die Übergänge der einzelnen Erkrankungsstadien fließend sind,
- im Anfangsstadium die Erkrankung oft nur zeitweise auch für nahe Angehörige feststellbar ist oder
- weil Emotionen wie Angst, Ratlosigkeit, Wut und Ärger im Spiel sind.

Eine Kollegin erzählt von der Ankunft einer neuen Bewohnerin auf Station Lavendel. Sie machen sich auf den Weg, um diese zu begrüßen und begegnen in der Wohngruppe angekommen einer sehr gepflegten und sehr elegant gekleideten Dame, welche sehr glaubhaft versichert, dass sie hier in dieser Einrichtung eben mal einen Besuch zu erledigen hat. Sie werden von ihr gebeten, ihr ein Taxi zu rufen, denn sie möchte nun doch schnellstmöglich wieder nach Hause.

Aber: Die Betroffenen bleiben auch hier empfänglich für nonverbale Kommunikation (wie Lächeln, Berührungen, Streicheln oder Handhalten) und auch für optische und akustische Reize wie schöne Farben und Formen (Mobile oder Bilder) und auch Musik unterschiedlicher Art. Von Volksmusik über alte Schlager, kirchliche Musik oder Klassik.

Dieses Beispiel macht deutlich, dass Erkrankte nicht auf den ersten Blick, und in jeder Situation als solche zu erkennen sind. Es ist im Umgang, bei der Begegnung, der Begleitung und Betreuung dementer Menschen (und auch ihrer Angehörigen) viel Einfühlungsvermögen und manchmal auch kritisches Hinterfragen nötig.

Ein weiterer Demenztyp entsteht durch Durchblutungsstörungen infolge von wiederholten kleinen Schlaganfällen, die das Absterben von Hirnzellen bewirken. Man bezeichnet dies als gefäßbedingte Demenz.

Das Leben mit all seinen Facetten soll Freude bereiten!

Um Personen mit Demenz und deren Bedürfnisse zu verstehen, bedarf es einer einfühlenden und wertschätzenden Haltung. Wichtig ist es, diese Erkrankten so anzunehmen, wie sie sind, und ihre Empfindungen und Gefühle gelten zu lassen. Niemand weiß sicher, wie ein Mensch mit Demenz sich tatsächlich fühlt. Deshalb ist es notwendig, sich deutlich zu machen, wie ein Betroffener sein Leben erfahren konnte. Dies kann durch Beobachtung, Zuhören und „sicheinfühlen" gelingen. Die Person und deren Wohlbefinden soll im Mittelpunkt stehen, nicht die Demenz mit all ihren Symptomen.

Wohlbefinden und Zufriedenheit und damit Lebensqualität ist stark abhängig davon, wieviel Unterstützung, Akzeptanz und Wertschätzung die Betroffenen als Person erfahren, und ob es gelingt, die Kranken in ihrer ganz eigenen Lebenswirklichkeit zu erreichen und diese an den Gefühlen orientiert zu begleiten.

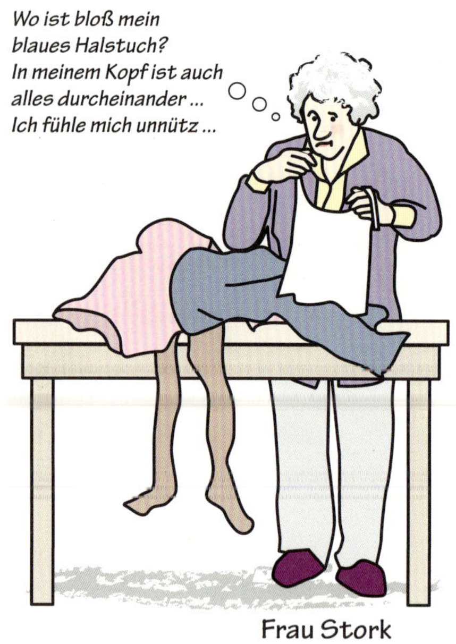

Trotz der Einschränkung, die die Erkrankung mit sich bringt, soll für die demente Person die Möglichkeit geboten werden,

- Entscheidungen zu treffen bzw. die Möglichkeit bieten, Entscheidungen selbst zu treffen,
- Handlungen nach ihren Fähigkeiten durchzuführen,
- sich im Rahmen der Möglichkeiten zu beschäftigen und zu bewegen,
- Bedürfnisse wahrzunehmen und zufrieden zu stellen.

Um dies zu erreichen, benötigen die Personen ein „zulassendes" Umfeld, also eine Umgebung und Haltung, in der z. B. genussvolles Essen möglich ist. Das abweichende Verhalten (z. B. Essen mit Fingern oder Essen eines Fleischkloßes mit Zucker) wird nicht korrigiert. Im Vordergrund steht, dass die Person mit Genuss essen kann.

Den Menschen am gefüllten Teller riechen lassen.

Rituale stellen eine Hilfe dar.

Nicht selten sind für ältere Menschen mit und ohne Demenz Mahlzeiten ein „Highlight". Sie dienen der Strukturierung des Tages, der Kommunikation, des Gemeinschaftsgefühls und der Zugehörigkeit. An Demenz erkrankte Personen sind in der Regel jedoch nicht mehr in der Lage, ihre Bedürfnisse zu artikulieren, sondern darauf angewiesen, dass andere Personen diese erkennen und für deren Befriedigung Sorge tragen.

Menschen mit Demenz drücken oft durch ihr Verhalten aus, was sie empfinden.

Menschen mit Demenz kann es durch verschiedene Sinneswahrnehmungen verstärkt gelingen, sich zu orientieren, sich zu erinnern und zu genießen, z. B. durch Duft von frischen Brötchen, Kaffee, frisch gebackenem Kuchen, duftende Suppe in der Suppenschüssel u. v. m.

Wichtige Grundregeln der emotionalen Kommunikation

- Akzeptieren: Die Äußerungen des Erkrankten sind wichtig und richtig. Sie sind Ausdruck des momentanen Lebensgefühls.
- Antworten: in kurzen, klaren Sätzen. Gefühle, welche geäußert wurden und verstanden werden, direkt benennen, z. B.: Sie sind wütend, Sie haben Hunger, Sie wollen nach Hause, Sie haben Angst, Ihnen ist kalt, Sie sind traurig. Und so weiter ...
- Vermeiden: Ablenkungsmanöver, Vertröstungen und Lügen. Keine Fragen nach dem Warum und Weshalb. Denn diese Fragen setzen ein logisches Denkvermögen voraus. Der Erkrankte fühlt sich vielleicht unter Druck gesetzt und verweigert sich deshalb.

Wir können demenziell erkrankte Menschen nicht verändern. Aber wir können unsere Haltung und unsere Wahrnehmung diesen Menschen gegenüber verändern. Durch diese emotionale Art der Kommunikation kann es gelingen, dass sich die Erkrankten wahrgenommen fühlen und dadurch belastende Gefühle weniger werden. Die Erkrankten erfahren Wertschätzung und erleben eine Stärkung ihres Selbstbewusstseins. Es kann sich als sehr hilfreich erweisen, bei Demenzkranken nicht vorrangig von ihrem Unvermögen, ihren Verlusten und Defiziten auszugehen, sondern vielmehr an den verbliebenen Kenntnissen, Gefühlen und eingeprägten Lebensthemen anzusetzen. Menschen mit Demenz verlieren die Fähigkeit, die eigenen Bedürfnisse verständlich auszudrücken. Für die Kommunikation mit ihnen ist es deshalb unerlässlich, die Motive hinter ihrem Verhalten zu erkennen. Dadurch kann das Recht auf ihre Selbstbestimmung stärker berücksichtigt werden. So können kritische Situationen entschärft und in positive Bahnen gelenkt werden.

Es gibt verschiedene Herangehensweisen und Konzeptionen bei der Betreuung von Menschen mit Demenz, drei unterschiedliche Konzepte werden im Folgenden beschrieben:

Personenzentrierte Pflege

Person sein: Der Mensch wird erst in der Beziehung zu anderen zu dem, der er ist. Ob sich ein Mensch mit Demenz als solcher wahrnimmt, hängt wesentlich von den Menschen ab, die ihm begegnen. Das Personsein kann durch eine anerkennende, respektvolle und vertrauende Beziehung gestärkt werden. Psychische Bedürfnisse: Auch ein Mensch mit Demenz hat psychische Bedürfnisse. Diese kann er jedoch nicht ohne fremde Hilfe erfüllen.

Relatives Wohlbefinden: Das dritte wichtige Element des Konzepts ist das Wohlbefinden. Durch einen personenzentrierten Umgang können Bedürfnisse befriedigt werden und damit ein gewisses Maß an Wohlbefinden erreicht werden. Dieses Wohlbefinden wird erreicht, wenn der Betroffene das Gefühl hat, etwas wert zu sein, etwas zu tun zu haben, dazuzugehören sowie Sicherheit und Vertrauen zu erfahren.

Arbeitsaufträge

1. Überlegen Sie, welche psychischen Bedürfnisse im Punkt 2 der personenzentrierten Pflege gemeint sein könnten.
2. Im 3. Punkt wird das Wohlbefinden als „relatives" Wohlbefinden bezeichnet, weil durch die eingeschränkte Denkleistung auch das Wohlbefinden eingeschränkt wird. Diskutieren Sie, was damit gemeint sein könnte.

Validation

Validieren bedeutet: Etwas für gültig erklären, wertschätzen, annehmen. Validation will ein wertschätzender Umgang mit demenziell erkrankten Menschen sein, der die Gefühle und die Lebenswelt der Betroffenen annimmt und akzeptiert. Folgende drei Punkte sind bei dieser Methode wichtig:

Eine bestimmte Form des Eingehens und Reagierens auf die Verhaltensweisen und die Äußerungen dementer Menschen. Eine Grundhaltung, welche den alltäglichen Umgang mit Dementen bestimmt.

In belastenden Situationen werden Spannungen reduziert und Beziehungen werden ermöglicht.

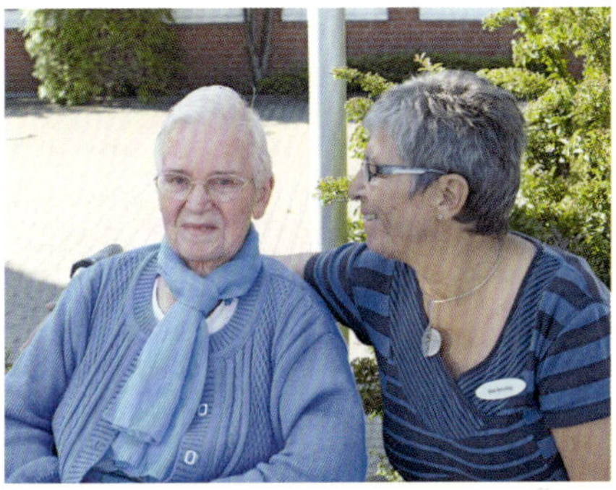

Assoziativer Dialog/Dialog und Demenz

Der assoziative Dialog als Gespräch, das bewusste und unbewusste Gedankenverbindungen berücksichtigt. Das ist eine Methode für die sprachliche (verbale) Kommunikation mit demenziell veränderten Menschen. Sie ermöglicht Mitarbeitern in Pflege, Hauswirtschaft, Betreuung und Hospizdienst sowie Angehörigen von demenziell Erkrankten in deren eigener Lebenswelt, im Hier und Jetzt sprachlich zu begegnen.

Drei wichtige Punkte bei dieser Methode:
Wichtige Erinnerungen werden wertfrei aufgegriffen. Nicht Fakten und reale Vergangenheit sind wichtig, sondern die Wahrnehmung im Moment. Sie setzt die Fähigkeit des Menschen, bewusste und unbewusste Gedankengänge zu verknüpfen, gezielt ein, um Wahrnehmungen miteinander zu verbinden. Sie fördert die Haltung einer respektierenden Eigenansicht im Erleben des Moments für beide Seiten.

Arbeitsauftrag

Vergleichen Sie die verschiedenen Konzepte, wo stimmen sie überein, worin unterscheiden sie sich?

In Wohngruppen, in denen Bewohner mit Demenz zusammenleben, gibt es vielfältige Möglichkeiten zur Mitwirkung bei Angeboten zur Alltagsgestaltung.Bei der Nahrungszubereitung beteiligen sich manche Bewohner gerne, indem sie beim Kartoffelschälen, beim Gemüseputzen, beim Entsteinen der Pflaumen oder beim Kleinschneiden von Äpfeln usw. mithelfen.

Wichtig ist, dass die Arbeitsplätze vorbereitet und alle erforderlichen Arbeitsmittel bereitgelegt werden. Selbstverständlich sind auch bei diesen Arbeiten die Hygienestandards einzuhalten. Die Mitarbeiterin unterstützt und motiviert zum Weitermachen. Es geht nicht nur darum, dass z. B. die Kartoffeln geschält werden, sondern wichtig ist das Mitmachen, das Dabeisein und die Sinneseindrücke wie Fühlen, Sehen, Schmecken und Erinnern. Das Gefühl: Ich bin dabei, ich kann etwas tun. Auch die Gedanken, die z. B. beim Berühren einer Kartoffel oder beim Geruch einer Orange aufkommen, sind wichtig und es wird darüber gesprochen. Das Angebot zur Mithilfe bei der Alltagsgestaltung darf sich nicht zu stark am Ergebnis orientieren.

Eine hauswirtschaftliche Mitarbeiterin sitzt mit vier Bewohnern am Tisch, um Kartoffeln zu schälen. Die Kartoffeln sind gewaschen, der Arbeitsplatz ist vorbereitet. Ein Bewohner stapelt zwei Schneidebretter aufeinander und beschäftigt sich intensiv mit dieser Aufgabe. Eine Dame schneidet eine Kartoffel in winzig kleine Stückchen. Die dritte „Helferin" kann nicht auf ihrem Platz sitzen bleiben, sondern muss zum Fenster gehen, um nachzusehen, ob vielleicht ihre Mutter kommt. Ein weiterer Bewohner hält die Kartoffel in der Hand und streichelt diese ganz behutsam.

In dieser Situation wird die hauswirtschaftliche Mitarbeiterin nun die Kartoffeln selbst schälen. Dabei wird sie versuchen, mit den Bewohnern, die mit am Tisch sitzen, eine Unterhaltung zu führen. So kann für die Beteiligten das Gefühl entstehen, mit dabei zu sein und mitzuhelfen und sich einfach wohlzufühlen.

Auch wenn die Bewohner nachher beim Mittagessen nicht mehr wissen, dass sie bei der Zubereitung des Essens mitgeholfen haben oder mit dabei waren, so ist es dennoch wichtig, diese Angebote aufrechtzuerhalten und immer wieder dazu aufzufordern. Für den Bewohner ausschlaggebend ist der Moment, in welchem er sich wohlfühlt. Er ist mit diesen Angeboten zufrieden und daher ausgeglichen.

4.6 Angebote zur Beschäftigung für ältere Menschen und Demenzkranke

4.6.1 Biografische Informationen

Menschen mit Demenz zu verstehen und geeignete Maßnahmen ableiten zu können, setzt voraus, dass die Biografie des Menschen bekannt ist. Für den Umgang mit Demenzkranken ist dessen Lebensgeschichte sehr wichtig.

Biografische Informationen beziehen sich auf: Geburtsort, Ehepartner, Geschwister, Beruf, Kinder, Hobbys, Erkrankungen, Vorlieben, Abneigungen.

Aus diesen Informationen lassen sich Bedürfnisse des Einzelnen ableiten sowie Neigungen und Fähigkeiten fördern. Sie können in Gesprächen erfragt und durch Fragebögen, die die engsten Bezugspersonen ausfüllen, vorbereitet werden.

Die Pflegenden können nicht nur wichtige Informationen über Vorerkrankungen gewinnen, die Erkenntnisse aus der Biografie erleichtern auch die Kommunikation (Umgangsformen, bevorzugte Gesprächsthemen usw.) und geben Informationen über Bewegungsmöglichkeiten. Ziel ist es, dass auf die persönliche Situation des an Demenz Erkrankten eingegangen werden kann, sodass er sich wohlfühlt.

Eine Aktivierung bedeutet immer eine Sinnesanregung, wobei mehrere Sinne gleichzeitig angesprochen werden können. Diese kann aus ganz unterschiedlichen Lebensbereichen kommen wie Haushalt, Garten, Lebensabschnitte wie Konfirmation und Hochzeit.

Oft reicht eine sogenannte Kurzaktivierung, die innerhalb von 10 Minuten mithilfe verschiedener Gegenstände viele Sinne anregt.

Positive Erinnerungen werden geweckt.

Arbeitsauftrag

Informieren Sie sich über Personen, die auf Fotografien der zu betreuenden Person abgebildet sind, und finden Sie Anknüpfungspunkte für Gespräche.

Verbale Äußerungen zu deuten, ist nicht immer einfach. Andauerndes Rufen nach der schon lange verstorbenen Mutter kann ein Hilferuf nach Geborgenheit und Zuwendung bedeuten. Jetzt sind Aussagen, dass die Mutter schon lange tot ist, fehl am Platz. Das In-den-Arm-Nehmen des Demenzkranken hilft eher. Worte herauszufiltern erfordert auch hier viel Einfühlungsvermögen und gute Kenntnis des Menschen und seiner Biografie.

Frau Nolte besteht darauf, ihr Abendbrot heute schon um 16 Uhr zu sich zu nehmen. Die Hauswirtschaftsmitarbeiterin klärt mit Frau Nolte, ob sie denn bereit ist, bei der Zubereitung des Abendbrots zu helfen. So beginnt Frau Nolte, eine Salatgurke zu schälen und anschließend in feine Scheiben zu schneiden. Sie bietet auch den Mitbewohnern, welche mit ihr am Tisch sitzen, von der Gurke an. So entsteht eine sehr angenehme Atmosphäre, Frau Nolte ist sehr zufrieden. Sie konnte eine Kleinigkeit essen und auch noch andere Bewohner mitversorgen.
Das Abendessen um 18 Uhr kann mit Appetit verspeist werden.

Jeweils zum Thema passend können Gegenstände einer Aktivierung sein:

Fotos, Wäscheklammern, Kaffeefilter, Postkarten, Kräuter, Seife z. B. Diese Gegenstände sollten biografiebezogen sein und einen Wiedererkennungswert für die zu betreuende Person haben.

Hier noch einige Tipps:
- *Sprechen Sie langsam und deutlich in einfachen kurzen Sätzen.*
- *Achten Sie dabei besonders auf eine potenzielle Schwerhörigkeit.*
- *Eine Mitteilung pro Satz ist ausreichend.*
- *Formulieren Sie positiv in bejahenden Sätzen.*
- *Schauen Sie dem Demenzkranken direkt in die Augen, ggf. berühren Sie ihn, um die Aufmerksamkeit zu erhalten.*
- *Lassen Sie genügend Zeit für Antworten.*
- *Ein Korrigieren von Wörtern und Sätzen ist unnötig. Immer wieder sollte zum Sprechen ermuntert werden.*

Hierdurch ergeben sich auf verschiedenen Ebenen Anknüpfungspunkte für Gespräche und weiteres Handeln. Gemeinsames Tun macht Spaß und gibt auch bei vielen Tätigkeiten aus der Hauswirtschaft das Gefühl, etwas Sinnvolles zu tun und gebraucht zu werden.

4.6.2 Beschäftigungsmöglichkeiten für demente Menschen

Aus den biografischen Kenntnissen kann abgeleitet werden, wie der Patient zu beschäftigen ist. Hier wird u.a.
- Sicherheit vermittelt,
- die Selbstständigkeit möglichst weitgehend erhalten,
- das Langzeitgedächtnis trainiert und der Tagesablauf strukturiert.

Auch die Angehörigen sollten einbezogen werden, denn sie können wichtige Impulse geben und auch Vertrauen gegenüber der Pflegeeinrichtung entwickeln.

Im Alltag kommen verschiedene Lebensbereiche infrage – Tätigkeiten im Haushalt, z.B. bei der Essenvorbereitung, beim Staubwischen und der Kleiderpflege, beim Kochen und Backen.

Alte noch vorhandene Bewegungsmuster können wieder aktiviert werden, allerdings ist darauf zu achten, dass der demenziell Erkrankte nicht überfordert wird. Die Aktivierung kann sich auf kleine Teilbereiche des Alltags beschränken, wie etwa das Decken des Tisches. Durch bekannte Wohlgerüche (frischer Kuchen) und auch Erinnerungen an frühere Tätigkeiten (z.B. im Haushalt) kann manchmal wieder Interesse an den Aktivitäten geweckt werden. Gerade hauswirtschaftliche Tätigkeiten können das Gespräch anregen und lange zurückliegende Geschichten lebendig werden lassen. Auch wenn die Erinnerung vielleicht am nächsten Tag wieder verschwunden ist, so bleibt ein zufriedener älterer Mensch zurück.

Besonders große Puzzleteile für die Beschäftigung mit älteren Menschen

Handarbeiten wie Nähen oder Stopfen sind vielfach im Langzeitgedächtnis noch verankert und können ebenfalls aktiviert werden.

- Kreative Tätigkeiten wie malen, kneten und basteln, auch gedächtnisstützende Aufgaben wie Kreuzworträtsel lösen gehören dazu. Bei Gesellschaftsspielen können die Regeln vereinfacht werden.
- Musik hören, singen und tanzen sind sehr beliebt bei den demenziell erkrankten Menschen. Hier bringt das Langzeitgedächtnis noch Erstaunliches hervor. Musik spricht besonders die emotionale Seite an.

Intensive Erlebnisse werden verstärkt, Aggressionen, Depressionen, Frustrationen können abgebaut werden. Gleichzeitig weckt Musik Erinnerungen an bestimmte Situationen und gibt Menschen mit Demenz eine gewisse Orientierung. Die Musik lässt sich mit Schaukeln, Schunkeln, Klatschen und Tanzen verbinden, es entsteht etwas Bewegung.

- Leichte Gartenarbeiten – auch wenn sie nur in einem Kontakt mit dem Garten bestehen – regen Sinne an und vermitteln Ruhe und Entspannung. Sie geben auch das Gefühl, gebraucht zu werden, nützlich zu sein. Tätigkeiten, die früher gern und oft ausgeführt wurden, werden auch im Alter noch bevorzugt. Menschen, die in ihrem Leben immer viel gelesen und geschrieben haben, werden allerdings auch bei einer Demenz eher etwas mit Schreibzeug anfangen können als mit Unkraut jäten.
- Der Umgang mit Haustieren vermittelt Freude und Wohlbefinden.

Natürlich müssen hierbei hygienische Aspekte beachtet werden.

Weitere Möglichkeiten sind
- Gestaltung von Festen und Feiern
- Begleitung zu Fachärzten, Fußpflege, Frisör usw.
- Empfang von Besuchen und Kontakt zu Angehörigen ermöglichen (auch telefonisch)

In einer Wohngruppe im Seniorenheim werden bestimmte Komponenten jeden Tag frisch gekocht und mindestens einmal wöchentlich wird gebacken. So ergibt sich im Alltag auf einfache Weise eine Normalität mit der Möglichkeit, bei der Alltagsgestaltung mitzumachen. Es muss keine Sondersituation geschaffen werden, sondern die Möglichkeiten sind vorhanden und können ohne großen Aufwand genutzt werden. So dienen hauswirtschaftliche Angebote dazu, Normalität zu schaffen. Die Senioren entscheiden für sich, ob sie sich aktiv beteiligen, oder ob sie das Geschehen nur beobachten möchten oder sich in ihr Zimmer ganz individuell zurückziehen möchten. Die betreuende Hauswirtschaftskraft muss aufmerksam beobachten und motivieren und da unterstützen, wo es nötig ist.

Nicht alle Bewohner beteiligen sich aktiv an den Angeboten zur Beschäftigung. Manchmal wird das Interesse an den angebotenen Beschäftigungen geringer. Ursachen hierfür können sein: ständige Müdigkeit, Rückzug in die „eigene" Welt, Verschlechterung des Gesundheitszustands.

Die Beschäftigungsmöglichkeiten werden im Laufe der Erkrankung weniger. Dies stört jedoch eher die Angehörigen, die dies als Monotonie empfinden. Der an Demenz erkrankte Mensch zieht aus immer wieder gleichen Tätigkeiten eher ein Gefühl von Sicherheit und auch Kompetenz. Die täglichen Hausarbeiten können im Verlauf der Krankheit immer weiter reduziert werden.

Arbeitsauftrag

Gehen Sie von Ihren eigenen Erfahrungen aus – Welche Erinnerungen haben Sie beim Geruch von frischer Pfefferminze?

4.6.3 Die letzten Tage des Lebens

Diese Aufgabe wird meistens von Angehörigen oder auch von ausgebildeten Hospizmitarbeitern wahrgenommen. Dennoch ist es wichtig, dass alle Personen, welche im Haushalt von Sterbenden mithelfen, sich der Situation stellen und angemessen damit umgehen.

Niemand wird mit dieser Situation locker und leichtfertig umgehen. Gerade bei jungen Menschen, welche vielleicht auch zum ersten Mal in ihrem Leben mit dem Sterben konfrontiert sind, können Ängste aufbrechen. Immer sind solche Begegnungen auch eine Erinnerung an die Vergänglichkeit und an die Endlichkeit des eigenen Lebens.

Arbeitsauftrag

Eine Frau, die im Sterben liegt, möchte sich von einer hauswirtschaftlichen Fachkraft, die sie im Haushalt unterstützt, verabschieden.
Sie sagt, dass sie nun bald diese Welt verlassen wird und wünscht der Mitarbeiterin alles Gute. Die Mitarbeiterin reagiert mit den Worten: „Nein, Frau Bass, das wird schon wieder, Sie werden sehen, morgen geht's Ihnen schon wieder besser." Unterhalten Sie sich in Kleingruppen darüber, wie Ihre Reaktion ausfallen würde.

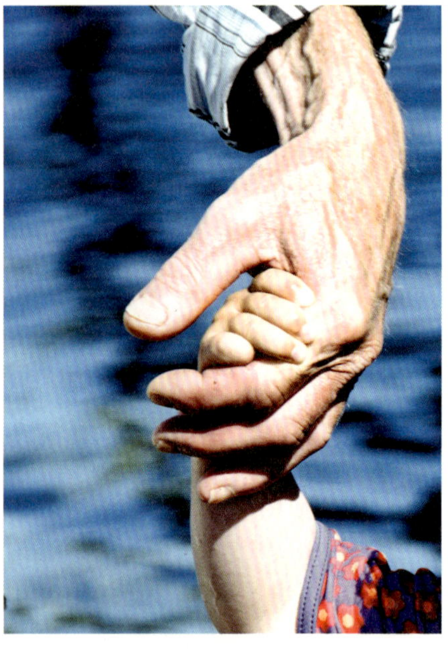

So unterschiedlich wie die Lebenswege der einzelnen Menschen sind, so unterschiedlich sind auch die Bedürfnisse in den letzten Tagen des Lebens. Nach Möglichkeit sollte versucht werden, die letzten Wünsche zu ermöglichen. Oft ist es einfach auch wichtig, dass Angehörige oder Mitarbeiter des Hospizdienstes da sind und die Hand halten, damit der Sterbende nicht allein sein muss.

Wichtig ist, dass den Mitarbeitern die Möglichkeit gegeben wird, über Ängste, Sorgen und die Gefühle zu reden.

So unterschiedlich wie die Lebenswege der einzelnen Menschen sind, so unterschiedlich sind auch die Bedürfnisse in den letzten Tagen des Lebens. Nach Möglichkeit sollte versucht werden, die letzten Wünsche zu erfüllen. Oft ist es einfach wichtig, dass Angehörige oder Mitarbeiter des Hospizdienstes da sind, damit der Sterbende nicht allein sein muss.
Es kann bei der Begleitung Sterbender auch hilfreich und bereichernd sein, vorzulesen. Vertraute Texte, Liedverse oder Gedichte.
Auch Erzählungen, Kurzgeschichten oder Märchen können hier ihren Platz haben. Zu beachten ist, dass das Vorgelesene etwas mit der Person zu tun hat, der es vorgelesen wird. So kann es sein, dass die sterbende Person manches vorgelesene Wort leise mitspricht, wenn die Texte vertraut und gut bekannt sind. Auch die Lieblingsmusik kann gut tun.

Herbst

Die Blätter fallen, fallen wie von weit,
als welken in den Himmel ferne Gärten;
sie fallen mit verneinender Gebärde.
Und in den Nächten fällt die schwere Erde
aus allen Sternen in die Einsamkeit.
Wir alle fallen. Diese Hand da fällt.
Und sieh dir andre an: Es ist in allen.
Und doch ist Einer, welcher dieses Fallen
unendlich sanft in seinen Händen hält.

Rainer Maria Rilke

5 Kommunikation

Unter Kommunikation versteht man die Verständigung untereinander, bei der Informationen weitergegeben werden. Die Informationen werden von einem Sender übermittelt und von einem oder mehreren Empfängern aufgenommen. Sie dient zudem dem Austausch von Informationen zwischen den Menschen, das heißt, Personen teilen sich mit, dazu zählen z. B. Aussagen über die Gesundheit, Äußerungen von Wünschen. Überall kommunizieren wir, egal ob in der Familie, der Schule, im Beruf oder Freunds – und Bekanntenkreis. Ohne Kommunikation (also sich mitteilen, austauschen ...) ist kein Miteinander möglich.

Kommunikation benötigen wir um:
- soziale Kontakte zu pflegen,
- Regeln der Zusammenarbeit mitzuteilen,
- Grundbedürfnisse zu äußern (Hunger, Durst usw.),
- Fertigkeiten und Wissen weiterzugeben (z. B., um Arbeitsschritte zu erklären),
- uns bei Konflikten auszutauschen.

Bei der verbalen Kommunikation tauschen zwei oder mehrere Gesprächspartner Informationen mithilfe von Sprache aus.

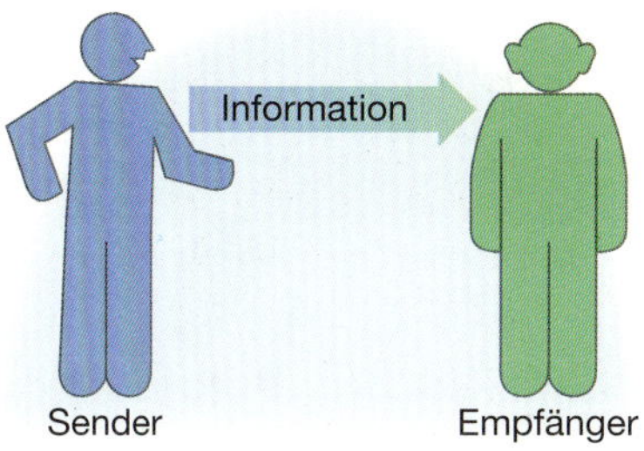

Kommunikation kann erfolgen:
- mündlich
- schriftlich (Brief, E-Mail, SMS ...)
- durch Symbole, Signale (Verkehrszeichen, Gefahrenzeichen)

Der Sagende sendet eine Information an den Empfänger.

Verbale und nonverbale Kommunikation

Neben den reinen Sachinformationen, die durch Sprache mitgeteilt werden, gibt es weitere Botschaften, die bei der Kommunikation eine Rolle spielen. Dieses sind nonverbale (nicht sprachliche) Informationen, die oft unbewusst die verbale Kommunikation unterstützen.

Nonverbale Signale sind:
- Mimik
- Blickkontakt
- Gestik
- Körperhaltung
- äußeres Erscheinungsbild (auch Gerüche)

Weiterhin wird die Kommunikation beeinflusst durch:
- die Sprachgeschwindigkeit,
- den Tonfall,
- die Lautstärke.

Verbale und nonverbale Äußerungen müssen stimmig sein, z. B. das gesprochene „Räumen Sie hier auf!" und ein Grinsen im Gesicht, mit Händen in der Tasche, wird kaum ernst genommen.

Arbeitsauftrag

Wie lassen sich nonverbal folgende Aussagen vermitteln? Übertragen Sie in eine Liste!

verbal	nonverbal
Beispiel: „Das interessiert mich gar nicht."	**Beispiel:** Teilnahmslose Körperhaltung, Arme verschränkt, kein Blickkontakt
„Das Thema finde ich sehr interessant."	
„Ich kann Sie nicht verstehen! Sprechen Sie bitte lauter."	
„zum diesem Thema kann ich leider nichts sagen."	
„In wenigen Minuten gibt es Mittagessen. Bitte räumen Sie Ihr Arbeitsmaterial auf."	

Empathie im Gespräch

5.1 Hilfen für eine gute Kommunikation

Für eine gelungene Kommunikation und Beziehung zwischen Menschen ist eine wertschätzende und offene Haltung von grundlegender Bedeutung. Bestandteile, die den Verlauf eines Gesprächs und die Qualität einer zwischenmenschlichen Beziehung positiv beeinflussen, sind:

- Empathie – bezeichnet die Fähigkeit und Bereitschaft, Gedanken, Emotionen und Persönlichkeitsmerkmale einer anderen Person zu erkennen und zu verstehen.
- Akzeptanz – wird verstanden als annehmen, anerkennen, einwilligen, hinnehmen, billigen, mit jemandem oder etwas einverstanden sein.
- Kongruenz – bedeutet in der menschlichen Kommunikation die Übereinstimmung von einer verbalen und einer nonverbalen Aussage.

Was höre, was sehe ich, was nehme ich wahr und wie verhalte ich mich bei der Begegnung mit der Person.

Voraussetzung für ein gutes Gespräch ist, dass sich zunächst jeder selbst hinterfragt.

Grundregeln, die hilfreich sein können:

- Erkennen, dass Konflikte bestehen und angesprochen werden müssen.
- Den Gesprächspartner akzeptieren und verstehen.
- Sich so geben, wie man ist, also kein anderes Verhalten vorspielen.
- Wünsche, Erwartungen, Bedürfnisse äußern.
- Symbole, Signale, Piktogramme verwenden.
- Gestik und Mimik genau überlegt einsetzen, z. B. hat ein Kopfschütteln nicht in allen Gesellschaften die gleiche Bedeutung.
- Aktiv zuhören, d. h. beim Gespräch mitdenken, dem Gesprächspartner Aufmerksamkeit und Interesse entgegenbringen, z. B. durch Nachfragen, Blickkontakt halten.
- Eine einfache, verständliche Sprache wählen, kurze Sätze bilden und dabei klar und deutlich sprechen.
- Nachfragen, wenn etwas nicht verstanden wurde.

5.1.1 Beobachten und Wahrnehmen

Wahrnehmen und Beobachten hängen eng zusammen. Am Beginn steht die Wahrnehmung, danach erfolgt das Beobachten. Ein Schüler nimmt zum Beispiel auf dem Schulhof andere Schüler zunächst wahr, dann erfolgt die Beobachtung, d. h., er beobachtet, was und wie sie spielen, wie sie miteinander umgehen.

Das Wahrnehmen ist also die Voraussetzung für das Beobachten. Beim Beobachten entscheiden wir bewusst, was wir beobachten wollen.

Die Wahrnehmung des Menschen ist individuell verschieden. Sie ist abhängig von den Lebensabschnitten und den verschiedenen Lebenssituationen, beispielsweise möchte ein junger Mensch den Führerschein machen und nimmt vermehrt junge Autofahrer wahr.

Beobachtung ist in Pflege- und Kinderbereichen sehr wichtig. Es können viele verschiedene Informationen gewonnen werden, um so zu einem umfassenden und ganzheitlichen Bild des zu betreuenden Menschen zu gelangen.

5.1.2 Gespräche mit verschiedenen Personengruppen

Die Kommunikation mit Menschen, die sich verbal noch nicht (z. B. Kleinstkind) oder nicht mehr (z. B. Schlaganfallpatient) ausreichend äußern können, ist den besonderen Bedürfnissen und Fähigkeiten anzupassen, z. B. durch Empathie, Wertschätzung, Echtheit sowie Rückmeldung, welche Informationen angekommen sind.

Nonverbale Kommunikation wird unterstützend eingesetzt, z. B. durch zugewandte Haltung, Augenkontakt, ggf. Körperkontakt u. a.

Gespräche mit Kindern

Während der vielen alltäglichen Handlungen, z. B. in einer Kindertagesstätte oder in Familien, ergeben sich immer wieder Gesprächssituationen zwischen den Betreuern und den Kindern. Gerade bei diesen ungeplanten Gesprächsanlässen sollten alle Betreuer darauf achten, Kindern zuzuhören und sie zum Weiterreden zu ermutigen. Denn dann erst spüren sie, dass ihre Mitteilung ernst genommen wird. Sie fühlen sich bestärkt und suchen auch ihrerseits das Gespräch.

Beispiele für Gespräche in Alltagssituationen können sein:
- Kontaktaufnahme, z. B.: Die Betreuerin Anna begrüßt Lisa, die von ihrem Vater zur Hausaufgabenbetreuung gebracht wird.
- Klärung von Streitigkeiten, z. B.: Lena und Paul sind miteinander in Streit geraten. Die Fachpraktikerin Sabine lässt beide erzählen, wie es zu dem Streit kommen konnte. Sie regt die Kinder dazu an, nachzudenken wie, sie sich das nächste Mal verhalten können.
- Wertschätzung der Fähigkeiten, z. B.: Paul hat aus Pappe ein Flugzeug gebastelt. Sabine lässt sich die Einzelheiten genau erklären, fragt nach und lobt Paul für seine Arbeit.

Besonders kleine Kinder, die erst am Beginn ihrer sprachlichen Entwicklung stehen, sind darauf angewiesen, die Körpersprache des Gegenübers zu lesen, d. h., sie achten mehr auf nonverbale Sprache.

Es ist wichtig, eine hohe Übereinstimmung zwischen gesprochenem Wort und Handeln zu erzielen, z. B. wird die Aussage „Du kannst das schon" ein Kind nicht zu einem neuen Schritt ermutigen, wenn Mimik und Körperhaltung des Erwachsenen etwas anderes signalisieren.

Zu Gesprächen mit Kindern gehört die Bereitschaft, ihnen auf einer Augenhöhe zu begegnen und ihre Empfindungen ernst zu nehmen.

Kinder sind oft in ihr Spiel so sehr vertieft, dass die Sprache sie nicht erreicht. Auch hier kann eine leichte Berührung an der Schulter helfen, die Aufmerksamkeit des Kindes zu erlangen. Weiterhin „sagt" der direkte Blick in die Augen: „Hör jetzt zu – das ist wichtig!".

Gespräche mit älteren Menschen

Ältere Menschen in Einrichtungen haben häufig das Bedürfnis, mit den Mitarbeitern über Probleme zu sprechen, die durch altersbedingte körperliche und psychische Veränderungen entstehen:

- Bei Krankheiten sind Gespräche wichtig, die dem Bewohner das Gefühl geben, nicht alleine mit sich und seinem Problem zu sein. Verständnis und Zuhören sind wichtige Punkte.
- Bei innerer Unruhe des Bewohners, z.B., weil er das Gefühl hat, nicht alles erledigt zu haben. Er sollte in seinem Anliegen ernst genommen werden und es sollte nicht „kleingeredet" werden.
- Bei Ernährungsfragen gilt es, diese gemeinsam zu besprechen und die praktische Ausführung zu klären.
- Besonders bei hörgeschädigten Personen kurze Sätze klar und deutlich sprechen.

Insbesondere dann, wenn es darum geht, mit älteren Personen über Probleme zu sprechen, die ihnen Angst machen (z.B. eine bevorstehende Operation) sollten die Betreuenden aktiv zuhören und auf die Gefühle der älteren Personen eingehen und sie ernst nehmen. Äußerungen wie „Das wird schon wieder" oder „Es ist doch alles halb so schlimm" geben dem Bewohner das Gefühl, nicht verstanden worden zu sein.

Welche Informationen in einer Situation wichtig sind und welche weniger, kann ein Mensch mit Demenz oft nicht herausfiltern. Um eine Verwirrung und Überforderung zu vermeiden, sollte immer nur eine einzelne Information gegeben werden.

Menschen mit Demenz deuten Situationen aufgrund der Tonlage, der Mimik oder anhand von einzelnen Gegenständen, Gerüchen oder Geräuschen.

Lange Erklärungen werden nicht erhört, gewisse Gestiken, Mimiken oder andere Hinweisreize können Inhalte besser vermitteln und die Kommunikation unterstützen.

Redewendungen und Sprichworte können die Aufmerksamkeit von Menschen mit Demenz erhöhen, da sie oft schon lange im Gedächtnis sind.

Die Vermittlung der Botschaft erfolgt über Tonfall, Lautstärke, Mimik und leichte Berührungen. Wahrgenommen werden auch im dementen Zustand die Körperhaltung und der Gesichtsausdruck der Fachkraft sowie die in der Sprache mitschwingenden Emotionen.

Gespräche am Arbeitsplatz

Gespräch am Arbeitsplatz

Gespräche am Arbeitsplatz haben häufig den fachlichen Austausch (z.B. Dienstübergabe), die Planung von Arbeitsabläufen oder die Koordination der Arbeit zum Inhalt. Ohne diese Gespräche wäre kein reibungsloses Arbeiten möglich und die Arbeitsbelastung kann dadurch sehr erhöht werden. Die Art und Weise, wie gesprochen wird, d.h., welche Wortwahl und welcher Tonfall gewählt werden, beeinflusst die Stimmung im Betrieb wesentlich.

Hinweise für Gespräche am Arbeitsplatz:
- Gespräche ohne Störung verlaufen lassen (nicht nebenher am Computer arbeiten).
- Keine persönlichen Gespräche, bei denen andere mithören können (sogenannte Tür-und-Angel-Gespräche).
- Angepasste Lautstärke, durch zu laute Gespräche können Aggressionen entstehen. Zu leises oder zu schnelles Sprechen kann nicht gut verstanden werden.
- Untereinander sollte Blickkontakt bestehen.
- Besonders bei Dienstbesprechungen helfen Zeitvorgaben, um das Ziel nicht aus den Augen zu verlieren und die Orientierung zu behalten.

5.1.3 Gesprächsführung

Sowohl im Beruf als auch im Alltag befinden wir uns ständig im Gespräch mit anderen Menschen.

Chef und Angestellte im Gespräch

Deshalb sollte im Gespräch mit anderen Folgendes beachtet werden:
- Sein Gegenüber nicht mit langen Reden überschütten, sondern genauso zu Wort kommen lassen.
- Gespräche nicht ständig unterbrechen.
- Nicht aneinander vorbei reden (d. h., die Gesprächspartner verstehen nicht, was der andere sagen möchte).
- Das Gespräch nicht ausufern lassen (man kommt vom Hundertsten ins Tausendste und verliert das Ziel aus den Augen).
- Wichtige Themen möglichst inhaltlich vorbereiten (Notizen machen).
- Den Gesprächspartner nicht als Gegner, aber auch nicht als Opfer oder wertlosen Menschen sehen, sondern als gleichwertigen Partner. Es gilt, sich weder überlegen noch unterlegen zu fühlen.
- Seinen Gesprächspartner verstehen, d. h. nicht nur inhaltlich verstehen, sondern auch die Sichtweise des Gegenübers tolerieren. Nachfragen, wenn etwas nicht verstanden wurde.
- Eine klare und bildhafte Sprache mit vielen Beispielen verwenden. Beispiele transportieren eine Nachricht besser als eine komplizierte Erklärung.

5.1.4 Das äußere Erscheinungsbild

Ein offenes, freundliches Gesicht dem anderen Menschen gegenüber ist die beste Voraussetzung für einen guten Umgang miteinander.

Dazu ein gelungener Gesamteindruck, der sich aus der Kleidung, Frisur und Make-up, aber auch den Gerüchen und der Körperhaltung zusammensetzt.

*Nicht zu freizügig kleiden:
Tops und Miniröcke nur
in der Freizeit,
nicht bauchfrei,
keine Flip-Flops.*

Werden folgende Punkte beachtet, lässt sich die Zusammenarbeit mit Kindern, Kunden, Patienten, Mitgliedern einer zu betreuenden Familie und älteren Menschen genießen:
- passende Kleidung wählen (nicht zu lässig und zu sportlich, aber bequem),
- saubere Kleidung tragen, in der man sich auch wohlfühlt,
- nur dezenten Schmuck, der nicht verletzen kann,
- passende Schuhe zur Kleidung, möglichst geschlossen, ohne hohe Absätze. Sie müssen den Sicherheitsbestimmungen entsprechen;
- gepflegte Haare und Hände und Nägel.

In den ersten Tagen im Beruf kann ein Blick auf die Kollegen und Mitarbeiter helfen, herauszufinden, welche Kleidung zu dem Unternehmen passt.

5.2 Kontaktaufnahme

„Mit einem Gruß fängt alles an."

Begrüßung

Die Begrüßung dient der Kontaktaufnahme und dem gegenseitigen Einstellen aufeinander.

Eine wesentliche Rolle für das Wohlbefinden von Bewohnern, Gästen usw. fängt bereits bei der Begrüßung an. Eine unbeholfene Begrüßung verrät schnell, wie sich Personen einschätzen. Ein flüchtiger Blick, ein gemurmelter Name, ein lascher Händedruck zeigen das fehlende Interesse am anderen.

Richtig ist ein freundlicher Gruß für möglichst jeden, der sich im Raum befindet und sei es nur durch ein leichtes Nicken und Lächeln. Wird jemand in der Gruppe/im Raum mit Handschlag begrüßt, so werden die anderen Gäste ebenso begrüßt.

Der Handschlag sollte fest, aber nicht zu fest und immer von einem offenen Blick und einem Lächeln begleitet sein. Die andere Hand ist während des Begrüßens auf keinen Fall in der Hosentasche. Das wirkt zu lässig und respektlos. Die Körperhaltung ist zugewandt.

Grundsätzlich wird namentlich begrüßt. Ist der Name nicht bekannt, kann höflich nachgefragt werden.

Einige Begrüßungsregeln:
- Der Mitarbeiter begrüßt den Vorgesetzten immer zuerst, unabhängig von Alter und Geschlecht. Der Vorgesetzte grüßt zurück.
- Kunden und wichtige Geschäftspartner werden immer zuerst gegrüßt.
- Damen werden vor den Herren gegrüßt.

5.3 Umgangsformen

Beachten Sie auch Gepflogenheiten in anderen Kulturen.

Von guten Umgangsformen profitieren alle Beteiligten. Gute Umgangsformen entspannen das Verhalten zwischen den Menschen und tragen zu einer angenehmen Atmosphäre bei. Gutes Benehmen motiviert zu einem besseren Arbeiten.

5.3.1 Umgang am Arbeitsplatz

Ein angenehmes Verhalten am Arbeitsplatz zahlt sich aus. Vorgesetzte und Kollegen werten nicht nur fachliches Können, also die Leistung am Arbeitsplatz. Die Umgangsformen im Berufsalltag, das Auftreten, das Benehmen sowie Wortwahl und Tonfall werden bewusst oder unbewusst wahrgenommen.

Egal welche Meinung dem Vorgesetzten gegenüber besteht, Respekt vor ihm und seiner Stellung sind Pflicht. Genauso selbstverständlich ist Diskretion über betriebsinterne Angelegenheiten, z. B. persönliche Angaben über Bewohner.

Arbeitsauftrag

Fachpraktikerin Sabine plaudert mit einem Gast über Familienverhältnisse und Gesundheitszustand der Bewohnerin Erika Müller. Außerdem können umstehende Personen alles mithören. Beurteilen Sie die Verhaltensweise von Sabine.

Klatsch und Tratsch über Kollegen, Bewohner u.a. sowie Kritik hinter dem Rücken der betreffenden Person sollten tabu sein.

In der Anfangszeit einer Betriebszugehörigkeit sollte man die hausinternen Umgangsformen und Umgangsregeln kennenlernen und sich daran orientieren. Dies betrifft u.a. auch die Regelung der persönlichen Ansprache, z.B. ob man einander mit Sie oder Du anspricht. In Betrieben, in denen dies nicht eindeutig geregelt ist, gilt grundsätzlich zunächst einmal das „Sie". Regel ist auch, dass der ältere Kollege das Du anbietet, auf keinen Fall sollte man das von sich aus vorschlagen.

Für Mitarbeitergespräche oder andere Arbeitstreffen gilt absolute Pünktlichkeit.

Alkohol am Arbeitsplatz ist grundsätzlich fehl am Platz, er kann die Arbeitssicherheit von sich selbst und anderen gefährden. Sorgfalt und Konzentration lassen nach und können zu schwerwiegenden Fehlern führen.

5.3.2 Umgang am Telefon

Das gesprochene Wort am Telefon sollte zuvorkommend und freundlich sein, auch hier spielen gute Umgangsformen eine wichtige Rolle.

Wie man sich im Betrieb bei internen Anrufen meldet, ist sehr unterschiedlich. Ob beispielsweise der Abteilungsname und der Vor- und Zuname genannt werden oder nur der Nachname, erfragt man am besten bei Beginn der Tätigkeit.

Wenn im Betrieb von außen angerufen wird, hört der Anrufer oft Musik in der Leitung zur Überbrückung von Wartezeiten. Dann werden die ersten Silben oft nicht wirklich wahrgenommen. Deutlich sind der Firmen- und Abteilungsname und der Vor- und Zuname nach einem „Schönen guten Tag" zu nennen.

Durch das Telefon lächeln

„Schönen guten Tag, hier ist die Evangelische Heimstiftung Haus Sonnenschein, mein Name ist Helga Müller – was kann ich für Sie tun?"

Das ist während eines Telefongesprächs tabu:
- sich unverständlich melden oder unverständlich sprechen (nuscheln, Silben verschlucken, mit vollem Mund reden)
- zu schnell, zu langsam oder zu leise, zu laut reden
- weiterverbinden, ohne darüber zu informieren
- gleichzeitig am PC weiterarbeiten
- den Hörer aus der Hand legen und auf „frei sprechen" stellen, ohne vorher den Gesprächspartner um sein Einverständnis zu bitten
- das Gespräch unterbrechen, ohne sich dafür zu entschuldigen (z.B., weil man von einem Kollegen/einer Kollegin etwas gefragt wird)

Ein Rechtshänder sollte sein Telefon auf der linken Seite des Tisches platzieren und mit der linken Hand bedienen. Damit ist die rechte Hand frei, z.B., um sich Notizen zu machen. Für Linkshänder gilt demzufolge: Telefon auf die rechte Seite.

Hier einige Formulierungshilfen für ein gutes Telefongespräch:

Nicht so:	Sondern besser so:
„Um was geht es denn?“	„Was darf ich ausrichten?“
„Sie müssen einen Moment warten.“	„Wollen Sie einen Moment warten?“
„Der Chef ist in einer wichtigen Besprechung.“	„Der Chef ist in einer Besprechung.“ Damit bekommt der Anrufer nicht den Eindruck, er sei nicht wichtig.
„Geben Sie mir Ihre Telefonnummer.“	„Darf ich mir Ihre Telefonnummer notieren?“
„Da muss ich Sie verbinden.“	„Ich verbinde Sie gerne weiter.“
„Was ist Ihr Problem?“	„Wie kann ich Ihnen helfen?“

Der Angerufene muss klar und deutlich hören können, wer anruft und was der Grund des Anrufs ist. Am Schluss des Gesprächs sollte immer ein „Vielen Dank für das Gespräch“ und ein Gruß zum Abschied stehen.

5.3.3 Umgangsformen am Tisch

Bei einem gemeinsamen Essen, insbesondere an einem festlich gedeckten Tisch, gehört, appetitlich zu essen und sich an bestimmte Tischmanieren zu halten.

„Ich bin fertig.“

„Ich esse noch weiter.“

Wichtige Grundregeln sind:
- Bei Tisch aufrecht sitzen, etwa eine Handbreit vom Tisch entfernt.
- Die Arme liegen eng am Körper und werden nur bis zu den Handgelenken auf den Tisch gelegt.
- Auf keinen Fall die Ellenbogen am Tisch abstützen.
- Zu Beginn des Essens wird die Serviette in der Mitte zusammengefaltet und auf den Schoß gelegt (auf keinen Fall in den Kragen oder die Knopfleiste stecken!).
- Die Serviette nicht als Taschentuch, Brillentuch oder Wischtuch benutzen (die Serviette ist ein Mundtuch, mit dem man die Lippen abtupft, z. B. vor dem Trinken).
- Nach dem Essen die Serviette links neben dem Teller ablegen (auf keinen Fall zerknüllt auf den Teller legen!).
- Das Besteck nicht mit der ganzen Hand umfassen. Messer und Gabel werden locker in der Hand gehalten. Mit dem Besteck nicht wild gestikulieren!

Mit der Lage des Bestecks kann man Verschiedenes ausdrücken:
- Kreuzt man Messer und Gabel in der Mitte übereinander, bedeutet dies, dann man eine Essenspause machen möchte.
- Werden Messer und Gabel parallel nebeneinander auf den Teller gelegt, so ist man mit dem Essen fertig.
- Sobald das Besteck einmal benutzt wurde, wird es nicht mehr auf die Tischdecke, sondern am Tellerrand abgelegt.

Dabei ist zu beachten: Brot aller Art (auch Gebäck) wird mit den Händen in mundgerechte Stücke gebrochen und in den Mund gesteckt. Auf keinen Fall vom Brot abbeißen oder mit dem Messer Stücke abschneiden!

Das Essen sollte immer in mundgerechte Stücke geschnitten werden. Gegessen wird immer mit geschlossenem Mund; sprechen mit vollem Mund ist äußerst unhöflich.

Darf man sich, z. B. an einem Büfett, selbst bedienen, sollte nicht zu viel Essen auf den Teller gegeben werden. Besser ist es, zunächst einmal zu probieren und erst danach Nachschlag zu holen.

Servieren

Das Servieren von Getränken und bereits aufgefüllten Speisen, z. B. Suppenteller mit Suppe, erfolgt von rechts.

Alle Gegenstände werden mit der linken Hand getragen, die rechte Hand bedient.

Schüsseln und Platten, z. B. mit Kartoffeln und Fleisch, werden von links angeboten.

Erst abräumen, wenn alle Gäste an einem Tisch mit der entsprechenden Speise (dem entsprechenden Gang) fertig sind.

Beim Abservieren zunächst die Platten und Schüsseln abtragen. Die Teller grundsätzlich von rechts abservieren. Links stehende Teller, z. B. Salatteller werden von links abserviert.

5.3.4 Nähe und Distanz

Jeder Mensch hat eine gewisse Distanzzone. Kommt uns jemand zu nahe, fühlen wir uns bedrängt oder sogar bedroht. Das Maß körperlicher Distanz richtet sich danach, in welchem Verhältnis wir zu unserem Gegenüber stehen. Je persönlicher das Verhältnis, desto geringer ist der Raum, den wir um uns brauchen.

Zu unterscheiden sind drei Distanzzonen:

Intime Distanzzone	Bis 60 cm Abstand	Ehepartner, Verwandte, Eltern-Kind, Freunde
Persönliche Distanzzone	Bis 100 cm Abstand	Mit Nachbarn, beim Einkaufen, im Büro
Öffentliche Distanzzone	Größere Entfernung	Ausbilder-Auszubildender, Referent-Zuhörer

Intime Distanzzone

Persönliche Distanzzone

Öffentliche Distanzzone

Im Gespräch mit guten Freunden können 60 cm ausreichen, mit Respektpersonen wie zwischen Ausbilder und Auszubildende sollte die Distanz etwa 120 cm bzw. eine Armlänge betragen.

Distanzzonen dienen der Abgrenzung und der Wahrung einer persönlichen Sphäre und sind unbedingt einzuhalten.

Werden intime Informationen, z. B. über familiäre Situationen oder den Gesundheitszustand eines Patienten, ausgetauscht, so ist damit verantwortungsvoll umzugehen. Eine betreuende Fachkraft ist zur Verschwiegenheit verpflichtet.

In der Betreuung von Kindern und älteren Menschen ist es besonders wichtig, Vertrauen und damit eine Nähe zueinander aufzubauen. Gleichzeitig müssen die Distanzzonen gewahrt bleiben.

Erst, wenn eine gewisse Nähe und ein Vertrauen vorhanden ist, fühlen sich betreute Menschen geborgen und sicher.

Viele Situationen setzen bei der Versorgung von Menschen eine gewisse Nähe voraus. Damit ist sorgsam und feinfühlig umzugehen.

Frau Schulze, ist es in Ordnung, wenn ich Ihnen jetzt die Strumpfhose anziehe?

5.3.5 Umgang mit Kritik und Beschwerden

Kritik empfängt niemand gern und auf Beschwerden zu reagieren, ist nicht angenehm. Beides aber ist im Berufsleben nicht zu vermeiden und kommt natürlich auch im Privatleben vor.

Folgende Punkte sollten beim Umgang mit Kritik und Beschwerden beachtet werden:
- Sachlich bleiben, nicht persönlich werden.
- Ruhig und aufmerksam zuhören, ausreden lassen.
- Verständnis zeigen.
- Gemeinsam nach Lösungsmöglichkeiten suchen oder angebotene Lösungen annehmen.

Bei Kritik ist oft die erste Reaktion, sich zu rechtfertigen oder persönlich zu werden. Vor der ersten Reaktion sollte ein paar Sekunden abgewartet werden. So lassen sich Überreaktionen vermeiden und die Wortwahl kann überdacht werden.

Die Fragestellung lautet: Handelt es sich überhaupt um berechtigte Kritik? Oder liegt vielleicht ein Missverständnis vor? Wenn dies nicht eindeutig ist, sollte nachgefragt werden.

Ist der Kritikpunkt berechtigt, sollte nachgefragt werden, wie man es besser machen kann. So lassen sich aus dem Fehler, der Grund für die Kritik ist, möglicherweise positive Erkenntnisse gewinnen.

Kunde beschwert sich

Erste Hinweise für den Umgang mit Beschwerden:
- Beschwerden grundsätzlich ernst nehmen.
- Niemals sofort abwiegeln („Das kann gar nicht sein!“, „Da sind Sie der Erste!“, „Das gibt es bei uns nicht!“).
- Den Inhalt der Beschwerde ermitteln (oft ist zunächst nicht klar, was genau der Grund für die Beschwerde ist).
- Im Beschwerdegespräch ruhig und sachlich bleiben (auch wenn dies nicht leicht fällt!).
- Dem Beschwerenden klarmachen, dass man seinen Beschwerdegrund ernst nimmt und nach einer Lösung suchen wird (falls eine Lösung nicht sofort möglich ist).

Beschwerden begegnen uns im täglichen Leben ständig. Wie aus einer Beschwerde letztlich ein für alle Beteiligten positives Ergebnis erzielt werden kann und wie Beschwerden als Chance genutzt werden können, Verbesserungen umzusetzen, ist eine Sache der Übung.

Unterschiedliche Kulturen

Wird der Kopf geschüttelt, so bedeutet dies in Europa ein „Nein“, während es in asiatischen Ländern eine Zustimmung ist.

Kulturelle Unterschiede sind in allen Altersstufen der zu betreuenden Menschen zu beachten. Diese wertzuschätzen, schafft eine gute Voraussetzung für gegenseitiges Verständnis und eine erfolgreiche Kommunikation.

Gleiche Gesten können in unterschiedlichen Kulturkreisen eine unterschiedliche Bedeutung haben. Diese zu kennen, verhilft zu einer erfolgreichen Kommunikation.

Arbeitsauftrag

Stellen Sie unterschiedliche Begrüßungsarten verschiedener Kulturen gegenüber!

5.4 Konflikte

Das Wort Konflikt entstammt dem lateinischen Wort „confligere“, was soviel bedeutet wie: zusammenstoßen, aneinanderschlagen.

Was bei einem Konflikt aufeinanderprallt oder zusammenstößt, das sind Bedürfnisse, Interessen, Ziele und Wünsche einzelner Menschen oder auch von Personengruppen. Umgangssprachlich wird das Wort Konflikt meistens verwendet, wenn von Streit oder Auseinandersetzung die Rede ist.

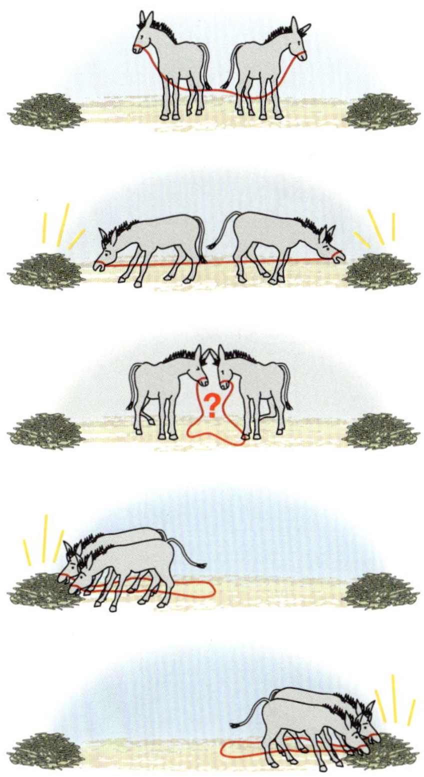
Von den Positionen zu den Interessen – nach La Fontaines Tierfabel „The Two Mules“

Konfliktarten

Sach- oder sozialer Konflikt: Zwischenmenschliche Konflikte, in welche zwei Personen oder auch kleine Gruppen (Familie, Freundeskreis, Clique) verwickelt sind.

Sie sind gestört, weil die Nachbarn auf dem Balkon grillen.

Beim Spaziergang begegnet ihnen ein Hund, dieser ist nicht angeleint und der Hundebesitzer unterhält sich in einiger Entfernung mit jemandem.

Interessenkonflikt: Mindestens zwei Parteien haben Interesse an einer Sache, welche aber nur für eine dieser Parteien zu erreichen ist.

Von den drei Kindern, möchte jedes ein Eis haben, es gibt aber nur noch zwei Eis am Stiel;

Die Kundin vor Ihnen beim Bäcker kauft das letzte Baguette, auch Sie selbst wollten gerne dieses Weißbrot zum Abendessen!

Wertekonflikt: Wenn Menschen grundsätzlich verschiedene Wertvorstellungen oder eine andere Weltanschauung vertreten (Religion, Ideologie, Ethik).

„Kreuze gehören nicht ins Klassenzimmer.“

„Kleinkinder und Säuglinge werden von der Mutter am besten betreut.“

Beziehungskonflikt: Der Konflikt kann durch starke Gefühle, mangelnde Wertschätzung, missverständliche Kommunikation oder Feindbilder entstehen.

Unglücklich verliebt sein.

Vater will nicht verstehen, dass die Tochter erwachsen ist und ihr eigenes Leben lebt.

Rollenkonflikt: Im Alltags- und Berufsleben werden einer Person Aufgaben, Rechte und Pflichten, Zuständigkeiten und Erwartungen auferlegt.

Die Hauswirtschaftsleitung erwartet, dass ein Bewohnerzimmer in einer bestimmten Zeit gereinigt wird, der Bewohner des Zimmers möchte sich aber ausführlich mit der Reinigungskraft unterhalten.

Sie sollten für eine Klassenarbeit lernen, aber Ihre Freundinnen wollen mit Ihnen shoppen gehen.

Es ist wichtig, Sache und Person zu trennen: Nicht einer Sache kritisch gegenüberstehen, nur weil die Person, die den Vorschlag gemacht hat, nicht sympathisch ist.

Kommunikation funktioniert erst dann reibungslos, wenn auch die Beziehungsebene störungsfrei ist.

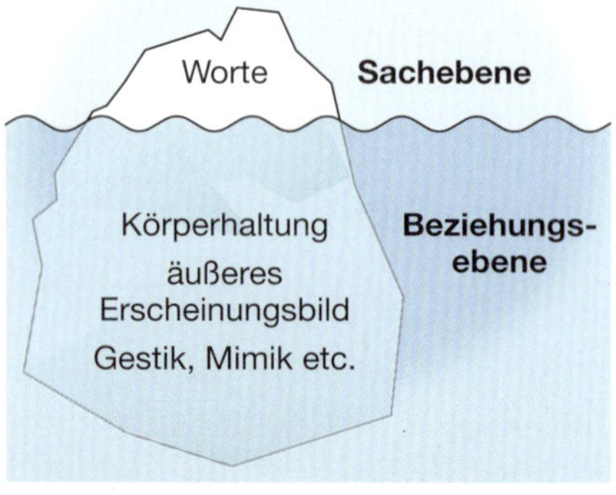

Eisbergmodell der Kommunikation
Bei einem Eisberg ist nur der kleinere Teil sichtbar. Dieser Teil entspricht der Sachebene. Der größere Teil des Eisbergs befindet sich unsichtbar unterhalb der Wasseroberfläche. Dieser Teil entspricht der Beziehungsebene.

Interpersonaler Konflikt: Diesen Konflikt, der auch innerer Konflikt genannt wird, gibt es in drei verschiedenen Ausprägungen:

a) Eine Person muss sich zwischen zwei Dingen entscheiden, welche ihr gleichwertig erscheinen, sich aber nicht gleichzeitig verwirklichen lassen.

Entscheidung zwischen zwei gleichzeitig stattfindenden Partys.

b) Zwei Wahlmöglichkeiten wirken auf eine Person gleichermaßen abstoßend.

Lernen für eine Klassenarbeit oder das Badezimmer putzen.

c) Eine Entscheidung wirkt auf eine Person sowohl anziehend als auch abstoßend.

eine Person will zum Tanzen in einen Club gehen, ist aber nicht bereit, den teuren Eintrittspreis zu bezahlen.

Arbeitsaufträge

1. Welche Konflikte kennen Sie?
2. Nennen Sie für jede der sechs Konfliktarten mindestens ein neues Beispiel. Diskutieren Sie die gegebenen Beispiele.
3. Nennen Sie Möglichkeiten zur Vermeidung von Konflikten.
4. Können Konflikte auch hilfreich sein?
5. Tauschen Sie sich in Kleingruppen aus und präsentieren Sie Ihre Ergebnisse.

Konflikte können sowohl nützen wie auch schaden. Das hängt entscheidend davon ab, wie die betroffenen Personen oder Personengruppen mit dem Konflikt umgehen. Konflikte bieten immer auch die Chance, dass:

- Veränderungen vorgenommen werden,
- Unterschiede bearbeitet werden,
- Beziehungen gefestigt werden,
- neue Erkenntnisse gewonnen werden.

Sehr oft ist der ausgetragene Konflikt nur die Spitze eines Eisbergs. Die Konfliktursachen liegen unsichtbar verborgen und sind oft viel umfangreicher als auf den ersten Blick zu sehen. Herauszufinden, worum es den betroffenen Personen eigentlich geht, ist wichtig und kann ganz entscheidend zu einer zufriedenstellenden Lösung beitragen.

Konfliktvermeidung im Umgang mit demenziell erkrankten Personen

Die Realität des Demenzkranken und die Realität der Umwelt sind nicht deckungsgleich. Es handelt sich um zwei verschiedene Erlebniswelten, die sich oft widersprechen. Da es für den Demenzkranken nicht möglich ist, seine Erlebniswelt beziehungsweise seine Realität zu verlassen, ist es wichtig, dass die betreuenden Menschen versuchen, sich der Realität des erkrankten Menschen anzunähern.

Hierzu gibt es verschiedene Methoden der Kommunikation (s. S. 91):

- Validation
- assoziativer Dialog
- emotionale Kommunikation
- personenzentrierte Kommunikation und Pflege

Darüber hinaus gibt es noch weitere Methoden, welche alle das Ziel haben, mit dementen Personen erfolgreich zu kommunizieren und Konflikte zu vermeiden. Alle diese Methoden sind sehr komplex, benötigen eigene Schulungen und viel Übung.

5.5 Kommunikation mit älteren und betagten Menschen

Kommunikation ist alltäglich und verläuft ganz selbstverständlich, solange keine Komplikationen auftreten. Erst wenn Missverständnisse auftreten, wird die Kommunikation hinterfragt. Um Kommunikation bewusst zu gestalten, ist es wichtig, folgende Regeln für Gespräche zu beachten:

- Suchen Sie stets den Blickkontakt zum Gegenüber.
- Wählen Sie die richtige Lautstärke.
- Halten Sie den richtigen Abstand (mindestens 50 cm).
- Berühren Sie den Menschen nur in begründeten Situationen.
- Sprechen Sie deutlich.
- Seien Sie freundlich.
- Sprechen Sie in kurzen Sätzen.
- Seien Sie ehrlich.
- Treffen Sie Vereinbarungen, welche realistisch und durchzuhalten sind.
- Verwenden Sie keine „Jugendsprache" mit Begriffen, die Ihrem Gegenüber fremd sind, z. B. Chillen, YOLO oder LOL usw.
- Achten Sie die Würde und die Erfahrung Ihres Gegenübers.
- Fragen Sie bei Unklarheiten nach.
- Wiederholen Sie, wenn etwas nicht verstanden wurde.
- Definieren Sie klar das Gesprächsende.

In der Kommunikation mit betagten Menschen ist zu beachten:

- Den älteren Menschen ernst nehmen, da er ein Anrecht auf Achtung und Ehrfurcht hat, dies kommt durch die Haltung und die Rede des Betreuenden zum Ausdruck.
- Ein zu vertrautes Benehmen ist zu vermeiden. Ein älterer Mensch ist nicht irgendein Alter oder eine Alte, welche mit Opa oder Omi bezeichnet wird.
- Betagte sind keine Kinder.
- Sie werden nicht geduzt.
- Auch wenn immer wieder die gleichen Fragen gestellt werden, sie sind mit Geduld zu beantworten, denn für den Fragenden sind sie jedes Mal wieder aktuell.

Zeigen Sie dem alten Menschen den Weg ins Bad, auch, wenn es ihm schon mehrfach gezeigt wurde.

- Von früher zu erzählen, bedeutet für betagte Menschen oft sehr viel. Es gehört Disziplin und Einfühlungsvermögen dazu, um interessiert zuzuhören.
- Für Betagte bedeuten Veränderung und Neues oft Unsicherheit und Belastung.
- Mit Geduld, Umsicht und einfühlsamem Zuhören können kritische Situationen entschärft werden.

Taktgefühl ist gegenüber verwirrten und emotional gestörten Senioren notwendig.

Auch die Kommunikation mit traurigen, mutlosen alten Menschen erfordert Taktgefühl. Aufgedrängter und falscher Trost kann verletzend wirken.

Bei der Kommunikation mit misstrauischen Senioren wird viel Behutsamkeit gebraucht. Es kommt hier häufig zu Falschinterpretationen, wodurch das Gefühl des Misstrauens bestätigt wird.

Zu erkennen, welche Hilfestellung im Einzelfall benötigt wird, gehört mit zu den wichtigsten Aufgaben im Umgang mit alten Menschen. Am allerliebsten würde der Betagte es selbst tun. Um etwas betteln zu müssen, kann demütigen und kränken.

Bieten Sie unaufgefordert das Lieblingsgetränk oder den gemeinsamen Gang zum Lieblingsplatz an. Fragen Sie beim Anziehen der Kleidung nach Lieblingsstücken und wählen Sie nicht gänzlich allein aus.

Würden sie es noch selbst tun können, so würden sich viele Menschen gern bedanken für die Zeit, die sich Betreuende nehmen, sowie für die Hilfe und Sorgfalt.

Arbeitsaufträge

1. Unter welchen Bedingungen verläuft die Kommunikation erfolgreich?
2. Nennen Sie Grundvoraussetzungen für ein gelingendes Gespräch.
3. Welche Faktoren wirken negativ auf die Kommunikation?

Wichtig für die gelingende Kommunikation mit schwerhörigen Menschen sind: Ratschläge für Guthörende im Umgang mit Schwerhörigen (s. S. 70). Hilfreich für die Kommunikation mit stark sehbehinderten oder blinden Menschen sind: Regeln für den Umgang Sehender mit Blinden (s. S. 69, 70).

Ein alter Mensch sagt DANKE

- Danke denen, die Verständnis haben für meine lahme Hand und meinen stolpernden Fuß.
- Danke denen, die merken, dass mein Ohr sich anstrengen muss, um alles aufzunehmen, was man zu mir spricht.
- Danke denen, die begreifen, dass meine Augen trübe und meine Gedanken träge geworden sind.
- Danke denen, die mich trotzdem anlächeln und nicht verzagen.
- Danke denen, die geduldig sind und niemals sagen: „Die Geschichte haben Sie mir schon so oft erzählt."
- Danke denen, die es verstehen, Erinnerungen an frühere Zeiten in mir wachzurufen.
- Danke denen, die mir das Gefühl geben, dass ich geachtet werde und nicht allein bin.

6 Im Team arbeiten

Ein Team ist eine Gruppe von Personen, die gemeinsam an etwas arbeiten, um ein bestimmtes Ziel zu erreichen.

Arbeitsaufträge

1. Die Arbeitsleistung eines Teams ist größer, als die Summe der Arbeitsleistungen des einzelnen Teammitglieds. Diskutieren Sie in Kleingruppen, was mit dieser Aussage gemeint sein könnte.
2. Wo erleben Sie Teamarbeit in Ihrem Umfeld? Beruflich, in Schule oder Freizeit?

6.1 Teamregeln

- **Verantwortung**
  Jedes Teammitglied ist mitverantwortlich für
  - die Aufgabenerledigung,
  - das Arbeitsergebnis,
  - die gute Zusammenarbeit im Team.
- **Organisation/Ziele festlegen**
  - **Was** ist unsere gemeinsame Aufgabe, unser Ziel?
  - **Wo** und **wann** beginnt die Arbeit?
  - **Wie** – welche Methoden und Maßnahmen kommen zum Einsatz?
  - **Wer** übernimmt **welche** Aufgabe?
  - **In welcher Zeit?**
- **Problemlösung**

Probleme zwischen den einzelnen Teammitgliedern sind immer vorrangig zu lösen. Denn persönliche Probleme auf der Beziehungsebene zwischen den Teammitgliedern mindern die Arbeitsleistung von mindestens zwei Mitarbeitern. Bei Unstimmigkeiten auf der Sachebene und bezogen auf die Aufgabenstellung werden im Team gemeinsam Lösungsvorschläge erarbeitet und die Vorgehensweise wird festgelegt.

Bei Konflikten unter den Teammitgliedern, die zu schweren psychischen Belastungen führen, kann es sich um Mobbing (s. S. 23) handeln. Eine Vertrauensperson oder der Betriebsrat ist in solchen Fällen einzubeziehen.

- **Kommunikation**
  Jedes Teammitglied hat das Recht, Fragen und Probleme vorzutragen und gehört zu werden. In Gruppengesprächen werden Kommunikationsregeln angewandt:
  - zuhören (keine Nebengespräche)
  - nicht unterbrechen
  - Mitteilungen in Ich-Botschaften
  - respektvoller und wertschätzender Umgang miteinander
  - Ehrlichkeit
- Entscheidungen und Veränderungen, welche das gesamte Team betreffen, werden offengelegt und wenn möglich gemeinsam beschlossen.
- Angenehme Arbeitsatmosphäre
  - Pünktlichkeit,
  - Zuverlässigkeit,
  - Respekt,

  um die bestmögliche Förderung einzelner Teammitglieder zu erreichen.

Jedes Teammitglied ist so eingesetzt, wie es den Fähigkeiten und dem Leistungsvermögen entspricht. Bereitschaft zum Wechsel der Aufgaben und zur Veränderung der Zuständigkeiten ist bei jedem Teammitglied vorhanden. So kann die Arbeitsleistung und auch die Arbeitszufriedenheit so optimal wie möglich gefördert werden.

Prozessschema oder Handlungskreislauf

1 Informieren:
Informationsbeschaffung und Weitergabe der Informationen. Genaue Aufgabenbeschreibung mit Datum und Uhrzeit.

2 Planen:
Ziele festlegen, Teilziele benennen, Ergebnisse schriftlich festhalten, Zeitplan erstellen, Details abklären, Verantwortliche benennen.

3 Entscheiden:
Rücksprachen (mit Auftraggebern), Überprüfungen, Korrekturen und Verbesserungen einarbeiten, festlegen und entscheiden

4 Durchführen:
Alle Beteiligten wissen, was wann zu tun ist und wie die Aufgaben und Tätigkeiten zu verrichten sind.

5 Kontrollieren:
Bewertung der Ergebnisse, Kontrolle und Überprüfung. Fragestellung: Was war gut, was kann wiederholt werden, was sollte verbessert werden?

6 Beurteilen, Reflektieren:
Erfolg und Gelingen werden dokumentiert. Misserfolg und Misslingen und die Ursachen dafür werden dokumentiert. Änderungen und Neuerungen werden angeregt.

Je nach Struktur des Unternehmens sind die einzelnen Punkte des Handlungsschemas unterschiedlich gewichtet.

Beispiel für die Lösung einer komplexen Aufgabe:

Tag der offenen Tür im Seniorenheim

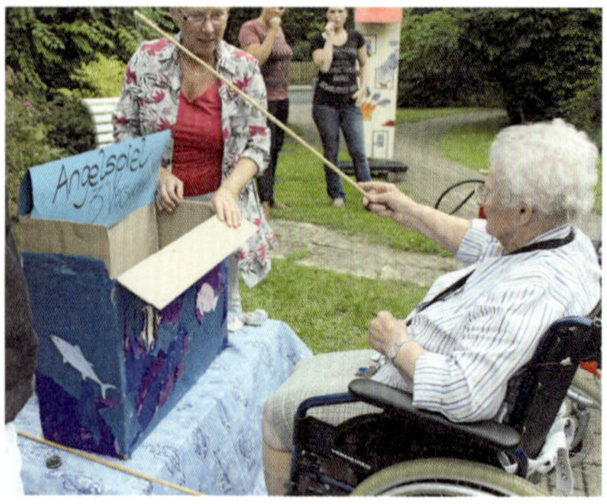

1. Informieren: Alle Leitungskräfte geben die Information an ihre Mitarbeiter weiter. Datum mit genauer Uhrzeit. Wer ist eingeladen, was wird geboten, Ende der Veranstaltung.
2. Planen: Was wird an Speisen und Getränken angeboten (Kaffee/Kuchen und Grillwürstchen/Brot)? Können Kuchenspenden eingeplant werden? Werden die Speisen verkauft oder gegen eine Spende abgegeben? Wo steht der Stand für die kalten Getränke? Was wird an Getränken angeboten? Wer organisiert den Kaffeeausschank und die Kuchenausgabe? Wer übernimmt das Grillen? Welche Musikgruppe wird beauftragt? Welche Aktionen werden angeboten? Handmassage mit Aromaöl? Rollstuhlparcours? Losverkauf mit Tombola? Angelspiel mit Preisen?
3. Standort für Kuchenverkauf, Getränkeverkauf, Kaffeeausschank und Grill wird festgelegt. Liste für Kuchenspenden wird ausgelegt. Benötigte Kuchenanzahl ist festgelegt. Zukauf wird organisiert. Aktionsangebote werden ausgewählt. Verantwortliche für die jeweiligen Aktionen werden benannt. Alternativen für Regenwetter werden festgelegt. Alle Aufgaben sind schriftlich fixiert und terminiert. Verantwortliche sind namentlich benannt.
4. Die Durchführung erfolgt anhand der genauen Planung. Ansprechpartner für Fragen bei der Durchführung sind benannt und stehen bereit.
5. Nach dem Aufräumen wird darüber gesprochen, was gut und was weniger gut gelungen ist. Es zeigt sich, ob zu viel oder zu wenig an Speisen und Getränken eingeplant wurde. Ebenso wird darüber gesprochen, wie die Musik angekommen ist und ob die Aktionen gut von den Besuchern angenommen wurden.
6. In der Leitungsrunde wird reflektiert, wie das Sommerfest verlaufen ist. Es wird detailliert besprochen, was gut lief, und auch, was bei der nächsten Veranstaltung in dieser Art verbessert werden kann. Ein Ergebnisprotokoll wird angefertigt, damit die Erkenntnisse umgesetzt werden können. Dank an die Mitarbeiter aller Bereiche für ihren Arbeitseinsatz.

6.2 Reflexion von Teamarbeit

Werden die Regeln zur Teamarbeit nicht eingehalten oder nur von einzelnen Mitarbeitern beachtet, so ist die gesamte Teamarbeit gefährdet und wird nicht gelingen.

Arbeitsaufträge

1. Übertragen Sie die Teamarbeit, die Sie an Ihrer Arbeitsstelle oder an Ihrem Ausbildungsplatz erleben, auf die Situation in einem Flugzeug: Wer ist der Pilot? Gib es einen Co-Piloten?
2. Wer ist der Sprecher oder der Chef der Flugbegleiter? Wer sorgt für den störungsfreien Ablauf während des Flugs?
3. Gibt es Aufgaben, die vor dem Start der Maschine erledigt werden müssen? Denken Sie an das Gepäck, die Speisen- und Getränkeversorgung der Passagiere, ebenso wie daran, dass jeder Reisende einen Sitzplatz hat, die Sitzplätze und die Waschräume und Toiletten sauber sind.
4. Welche Erkenntnisse gewinnen Sie?

6.3 Mitarbeit im multiprofessionellen Team

Viele Vorhaben, Aufgaben und Zielsetzungen werden nur gelingen können, wenn die einzelnen Teams in sich, aber auch untereinander gut zusammenarbeiten. Darum ist es wichtig, sich bewusst zu machen, welche Teams in den einzelnen Arbeitsbereichen zusammenarbeiten und wo die Schnittstellen sind, an welchen die Arbeiten dieser verschiedenen Teams ineinandergreifen.

Jedes Teammitglied weiß, dass der Arbeitserfolg wesentlich von der eigenen Mitarbeit abhängt. Jeder ist sich der Verantwortung für die Zielerreichung bewusst. Fragen oder Probleme (Aufgaben) werden offen und zeitnah angesprochen und bearbeitet.

Definition: multiprofessionell
multi: viel, verschieden, mehrere
professionell: sachkundig, fachkompetent, fachgerecht, qualifiziert, gelernt, gekonnt

Verschiedene Berufsgruppen arbeiten zusammen, um ein Ziel zu erfüllen und hierdurch die Profession auszuüben.

Beispiel: multiprofessionelle Teams in einem Seniorenheim

Pflege:
- Grundpflege
- Pflegeplanung
- Prophylaxen
- Dokumentation
- Medikamentengabe
- Erhebung von Vitaldaten

Speisen- und Getränkeversorgung:
- Nahrungszubereitung
- Einkauf und Lagerung
- Erstellung von Speiseplänen
- Erstellung von Ernährungsplänen

Reinigung und Haushaltspflege, Gartenpflege

Wäscheversorgung:
- Bewohnereigene Wäsche
- Hauseigene Wäsche
- Arbeitskleidung

Instandhaltung und Wartung von Geräten und Maschinen

Betreuung und Beschäftigung:
- Individuelle Planung
- Dokumentation

In allen Bereichen ist eine enge Zusammenarbeit nötig mit:

- Heimleitung
- Medizinischem Dienst, Hausärzten
- Apotheken
- Physiotherapeuten
- Logopäden
- Fahrdiensten
- Hospizdienst
- Abrechnung
- Verwaltung

Durch die vielfältigen Aufgaben wird klar, dass hier viele Berufsgruppen zusammenarbeiten mit dem Ziel, die bestmögliche Versorgung, Betreuung und Pflege der Bewohner des Seniorenheims zu erfüllen.

Die einzelnen Teams sind eng miteinander verzahnt. Tätigkeiten werden ineinandergreifend koordiniert.

Wichtig: Alle Teams sind gleichwertig, gleichwichtig, gleichberechtigt.

Beispiel: Frau Brenner hat Schluckbeschwerden, die Pflegekräfte reichen das Essen an, welches von den Mitarbeiterinnen der Hauswirtschaft püriert und angerichtet wird.

Frau Kraft und Herr Hauber helfen sehr gern bei der Speisenzubereitung. Die Mitarbeiter der Betreuung schälen mit ihnen Kartoffeln, welche von den Hauswirtschaftsmitarbeitern bereitgestellt und später gekocht werden.

Wichtig ist, dass
die **Kommunikation** regelmäßig und situationsbezogen, geplant und spontan vollzogen wird;
die **Konzeption** klar und detailliert beschrieben, den Mitarbeitern und Kunden bekannt, schriftlich zur Verfügung steht, und durch regelmäßige Überarbeitung zeitgemäß und aktuell ist;
die **Information** zeitgleich an alle Teams, über E-Mails, telefonisch, mündlich und schriftlich geht.

Arbeitsaufträge

1. Stellen Sie die Situation der verschiedenen Teams in einem Hotel und in einem Kinderheim dar. Präsentieren Sie Ihre Ergebnisse der Klasse.
2. Beschreiben Sie eine weitere Situation im Seniorenheim, bei welcher Hauswirtschaft und Betreuung zusammenarbeiten.

7 Rechtliche Grundlagen der Betreuung kennen

Grundsätzlich gibt es bei der Betreuung und Versorgung von Personen eine Reihe von Regelungen zu beachten. Sowohl als betreuende Person als auch als Mitarbeiterin in einer betreuenden Einrichtung können im Alltag vielfältige Fragen mit hilfe- oder pflegebedürftigen Menschen auftreten.

7.1 Die Pflege-Charta

Die Charta der Rechte hilfe- und pflegebedürftiger Menschen wurde vom Bundesministerium für Familie, Senioren, Frauen und Jugend herausgegeben und besteht aus acht Artikeln:

- Artikel 1: Selbstbestimmung und Hilfe zur Selbsthilfe
  Das Recht auf Hilfe zur Selbsthilfe und auf Unterstützung, um ein möglichst selbstbestimmtes und selbstständiges Leben führen zu können, steht jedem hilfe- und pflegebedürftigen Menschen zu.
- Artikel 2: Körperliche und seelische Unversehrtheit, Freiheit und Sicherheit
  Das Recht, vor Gefahren für Leib und Selle geschützt zu sein, steht jedem zu.
- Artikel 3: Privatheit
  Jeder Mensch hat das Recht auf Wahrung und Schutz seiner Privat- und Intimsphäre.
- Artikel 4: Pflege, Betreuung und Behandlung
  Jeder hat das Recht auf eine an seinem persönlichen Bedarf ausgerichtete, gesundheitsfördernde und qualifizierte Pflege, Betreuung und Behandlung.
- Artikel 5: Information, Beratung und Aufklärung
  Das Recht auf umfassende Information über Möglichkeiten und Angebote der Beratung, der Hilfe, der Pflege sowie der Behandlung steht jedem zu.
- Artikel 6: Kommunikation, Wertschätzung und Teilhabe an der Gesellschaft
  Jeder hat das Recht auf Wertschätzung, Austausch mit anderen Menschen und Teilhabe am gesellschaftlichen Leben
- Artikel 7:
  Religion, Kultur und Weltanschauung
  Jeder hat das Recht, seiner Kultur und Weltanschauung entsprechend zu leben und seine Religion frei auszuüben.
- Artikel 8:
  Palliative Begleitung, Sterben und Tod
  Jeder hilfe- und pflegebedürftige Mensch hat das Recht, auf seinem Sterbeweg begleitet zu werden und in Würde zu sterben.

Über allen Grundrechten steht der Artikel 1 GG:
Die Würde des Menschen ist unantastbar.
Der Staat schützt alle Menschen als eigenverantwortliche Persönlichkeit mit den jeweiligen geistigen und körperlichen Fähigkeiten. Die Würde ist der Kern der Persönlichkeit, sie ist mit allen Mitteln stets zu wahren.

Die Pflege-Charta ist eine Art Grundgesetz für alle an der Pflege beteiligten Menschen. Sie appelliert daran, das Recht auf Individualität, Gleichberechtigung und Selbstbestimmung zu schützen.

7.2 Verfügungen und Vollmachten

Menschen, die altersbedingt oder durch Unfall oder Krankheit ihre Entscheidungen nicht mehr selbstverantwortlich treffen können, benötigen eine Person, die diese Entscheidungen in ihrem Sinn trifft und danach handelt. Entsprechende Vorsorgeverfügungen sind im Voraus schriftlich festzulegen.

Arbeitsauftrag

Herr Herold, der beruflich viel unterwegs ist, möchte für den Fall, dass ihm etwas passiert, dass seine Ehefrau für ihn alle Angelegenheiten regelt. Was empfehlen Sie ihm?

Werden keine Verfügungen getroffen oder Vollmachten erteilt, so hat im Ernstfall der Angehörige (auch unter Eheleuten!) keine Möglichkeit, zu entscheiden oder Maßnahmen durchzuführen bzw. durchführen zu lassen. So ist z.B. kein Zugriff auf das Bankkonto möglich; anstehende Entscheidungen zu schweren Operationen können nicht getroffen werden. Auch Verhandlungen mit Behörden, Krankenkassen oder der Pflegekasse sind schwierig. Immer dann, wenn der Betroffene Entscheidungen treffen muss (seinen Willen ausdrücken muss) und dies nicht mehr kann und niemand da ist, der dies für ihn tun darf, kann das schwerwiegende Folgen haben.

Vorsorgeverfügungen
- Patientenverfügung
- Vorsorgevollmacht
- Betreuungsverfügung

Hilfe bei der Formulierung unter www.patientenverfuegung.de. Ein zentrales Vorsorgeregister stellt sicher, dass die Patientenverfügung berücksichtigt wird: www.vorsorgeregister.de

Die Patientenverfügung

In einer Patientenverfügung wird festgelegt, welche Behandlung und Hilfen zum Weiterleben im Falle einer schweren Krankheit oder nach einem schweren Unfall gewünscht werden und welche nicht. Die eigenen Wünsche und Vorstellungen werden aufgeschrieben. Es wird festgelegt, in welchen Situationen die Verfügung gelten soll und wie Einleitung, Umfang und auch evtl. Beendigung medizinischer Maßnahmen geregelt werden sollen. Die Patientenverfügung sollte neben der Unterschrift des Verfügenden auch eine Zeugenunterschrift enthalten und in regelmäßigen Abständen (evtl. jährlich) aktualisiert werden.

Wer soll das Konto verwalten? Wer soll sich um das Haus/die Wohnung kümmern? Wer wählt die geeigneten medizinischen Maßnahmen aus?

Die Vorsorgevollmacht

Eine vertraute Person wird „an gesunden Tagen" zum Vertreter des Betroffenen eingesetzt, um dessen Interessen wahrzunehmen. Dies gilt, wenn der Betroffene krankheitsbedingt keine eigenen Entscheidungen mehr treffen kann.

In einer Vorsorgevollmacht werden folgende Lebensbereiche geregelt:
- Aufenthalt und Wohnungsangelegenheiten, z.B. Umzug in eine Pflegeeinrichtung, Kündigung der Wohnung
- Behörden, z.B. Anträge auf Sozialhilfe, Behindertenausweis
- Vermögenssorge, z. B. Kontoführung, Abwicklung von Versicherungen
- Gesundheitssorge/Pflegebedürftigkeit, z.B. Kontakte zu Ärzten, zur Pflegekasse, zum Medizinischen Dienst
- Post- und Fernmeldeverkehr, z.B. Entgegennahme der Post
- Untervollmacht, z.B. wenn eine weitere Person für einen bestimmten Bereich zuständig sein soll
- Vertretung vor Gericht, z.B. bei Mietstreitigkeiten

Maßnahmen müssen
- dem Wohl des Betreuten entsprechen,
- mit dem Betreuten besprochen werden.

Die Wünsche und der bisherige Lebensstil des Betreuten sollen – soweit wie möglich – berücksichtigt werden.

Betreuungsverfügung und richterlich angeordnete Betreuung

Die Betreuungsverfügung legt fest, welche Person im Falle einer Notwendigkeit zum gerichtlich bestellten Betreuer (gesetzlichen Betreuer) ernannt werden soll. Dies kann eine nahestehende Person, ein Betreuungsverein oder auch ein gerichtlich bestellter Betreuer sein.

In der Verfügung kann auch festgelegt werden, wer nicht Betreuer sein soll. Der bestellte Betreuer unterliegt den gesetzlichen Bestimmungen (Bürgerliches Gesetzbuch) und ist dem Betreuungsgericht verantwortlich. Richterlich angeordnet kann eine Betreuung nur dann werden, wenn Hilfebedürftigkeit aufgrund von Krankheiten oder Behinderungen vorliegt, wie sie im Bürgerlichen Gesetzbuch (BGB § 1896 Abs. 1) genannt sind:

- psychische Erkrankungen
- geistige Behinderungen
- seelische Behinderungen
- körperliche Behinderungen

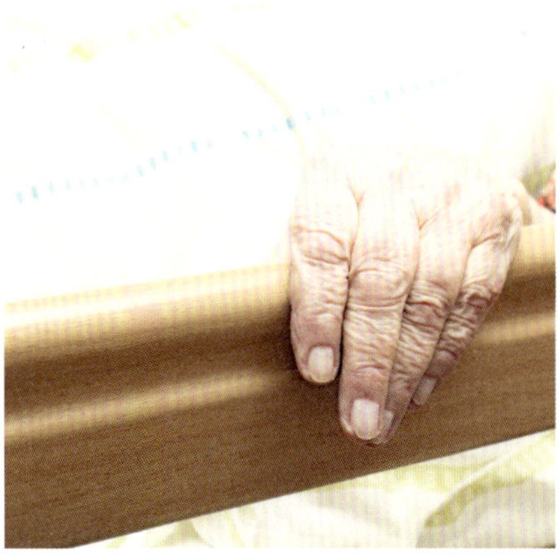

Voraussetzung für eine richterliche Anordnung ist aber stets, dass ein starker Verlust der Alltagskompetenz vorliegt und die Alltagsbewältigung deutlich eingeschränkt sein ist.

Der Antrag auf Betreuung kann durch den Betroffenen selbst (z. B. bei einer Krankheit mit ungewissem Verlauf), durch eine andere Person (z. B. Angehöriger oder Klinik/Einrichtung) gestellt werden oder von Amts wegen (z. B. bei akuter Selbst- oder Fremdgefährdung) erfolgen. Die Betreuung wird in einem gerichtlichen Beschluss festgestellt und der Betreuer erhält eine Urkunde (den Betreuerausweis), in der die Aufgabengebiete genannt sind. In jedem Fall hat der gesetzliche Betreuer die Entscheidungen im Rahmen seiner Aufgaben (z. B. Aufenthalt, Gesundheit, Vermögen) nach Möglichkeit mit dem Betreuten zu besprechen und in seinem Sinn zu treffen.

7.3 Pflegeversicherung

Die **Pflegeversicherung** ist eine Pflichtversicherung zur Absicherung des Risikos, pflegebedürftig zu werden und dieses dann mitzufinanzieren.

Die Soziale Pflegeversicherung wurde 1995 in Deutschland als ein eigenständiger Zweig der Sozialversicherung eingeführt und ist im Sozialgesetzbuch (SGB XI) geregelt.

Pflegebedürftig sind danach Personen, die „wegen einer körperlichen, geistigen oder seelischen Krankheit oder Behinderung für die gewöhnlichen und regelmäßig wiederkehrenden Verrichtungen im Ablauf des Lebens auf Dauer, voraussichtlich für mindestens sechs Monate, in erheblichem Umfang oder höherem Maße der Hilfe bedürfen" (SGB).

Die Leistungen der Pflegeversicherung werden nach Stufen der Pflegebedürftigkeit gewährt:

- Pflegestufe I – erhebliche Pflegebedürftigkeit, d. h. durchschnittlicher Pflegebedarf mindestens 90 Minuten pro Tag
- Pflegestufe II – schwere Pflegebedürftigkeit, d. h. durchschnittlicher Hilfebedarf mindestens 180 Minuten pro Tag
- Pflegestufe III – schwerste Pflegebedürftigkeit, d. h. durchschnittlicher Pflegebedarf mindestens 300 Minuten pro Tag
- Pflegestufe 0 – Demenzkranke, geistig, psychisch und physisch Behinderte mit erheblich eingeschränkter Alltagskompetenz

Die Entscheidung, welche Pflegestufe vorliegt, trifft die Pflegeversicherung unter Berücksichtigung eines Pflegegutachtens durch den Medizinischen Dienst der Krankenversicherung (MDK) oder von Medicproof.

Ab dem Jahr 2017 ist geplant, die drei Pflegestufen durch fünf Pflegegrade zu ersetzen. Die Tabelle gibt einen Überblick über die Umsetzung.

Neu	Alt
Pflegegrad 1	Pflegestufe 0
Pflegegrad 2	Pflegestufe 1
Pflegegrad 3	Pflegestufe 1 + eingeschränkte Alltagskompetenz[1] und Pflegestufe 2
Pflegegrad 4	Pflegestufe 2 + eingeschränkte Alltagskompetenz[1] und Pflegestufe 3
Pflegegrad 5	Pflegestufe 3 + eingeschränkte Alltagskompetenz[1] und Härtefälle

[1] Der Begriff der „Alltagskompetenz" wird so verstanden, dass ein Erwachsener seine alltäglichen Verrichtungen selbstständig und unabhängig in eigenverantwortlicher Weise erfüllen kann. Die Entscheidung über eine erheblich eingeschränkte Alltagskompetenz steht neben der Feststellung der Pflegebedürftigkeit. Sie allein begründet Leistungen aus der Pflegeversicherung.

Der Pflegebedürftigkeitsbegriff soll sich nicht mehr an dem Pflegeaufwand (minutengenaue Ermittlung), sondern nach dem Grad der Selbstständigkeit orientieren. Durch die Umstellung soll niemand schlechter gestellt werden als vorher. Pflegebedürftige, die bereits eine Pflegestufe haben, werden ohne einen neuen Antrag in einen neuen Pflegegrad eingestuft.

7.4 Schutz von bestimmten Personen

Die Beschäftigten in Einrichtungen (z. B. Pflegeheime ...) unterliegen, wie in anderen Betrieben auch, entsprechenden gesetzlichen Regelungen.

Jugendarbeitsschutzgesetz
Im Jugendarbeitsschutzgesetz, das für Jugendliche bis 18 Jahre gilt, ist unter anderem geregelt:

- Mindestalter ist 15 Jahre
- Begrenzung der Wochenarbeitszeit auf 40 Stunden (ausschließlich Pause) bei einer 5-Tage-Woche
- Erste Pause spätestens nach 4,5 Stunden, Dauer mindestens 15 Minuten, frühestens eine Stunde nach Beginn und spätestens eine Stunde vor Ende der Arbeitszeit
- Je nach Alter (am 1. Januar des Jahres) Anspruch auf unterschiedlich viel Urlaub: für 15-Jährige 30 Werktage, für 16-Jährige 27 Werktage und für 17-Jährige 25 Werktage
- Arbeitszeit grundsätzlich auf den Zeitraum zwischen 6 und 20 Uhr (§ 14) begrenzt, es gibt jedoch eine Reihe von Ausnahmen
- Mehrarbeit (sog. Überstunden) ist nicht zulässig
- Für Sonn- und Feiertage gilt ein grundsätzliches Beschäftigungsverbot, wobei das Gesetz eine Reihe von Ausnahmen zulässt.

Mutterschutzgesetz
Der Mutterschutz ist ein Regelwerk, das die Bedingungen für den Einsatz von schwangeren Frauen in einem Arbeitsverhältnis festlegt und regelt:

- Der Mutterschutz beginnt sechs Wochen vor der Geburt bzw. vor dem errechneten Geburtstermin. Werdende Mütter dürfen in den letzten sechs Wochen vor der Entbindung nicht arbeiten.
- Nach der Geburt dürfen die Mütter bis zum Ablauf von acht Wochen nicht beschäftigt werden.
- Insgesamt betragen die Mutterschutzfristen zusammen mindestens 14 Wochen.

7.5 Hilfsangebote und Organisationen

Rund um Betreuung gibt es eine Vielzahl von Institutionen und Einrichtungen, die Hilfen bei Alltagsverrichtungen anbieten.

Beispielhaft seien hier genannt
- Arbeiterwohlfahrt (AWO)
- Diakonie
- Caritas
- Betreuungsvereine
- private Pflegeeinrichtungen

7.6 Datenschutz

Im Rahmen von Betreuungen werden persönlichen Informationen und Daten ausgetauscht.
In der täglichen Arbeit ist deshalb der sorgsame Umgang mit diesen Daten von großer Wichtigkeit, insbesondere in der alltäglichen Kommunikation.
Geregelt ist der Schutz der persönlichen Daten (sog. personenbezogenen Daten) im Datenschutzgesetz. Danach hat niemand das Recht, Informationen über andere zu sammeln, zu verwerten oder weiterzugeben.
Darüber hinaus gelten für Mitarbeiterinnen in Arbeitsverhältnissen die Regelungen zur Schweigepflicht aufgrund des Arbeitsvertrags. Alle Informationen, z. B. zum Gesundheitszustand, zu Diagnosen und zu Untersuchungsbefunden, werden durch die Schweigepflicht erfasst. Aber auch persönliche Äußerungen, Meinungen, familiäre Verhältnisse usw. unterliegen der Geheimhaltung.

Der Datenmissbrauch ist strafbar (Strafgesetzbuch „Verletzung von Privatgeheimnissen").

8 In den Räumen wohlfühlen

8.1 Jahreszeitlicher Schmuck für unterschiedliche Personengruppen

Räume und ihre Gestaltung sind nicht nur Ausdruck einer Kultur und ihrer Werte. Sie bestimmen auch, wie gearbeitet wird und wie wohl sich die Mitarbeiter oder die Bewohner fühlen. Blumen – ob als Strauß gebunden oder in einem Gesteck – bringen Atmosphäre, gestalten Räume und geben einem gedeckten Tisch eine besondere Note.

Damit die Freude an den Blumen lange anhält, sind einige wichtige Punkte zu beachten:

- Blumen je nach Jahreszeit auswählen.
- Überschüssige Blätter entfernen. Blätter, die in der Vase im Wasser sind, verfaulen schnell, das Wasser wird trüb.
- Zum Anschneiden der Stängel ein scharfes Messer benutzen.
- Gehölze, wie z. B. Forsythie, nehmen Wasser leichter auf, wenn die Rinde etwas abgeschält wird.
- Die Blumen und das Blattwerk nach Längen und Farben sortieren.
- Die Vase nur zur Hälfte mit Wasser füllen.
- Die Blumen und das Bindegrün frei anordnen.

Um einen Blumenstrauß zu binden, werden folgende Materialien benötigt:

- ein scharfes Messer
- evtl. eine Rosenschere
- Bindedraht
- Blumenband
- schöne Blumen
- Bindegrün

So entsteht ein Blumenstrauß:

- Die Stielenden mit dem scharfen Messer von den Blättern befreien. Dornen und andere Pflanzenteile, die für den Strauß unerheblich sind, werden ebenfalls entfernt.
- Nun eine Blume mit einer möglichst großen Blüte nehmen, die den zentralen Punkt im Strauß bildet.
- Jetzt abwechselnd immer eine neue Blume und Blattgrün zur Auflockerung nehmen und spiralförmig zusammen stecken. Die Blumen und Blätter so aneinander fügen, das es ein harmonisches Ergebnis entsteht. Die Blumen werden immer zwischen Daumen und Zeigefinger gehalten.
- Bevor der Strauß zusammengebunden wird, alle Blumenstiele mit einer scharfen Schere auf die gleiche Länge kürzen. Darauf achten, dass die Schere ausreichend scharf ist, damit die Stiele nicht gequetscht werden.
- Den Blumenstrauß mit Blumenband zusammenbinden. Das Band nicht zu straff binden, damit die Stiele nicht abgequetscht werden.

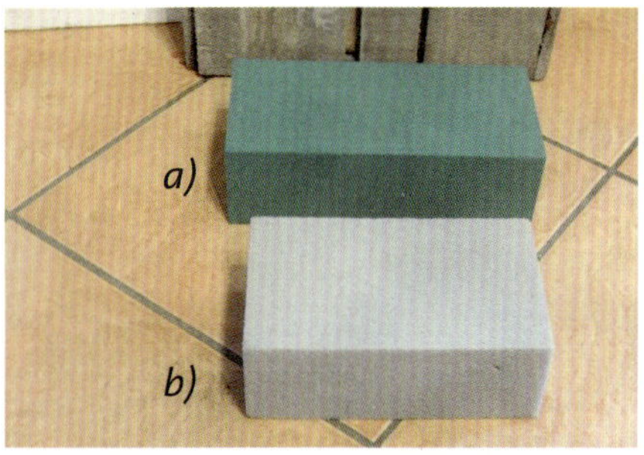

a) Nass- und b) Trocken-Steckmasse

Nass-Steckmasse wird bei Frischblumen verwendet

Mit Trocken-Steckmasse werden Trocken- und Weihnachtsgestecke hergestellt

Blumengestecke mit Steckmasse

- Grundlage des Gestecks kann eine Steckmasse sein. Man unterscheidet Trocken- und Nass-Steckmasse.
- Mit Trocken-Steckmasse werden Trocken- und Weihnachtsgestecke hergestellt.
- Nass-Steckmasse wird bei Frischblumen verwendet.
- Die Steckmasse wird vor der Nutzung ausgiebig gewässert, d.h., sie muss sich vor der Verarbeitung vollständig mit Wasser vollsaugen. Dazu legt man sie in ein Gefäß mit Wasser und wartet, bis sie auf den Boden des Gefäßes sinkt.
- Die Steckmasse wird entsprechend der Größe des Gefäßes zugeschnitten.
- Die Blumen werden nun in die gewünschte Form eingesteckt. Die Stiele werden in Gestecken oft recht kurz geschnitten, das führt zu einer Verlängerung der Haltbarkeit. Es wir immer wieder Wasser nachgegossen.

Zum Dekorieren in Räumen eignen sich viele Materialien aus der Natur, wie z.B. ein mit bunten Ostereiern behängter Haselstrauch oder ein Kürbis zum Erntedankfest. Bei der Auswahl ist auf bekannte Allergien Rücksicht zu nehmen.

Gibt es in den Beschäftigungseinheiten hergestellte Bastelarbeiten passend zur Jahreszeit, so lassen sich auch diese zur Gestaltung der Räume verwenden.

8.2 Feste und Feiern

Feste als Teil unserer Kultur fördern nicht nur die Gemeinschaft, sondern bringen Abwechslung in den Alltag.

Anlass für ein Fest kann sein: ein Geburtstag, ein beruflicher Erfolg, ein Jubiläum (z.B. Ehejubiläum, Betriebsjubiläum ...) oder die Schritte im Leben eines Kindes: die Einschulung, die Konfirmation, der Schulabschluss.

Feste brauchen Struktur, Freiraum und Höhepunkte. Ein gut geplantes Rahmenprogramm kann zum Gelingen des Festes beitragen.

- Raum für Begegnungen

Um Gespräche unter den Festgästen zu erleichtern, sollte die Lautstärke der Musik so sein, dass sich Besucher in angenehmer Lautstärke unterhalten können. Bewegungsspiele (z.B. Kegeln, Tischtennis, Torwandschießen) eignen sich besonders für jugendliche Gäste.
Karten- und/oder Brettspielmöglichkeiten hingegen sind für jüngere und ältere Gäste geeignet. Für Kinder gibt es viele Gestaltungsmöglichkeiten, wie z.B. Hüpfburg, Mal- und Bastelecken, Kasperletheater.

- Raum für Entspannung

Wichtig ist auch, Räume für Ruhe und Entspannung bereitzuhalten, z.B. ein ruhiger Ort mit Sitzmöglichkeit. Ideal wäre ein Stand mit Getränken und Obst abseits von turbulenten Aktionen.

- Speiseangebot

Die Speisen sollten regionalen und jahreszeitlichen Gegebenheiten angepasst sein und auch ein Angebot für Vegetarier und Moslems bereithalten. Die Auswahl richtet sich vor allem nach der Altersstruktur der Festgäste.

Arten von Feiern

Es gibt sehr viele verschiedene Arten von Feiern, die auch unterschiedlichen Charakter haben. Wird ein Teenager 18 und feiert das erste Mal ohne Eltern, wird dies anders ablaufen, als bei der privaten Tauffeier religiöser Familien oder einer Betriebsfeier. Der Ausrichter der Feier, ganz gleich, ob es sich um Privatleute, eine Firma oder eine Behörde handelt, sollte bei einer guten Planung einiges berücksichtigen.

Formen von Festen

- Christliche Feste im Jahreskreis sind z. B.:
Advent, Weihnachten, Dreikönigstag, Osterfesttage, Himmelfahrt, Pfingsten, Erntedank, Allerheiligen, Allerseelen, St. Martin.

- Persönliche Feste sind z. B.
Geburtstag, Taufe, Konfirmation oder Kommunion, Schul- und Berufsabschluss, Hochzeitstage.

- Gesellschaftliche Feste sind z. B.
Jahresfeiern, Straßenfeste, Stadtfeste, Sportfeste

- Sogenannte weltliche Festtage sind z. B.
1. Mai, Muttertag, Oktoberfest

Erntedank

Gestaltung von Festen und Feiern

Für das Gelingen eines Festes ist eine frühzeitige Planung und eine gut überlegte Organisation unerlässlich.

Um ein Fest strukturiert planen zu können, wird eine Fülle von Informationen benötigt:

- Anlass, aus dem das Fest veranstaltet wird
- Ort (im Freien, im Gebäude),
- Personengruppe, welche Zielgruppe soll angesprochen werden, Personenzahl, Familiengröße
- Jahreszeit, Tageszeit, Zeitplan (zeitliche Strukturierung)
- Programm, Gesamtablauf (Festlegung der einzelnen Abläufe)
- Sitten, Bräuche
- Gebäck-/Speisenauswahl, Getränkeauswahl
- Raum
- Tafelform
- Tischwäsche
- Geschirr (Art und Menge)
- Raum-/Fensterdekoration, Tischdekoration
- finanzielle Mittel, einfache Kostenrechnung (um grob die Kosten zu ermitteln)
- Anzahl von Arbeitskräften

Oktoberfest

8.3 Blumenpflege

Zimmerpflanzen schmücken und gestalten Wohnräume. Räume erhalten durch Pflanzen eine besondere Atmosphäre und verbessern das Raumklima.

Als Gestaltungsmittel hellen sie triste Räume auf, können die Wohnung beleben und den Charakter des Raums verändern und die Jahreszeit bewusst machen, z. B. Weihnachtsstern im Winter oder Primel im Frühling. Pflanzen können freundlicher, fröhlicher und umgänglicher stimmen.

Kinder können bei der Pflege von unkomplizierten und nicht giftigen Pflanzen kleine Aufgaben übernehmen. Sie erleben das Wachsen bei Pflanzen und lernen Geduld.

Im Seniorenbereich helfen Pflanzen, Langeweile zu vertreiben (z. B. kann Knospenbildung, Blühen und Verblühen von Blüten beobachtet werden) und unterstützen biografische Betreuungsarbeit.

Zu unterscheiden sind verschiedene Kulturformen:

- Erdkultur

In der Regel sind Pflanzen in Erde gepflanzt. Diese Erdkultur ist im Einkauf am günstigsten, die Auswahl ist am größten, jedoch auch in der Pflege am aufwendigsten. Sie müssen regelmäßig gegossen und auch umgetopft werden. Bei Pflanzen, die in einem Übertopf stehen, muss darauf geachtet werden, dass sie keinen „nassen Fuß" bekommen und die Wurzeln faulen. Dadurch kann die Pflanze kein Wasser mehr aufnehmen und welkt. Da das Welken oft als ein Zeichen von Trockenheit angesehen wird, wird wieder gegossen und die Pflanze stirbt ab.

Pflege: Gießen, umtopfen und düngen, ggf. gelegentlich die Blätter entstauben.

Das Hydrokultur-System

- Hydrokultur

In Krankenhäusern ist es z. B. nicht erlaubt, Pflanzen in Erde zu halten, weil Erde sehr viele Pilze enthält. Bei der Hydrokultur wird die Erde durch Tongranulat, den sogenannten Blähton, ersetzt. Die Wurzeln der Pflanzen wachsen zwischen den Kügelchen und stehen im unteren Bereich des Topfes in Wasser. Der Wasserstand im Topf wird kontrolliert durch einen Anzeiger. Die notwendigen Nährstoffe erhalten die Pflanzen über einen speziellen Dünger. Der Zeitaufwand für die Pflege ist gering.

Beim Gießen von Hydrokulturen muss der Wasserstandanzeiger immer bündig mit dem Boden des Innentopfs abschließen. Auf dem Wasserstandanzeiger sind unterschiedliche Markierungen für Minimum, mittleren Wasserstand (Optimum) und maximalen Wasserstand angebracht, die gut sichtbar installiert sein sollten. Wird zu viel gegossen, haben die Pflanzen keine Atemluft.

- Semikultur

Diese Kultur ist eine Verbindung von Erd- und Hydrokultur. Gefäße mit Bewässerungssystem mit durchlässigem Zwischenboden trennen Erde und Wasser. Für den Übergang von Erde und Wasser wird meist Blähton verwendet. Es muss nur zwei- bis dreimal im Monat gegossen werden. Ein Wasserstandsanzeiger gibt den Bedarf an. Die Pflege ist einfach und benötigt nicht viel Zeit.

Generell benötigen alle Zimmerpflanzen einen hellen, zugfreien Standort. Je nachdem, woher diese Pflanzen kommen, brauchen sie einen warmen oder etwas kühleren Platz. Viele Pflanzen mögen auch keine direkte Sonneneinstrahlung, sie bekommen sonst braune Flecken. Am Südfenster fühlen sich z. B. Hortensie, Kalanchoe und der Kaktus wohl. Für das Nordfenster ist der Efeu geeignet. Für das Ost-/Westfenster eignen sich z. B. Begonien und Primeln.

Tätigkeiten mit Pflanzen und im Garten unterstützen die jahreszeitliche Orientierung.

Beim Gießen der Pflanzen ist auf die richtige Wassermenge zu achten. Das Wasser darf nicht zu kalt sein.

Pflege: Gießen, düngen und reinigen

Umtopfen

Das Umtopfen von Zimmerpflanzen ist notwendig, wenn:

1. der Topf für die Pflanze zu klein ist. Dies erkennt man daran, dass
   - die Erde durch die Wurzeln zu 1/3 aus dem Topf verdrängt wurde
   - die Wurzeln aus den Abzugslöchern und/oder über den Rand wachsen
   - der Pflanztopf gerissen ist (bei Tontöpfen) oder verformt ist bei Kunststofftöpfen.
   - die Topfgröße im Verhältnis zur Pflanze nicht mehr stimmt (zu geringe Standfestigkeit).
2. die Erde so dicht ist, dass sie fast kein Wasser speichert (Gießwasser zieht schlecht ein, läuft über den Rand).
3. durch Staunässe Schäden an den Wurzeln entstanden sind (Erde ist nass und „stinkt", Wurzeln sind teilweise abgefault).

Neue Tontöpfe vor dem Umtopfen wässern.

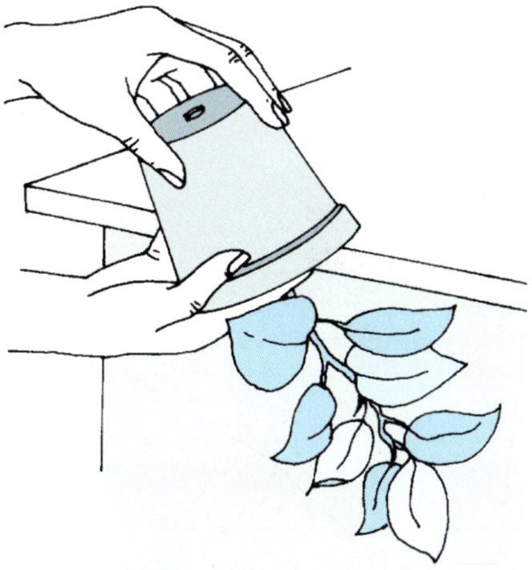

Umtopfen ist nicht schwierig, man sollte aber einige Details beachten.

- Neue nicht glasierte Tontöpfe zuerst wässern (trockene Tontöpfe entziehen der frischen Erde schnell die Feuchtigkeit), danach abreiben, damit die Erde nicht kleben bleibt.
- Gebrauchte Pflanzgefäße gründlich mit heißem Wasser reinigen, damit alte Erd- und Wurzelreste entfernt werden. Kalkablagerungen mit einer groben Bürste entfernen. Danach den Pflanztopf mit klarem Wasser nachspülen und trocken reiben.
- Der neue Pflanztopf soll im Durchmesser ca. 2–4 cm größer sein als der vorherige Pflanztopf.
- Nun auf den Topfboden eine Schicht Dränagematerial geben. Tonscherben, Kieselsteine oder grober Splitt sind dafür gut geeignet.
- Bei Pflanztöpfen mit einem großen Wasserabzug ist eine gewölbte Tonscherbe ausreichend. Die gewölbte Tonscherbe wird mit der Wölbung nach oben über das Abzugsloch gelegt. Plastiktöpfe mit vielen kleinen Löchern benötigt keine Dränageschicht.
- Eine Schicht frische, leicht angefeuchtete Erde auf die Dränageschicht geben.
- Die umzutopfende Pflanze aus dem Topf nehmen. Verfaulte oder vertrocknete Wurzeln abschneiden oder vorsichtig abzupfen. Schädlinge oder andere Reste entfernen.
- Pflanze in neuen Pflanztopf einsetzen (leicht eindrücken), mit Erde um den Wurzelballen auffüllen (bis ca. 1–2 cm unter Rand). Die Erde dabei nicht zu stark zusammenpressen.
- Die Erde am Topfrand entlang gießen.

8.4 Haustiere versorgen

Wer ein Tier hat, muss für dieses sorgen.

Haustiere, welche im Haushalt bei Familien oder Einzelpersonen leben und versorgt werden
In Sondersituationen wie Krankheit, Unfall oder wenn die eigene Kraft nicht mehr ausreicht, muss die Versorgung eines Tiers an andere Menschen übertragen werden.

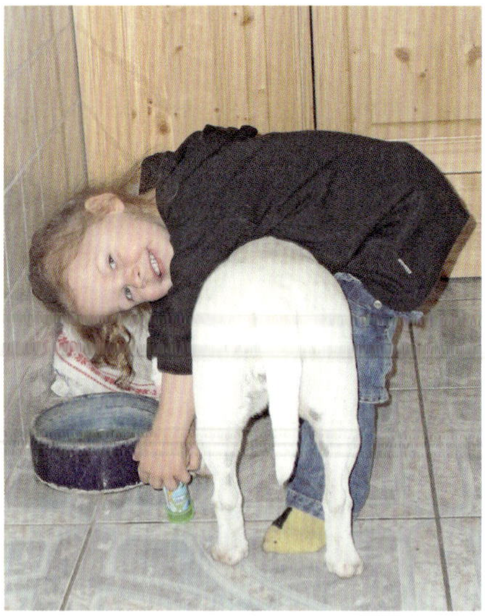

Haustiere, welche einer Institution oder Einrichtung gehören und unter Mithilfe der Kunden (Kinder, Jugendliche, Patienten oder Senioren) versorgt werden
Ein Tier kann emotionale Nähe und lebendige Wärme vermitteln. Das Zusammenleben mit Tieren kann Gefühlen von Einsamkeit entgegenwirken. Die Anwesenheit eines Tiers ist sehr tröstlich, besonders für Kinder, Jugendliche, aber auch für alte und demenziell erkrankte Menschen. Kinder und Jugendliche lernen mit der Versorgung eines Tiers Verantwortung zu übernehmen und regelmäßigen Pflichten nachzukommen.

Die Pflege und Versorgung von Tieren kann in Altenpflegeeinrichtungen dazu führen, dass Menschen sich mit dieser ihnen vertrauten Aufgabe sicher und geborgen fühlen.

Die Sorge um ein Haustier strukturiert älteren Menschen in der eigenen Wohnung den Alltag. Der Anspruch des Tiers auf Nahrung, Pflege und eventuell auch Auslauf oder Bewegung hält den Menschen in Bewegung .

Ein Haustier vermittelt das Gefühl, gebraucht zu werden.

In allen Fällen sind folgende Punkte zu beachten:
- Stall, Aquarium, Käfig, Terrarium, Schlafplatz oder Toilette werden regelmäßig gereinigt und sind den Bedingungen, welche die Tiere brauchen, entsprechend eingerichtet und ausgestattet.
- Die tierärztliche Versorgung ist geregelt und wird finanziert.
- Die Versorgung und Haltung der Tiere ist artgerecht..
- Frei laufende Tiere, wie z. B. Katzen, haben die Möglichkeit, ins Haus zu gelangen.
- Allergien, welche durch Haustiere ausgelöst werden können, sind berücksichtigt und werden vermieden.
- Die Versorgung der Tiere ist personell sichergestellt.
- Futter für die Tiere ist vorhanden und wird hygienisch und getrennt von Lebensmitteln gelagert.

Arbeitsaufträge

1. Erstellen Sie einen Plan für die Versorgung einer Katze, welche im Seniorenheim bei einer pflegebedürftigen Frau mit im Zimmer lebt.
2. Welche Sonderleistungen sind nötig?
3. Wo wird das Katzenfutter aufbewahrt? Wird für die Katze eine Transportbox benötigt?
4. Gibt es Situationen, in denen Sie die Versorgung eines Haustiers ablehnen? Diskutieren Sie mögliche Szenarien in der Kleingruppe.

Ziel ist, dass die Haustiere gut und artgerecht versorgt werden und dass hierdurch die Lebensqualität der betroffenen Personen verbessert wird. Lebensfreude und Wohlbefinden sollen durch das Zusammenleben mit den Haustieren gesteigert werden. Bei Kindern und Jugendlichen ist ein Haustier oft ein wichtiger „Gesprächspartner" – ein Gegenüber, dem alles anvertraut werden kann. Wenn es Probleme oder Streit gibt oder wenn sich das Kind oder der Jugendliche über sich selbst ärgert und mit sich selbst unzufrieden ist, kann der „Dialog" mit einem Haustier helfen.

Literaturverzeichnis

Deutsche Gesellschaft für Ernährung e.V. (Hrsg.): Das beste Essen für Kinder – Empfehlungen für die Ernährung von Kindern, Bonn 2009.

aid infodienst (Hrsg.): Die aid-Ernährungspyramide – Richtig essen lehren und lernen, Bonn 2005

Freese, Enne; Toben-Vollmer, Elsa: Hauswirtschaft nach Lernfeldern – Kommunizieren und Betreuen, Verlag Handwerk und Technik GmbH, Hamburg 2011

Frohn, Birgit; Staack-Mankau, Sven: Demenz – Leben mit dem Vergessen, Murnau am Staffelsee 2010

Gesundheits- und Krankenpflege, Express Pflegewissen Stuttgart 2009

Juchli, Liliane: Ganzheitliche Pflege (Vision oder Wirklichkeit) Kassel 1992

Kocs, Ursula; Kratz, Thomas (Hrsg.): Kommunikationsprozesse und -strategien in Pflegeberufen, Köln 2013

Kocs, Ursula; Kratz, Thomas (Hrsg.): Menschen mit demenziellen Erkrankungen – pflegen, beraten und betreuen, Köln 2013

Leicht-Eckhardt, Elisabeth (Hrsg.): Bewohnerorientierte Hauswirtschaft (Praktische Konzepte und ihre Umsetzung in der Altenhilfe), München 2006

Rat-Geber für Menschen mit Behinderungen in leichter Sprache, Bundesministerium für Arbeit und Soziales, Bonn 2013

rhw-Praxis – Praxiswissen für die Hauswirtschaft (Heft 3/2011): Teilhabe und altersgerechte Ernährung, München 2011

rhw-Praxis – Praxiswissen für die Hauswirtschaft (Heft 3/2014): Betreuung und Assistenz, München 2014

Sachweh, Svenja: „Noch ein Löffelchen?“ Effektive Kommunikation in der Altenpflege, Bern 2006

Schäffer, Hartmut: Mediation – Die Grundlagen, Würzburg 2007

Schewior-Popp, Susanne; Sitzmann, Franz; Ullrich, Lothar: Thiemes Pflege, Stuttgart 2012 .

Süß, Patricia (Hrsg.): Berufseinstieg Sozial – Lehrbuch für Assistenzberufe, Köln 2012

Wilmes, Andrea: Betreuen, unterstützen, Situationen mitgestalten, Köln 2011

www.aid.de Auswertungs- und Informationsdienst (gef. 02.07.15)

www.bmfsfj.de – Bundesministerium für Familie, Senioren, Frauen und Jugend (gef. 03.07.15)

www.bmg.bund.de Bundesministerium für Gesundheit (gef. 01.10.15)

www.bzga.de Bundeszentrale für gesundheitliche Aufklärung (gef. 01.10.15)

www.dge.de Deutsche Gesellschaft für Ernährung (gef. 03.07.15)

www.gkv-spitzenverband.de/pflegeversicherung/beratung_und_betreuung/betreuungskraefte_nach_87_b_sgb_xi/betreuungskraefte_nach_87_b_sgb_xi.jsp (gef. 02.07.15)

www.miomedi.de (gef. 06.07.15)

www.onmeda.de (gef. 06.07.15)

www.pflegedienst-online.info (gef. 15.12.15)

www.wikipedia.de (gef. 05.07.15)

Sachwortverzeichnis